ブランディングの科学

著 バイロン・シャープ
訳 前平謙二
監 加藤 巧

HOW BRANDS GROW

BYRON SHARP

朝日新聞出版

How Brands Grow
What Marketers Don't Know
by Byron Sharp

献辞

本書を、マーケティングの科学的法則の集約という初めての試みにご協力いただいた、アンドリュー・アレンバーグ教授とジェラルド・グッドハート教授に捧げる。

科学とは、経験的一般化の1つひとつの積み重ねである。

——フランク・バス、1993年

多くの消費者がほとんど衝動的にモノを買っていると思われている市場にも、驚くべき法則が存在している。社会科学の分野に法則が存在するとは誰も思ってもいなかったし、だから誰も探そうともしなかった。

——アンドリュー・アレンバーグ、1993年

Contents

序文

江崎グリコ株式会社　執行役員
上海江崎格力高　総経理
加藤 巧

Introduction

マーケティング界の異才バイロン・シャープ氏が著した *"How Brands Grow: what marketers don't know"* を私が初めて手に取ったのは今から数年前のことです。そのときの感動を今でも忘れることができません。私が20年程前からブランドの販売量予測モデルの開発やそれを利用する際に参考にしていた理論に久しぶりに遭遇したからでした。新しいセオリーを探していた当時の私を、マーケターたるもの〈基本に忠実たるべし〉と、現実に引き戻してくれたのが本書でした。それ以来、本書は私のマーケティングのバイブルとなり、折に触れて何度も読み返しています。今回、本書の翻訳を監修しながら当時のことを懐かしく思い出すとともに、マーケティングではファクト（事実）を正しく理解することが極めて重要であることをあらためて強く認識させられました。

マーケターの一人として私はこの画期的な書籍が日本に紹介され一人でも多くのマーケターに読まれることをかねてから強く望んでいましたが、このたび念願がかない、『ブランディングの科学』と題されて邦訳されることになり、私としては感激に堪えません。その副題、『誰も知らないマーケティングの法則11』が示すとおり、本書はうっかり見過ごされがちなブランド育成の真髄を紹介する、マーケターにとってはまさに必携のブランディングの教科書です。

本書の特徴は、なんといっても、ともすれば理論が先行しがちなマーケティングにおいて、エビデンスに基づいた理論の実践の重要性を説いていることです。マーケティングはアート（感性）とサイエンス（科学）の両方が必要、あるいはそのバランスが重要だと語られることが多いのですが、アレンバーグ・バス研究所（ＥＢＩ）で教授を務めるバイロン・シャープ氏のマーケティング理論は、一貫してエビデンスに基づいて科学的であることを何よりも大切にしている点において、他のマーケティング理論とは一線を画しています。

マーケティングの理論を説いた書物を見つけることは簡単でしょう。当然ながらその多くがマーケティング界の主流派の主張に沿っています。本書の斬新さは、日本でも人気のそれらの主流派の主張に迎合することをせずに、新しい知見を提示していることです。たとえば、消費者をセグメント化し（**Segmentation**）、その中からターゲットを設定し（**Targeting**）、差別化されたポジショニング（**Positioning**）を築くということ（ＳＴＰ理論）が、きれいごとであると主張しています。一見、時代と逆行するようなマス・マーケティング（ただし、賢いマス・マーケティング）を提唱しています。

バイロン・シャープ氏らのこれらのマーケティングの法則を過去のリアルなデータを使用して検証していくと、彼らの主張がことごとく裏づけられていることが分かります。私は、これらを認識し理解することが、より良いマーケティングを実践しブランドを育成することを責務とする日本のマーケターに必要ではないかと考えています。

現在では、STP理論でブランドの立ち位置を決めた後、その限定したターゲットのロイヤルティを極限まで高めるCRM（カスタマー・リレーションシップ・マーケティング）の手法で、高効率なマーケティング施策を展開し、ROI（リターン・オン・インベストメント）を高め、その特定の顧客からLove Mark（ラブ・マーク）を獲得することが、最新のマーケターの手習いのように思われています。しかしその結果、現実にはどのように改善されたでしょうか？　本書の素晴らしさは、これらの最近のマーケティング・バズワードにデータを例示しながら真っ向からチャレンジしている点です。

冒頭に紹介した販売量予測モデルの背景について触れてみたいと思います。私がP&Gに入社した1990年代初頭、ベーシス社のベーシス（現在はニールセン社傘下）やノバクション社のデザイナー（現在イプソス社傘下）など、新製品や既存ブランドのリニューアル品の販売量予測を行うサービスが日本の消費財メーカーにも提供されていました。日本のP&Gは、それらのサービスの精度やコストへの不満、マーケティング施策への示唆不足等の理由から、独自の販売量予測モデルを開発し、その後その独自モデルを基にP&Gのブランドの日本市場への発売可否の意思決定やメディア予算やマーケティング施策の最適化に関する社内コンサルテーションを2010年過ぎぐらいまでの20年間近く実施していました。P&Gはその独自モデルの骨格を成す理論を、バイロン・シャープ氏のアレンバーグ・バス研究所の研究成果を参考にし、外部の販売予測サービスよりも精度の高い販売予測モデルを構築し、その予測モデルからブランドの市場導入と育成に活用してきたのです。

その結果、日本のP&Gは、20世紀末から21世紀初頭にかけて数々のヒットブランドの市場投入に成功し、幾多のブランドの育成や市場シェア成長を達成してきました（ジョイ、ファブリーズ、ボールド、レノア、ヴィダルサスーン、パンテーン、h&s、パンパース、ウィスパー、SK-Ⅱ、プリングルズ等々）。最近でこそ、ユニバーサルスタジオジャパンのV字回復の成功の陰にも本書の理論が数学的に応用されていることで徐々に知られつつありますが、日本のマーケティング学界や実業界では、バイロン・シャープ氏の理論はまだまだそれほど十分に認識されていないのが現状のようです。

私はP&Gで約20年間マーケティングの実務家として販売量予測やブランドの育成に携わってきましたが、バイロン・シャープ氏の優れた法則や理論がほとんど認識されていないことを非常に残念に思っていました。本書は日本のマーケティングの実務家やマーケティングを学問として学ぶ方々にまさにお勧めの名著です。マーケティングの理論に完成はありません。時代とともにそして消費者とともに変化するものであり、常に発展の余地を残しています。バイロン・シャープ氏の理論はそこに一石を投じたのではないでしょうか？　本書でバイロンの提唱する11のマーケティングの示唆をさっそく皆さんのブランディングの実務において実践し応用されることを強くお勧めします。

11のマーケティングの法則

1

ダブルジョパディの法則：マーケットシェアが低いブランドは購買客数も非常に少ない。またこれらの購買客は行動的ロイヤルティも態度的ロイヤルティもやや低い。第2章を参照。

2

リテンションダブルジョパディの法則：顧客を失わないブランドはない。その損失はマーケットシェアと比例する。大きいブランドほど多くの顧客を失うが、その損失は顧客基盤全体と比較すると小さい。第3章を参照。

3

パレートの法則（60／20）：ブランドの売り上げの半分強がそのブランドの上位20%の顧客によってもたらされ、残りの売り上げが下位80%の顧客によってもたらされる（通常のパレートの法則の80／20にはならない）。第4章を参照。

4

購買行動適正化の法則：ある一定期間中にヘビーバイヤーだった消費者の購買量は、その後減少する。またライトバイヤーの購買量は増え、ノンバイヤーがバイヤーになることもある。この平均への回帰現象は、購買客の行動が実際に変化しなくても生じる。第4章を参照。

5

自然独占の法則：マーケットシェアが大きいブランドほど、そのカテゴリー内の多くのライトバイヤーを引きつける。第7章を参照。

6

顧客基盤が類似する：競合ブランドの顧客基盤と自社ブランドの顧客基盤は非常に類似している。第5章を参照。

7

ブランドに対する態度と思いが行動的ロイヤルティに反映される：消費者は、自分が使用しているブランドほど知識が豊富で多くを語るが、使用しないブランドについては考えることも語ることも非常に少ない。従って、ブランドに対する態度を評価する調査を実施すると、大きいブランドはロイヤルティの高いユーザーを多く含むので常にスコアが高い。

8

ブランド使用体験が消費者の態度に影響を与える（私もママが好きあなたもママが好き現象）：ブランドは異なっても、それぞれの購買客がブランドに対して示す態度と認識は非常に類似している。第5章を参照。

9

プロトタイプの法則：製品カテゴリーを的確に説明するイメージ属性は、そうでない属性と比較して、評価が高い（ブランドとの関連性が高い）。第8章を参照。

10

購買重複の法則：ブランドの顧客基盤は、マーケットシェアに応じて競合ブランドの顧客基盤と重複する（大規模ブランドとの顧客共有率は高く、小規模ブランドとの顧客共有率は低い）。もし、一定期間内にあるブランドの購買客の30％がブランドAも購入するとすれば、どの競合ブランドもその購買客の30％がブランドAを購入する。第6章を参照。

11

NBDディリクレ：カテゴリー内の購買客の購買頻度や購入ブランドについて、その傾向にどのような差異が生じているかを明らかにする数理モデル。このモデルが前述の法則の多くを正しく解説し説明してくれる。ディリクレはマーケティングの数少ない本物の科学的理論の1つだ。この数理モデルおよび関連するソフトウェアについての詳しい情報は、アレンバーグ・バス研究所のウェブサイト<www.MarketigScience.info>に掲載している。

執筆者

バイロン・シャープ

南オーストラリア大学の教授であり、同大学のアレンバーグ・バス研究所のマーケティングサイエンスディレクターでもある。アレンバーグ・バス研究所は、コカ・コーラ、クラフト、ケロッグ、英国航空、プロクター・アンド・ギャンブル、ニールセン、TNS、ターナー・ブロードキャスティング、ネットワーク・テン、シンプロット・アンド・マーズなどの世界中の多くの研究機関に利用され、またその資金援助を受けている。シャープ教授はこれまでに100本を超える学術論文を発表し、ジャーナル5誌の編集委員も務めている。近年は広告の法則をテーマにしてジェリー・ウインド教授とウォートンビジネススクールで会議を共同開催し、またJournal of Advertising Research誌の2009年度特別号を編集している。詳しくは〈www.byronshart.com〉を参照。

ジョン・ドーズ

南オーストラリア大学のアレンバーグ・バス研究所のマーケティングサイエンス准教授。セールスとマーケティングの広い専門知識を生かして学術調査の道へ。これまでにドーズ博士はJournal of Services Research、Wall Street Journal、International Journal of Market Research、Journal of Brand Managementなどのジャーナルに寄稿。またJournal of Empirical Generalisations in Marketing Science誌のエディターでもある。詳しくは〈www.empgens.com〉を参照。

ジェニー・ローマニアック

アレンバーグ・バス研究所の准研究教授。専門分野はブランドセイリエンス、ブランドイメージ調査、ブランド構築のための広告の使い方、ブランドポジショニング、顧客離反率、ブランドの認識と行動のリンクを理解する方法およびその使い方。これまでにローマニアック博士はJournal of Marketing Management、Marketing Theory、European Journal of Marketing、International Journal of Marketing、Journal of Advertising Research、Journal of Financial Services Marketingなどのジャーナルに寄稿。近年は小売業、食品業、旅行業、金融サービス業、保険業、通信業、大学、イベント業、政府機関といった様々な企業や施設にブランド開発戦略について助言している。

ジョン・スクリーヴェン

ロンドンサウスバンク大学アレンバーグセンターのディレクター。アレンバーグセンターはアレンバーグ・バス研究所と共同で企業スポンサープログラムを運営。このプログラムはマーケティング調査に特化しており、コカ・コーラ、クラフト、ケロッグ、英国航空、プロクター・アンド・ギャンブル、ニールセン、TNS、ターナー・ブロードキャスティング、ネットワーク・テン、シンプロット・アンド・マーズなどの世界中の企業から資金援助を受けている。スクリーヴェン氏の専門はブランドパフォーマンス測定およびマーケティング効果（中でも価格と広告の関係）の研究。20年以上のマーケティング、市場調査、マーケティングプランニングの経験を生かし、ユナイティッド・ビスケッツ、RJRナビスコ、ペプシコなどの大手3企業のマーケティングの要職を兼務。

序章

Preface

マーケティングは創造的な仕事だ。建築もまた同様に創造的だ。建築家はタージ・マハルやシドニーのオペラハウスなどの傑作を生み出してきた。しかし建造物は自然界の法則に従ってその創造性を引き出さなければならない。建築家は建築物が自重や風力で崩壊しないように設計する必要があり、そのためには引力を無視することはできない。つまり自然界の法則の影響を受けない建築物を造ることは不可能である。

一方、マーケターや長年マーケティングの研究に携わってきた学識者たちは、マーケティングを支配する法則など存在しないと言いたいに違いない。彼らは消費者の個性は実にさまざまであり予測し難いと反論するであろう[1]。しかし調査によってこれはまったく根拠のないことであることがわかっている。このような正当な根拠に欠ける盲信が存在するために、学識者たちは購買行動やマーケティング効果に見られる規則正しい一定のパターンを測定することを怠っている。さらにこれは、マーケターが「何でもあり」的なマーケティングプランを実行する原因にもなっている。想像していただきたい。もし建築家が「何でもあり」的（「綿菓子で造ろう」とか「あと68階建て増そう」みたいな）設計図をデザインしたらどうなることか。

マーケターたちの議論は、マーケティングのクリエイティビティとは無関係のあらかじめ答えが決まっているような領域に費やされている。そろそろこのような議論には終止符を打たなければならない。本書の目的は、消費者の購買行動やビジネスの成長を予測するための一定のパターンを明らかにすることである。これはすべてのマーケターが知っておくべきことであり、この点に議論の余地はない。

このようなパターンは何ものにも代え難い知的財産である。往々にして優れたマーケティング戦略は明快そのものと考えられているが、それは後になって振り返れば誰にでもわかることであり、また誰にでも実践できることである。新製品や広告キャンペーンについては特にそうである。しかし現実的には、マーケティングによって競合他社を出し抜く力を得られる一方で、なぜそのような良い結果が得られたのかをまったく理解できないことが多い。マーケター自身がなぜ自分たちのキャンペーンが成功し他社のキャンペーンが失敗したのかわかっていないことが多いのは残念だ。何に成功し何に失敗したのか、マーケターたちの説明が的を外していることは多い。誤った見通し（マーケターとしては「理論」のつもり）を立てていたからだ。

本書は、今日マーケティング戦略としてまかり通っている根拠のない憶測や迷信に頼ることをやめて、正当な科学に基づいた新しい知見を学びたいマーケターのために書いている。

下の**表1**にまとめたマーケティングの仮説を見ていただきたい。

もしあなたがこれらの憶測の多くを正しいと考えているなら、あなたの実施しているマーケティング戦略の多くは間違っていることになる。本書でそのエビデンスをお見せしよう。それであなたの考え方が変われば、あなたのマーケティングは劇的に変化を遂げるはずである。

最も重要な知見を学ぶ

消費者の購買行動とブランドの競合状態を何十年間も調査して次のような驚くべき結論に至った。

1. マーケットシェアは認知度が上がることで、つまり、いかなるタイプの購買客であれ、その数が増えることで成長する。その多くがブランドをたまにしか買わないライトユ

表1：マーケティングの仮説

戦略上の仮説	正しい ／ 間違い ／ わからない
ブランドの差別化を図ることは、マーケティング上の重要な仕事である。	
ロイヤルティを測定することで、ブランドの規模ではなく、強さがわかる。	
新規顧客を開拓するよりも既存顧客を維持する方が安い。	
価格販促は市場浸透率を押し上げるが、ロイヤルティには影響しない。	
どのブランドを相手にして闘うかは、ブランドイメージのポジショニング次第である。	
マスマーケティングは過去の遺産である。競合上の優位性を発揮することはもはや不可能である。	
消費者が自分の担当するブランドを選ぶには、それなりの理由がある。	
自分が担当するブランドを選ぶ人はユニークな存在である。	
売り上げの80%以上が最も購買頻度の高い顧客の20%からもたらされている。	

ーザーである。

2. ブランドは、多少の差別化のポイントはあっても、その多くがまるで類似製品のように競合し合っている。しかし認知度には（従ってマーケットシェアも）差が生じている。

3. ブランドが競合し合い成長すると、市場を基盤とする大きな2つの資産が根付くことになる。フィジカル・アベイラビリティ（購買機会の高まり）とメンタル・アベイラビリティ（ブランド想起の高まり）だ。多くの場合、消費者が購入しやすいブランドほどマーケットシェアは大きくなる。そして革新と差別化がうまく機能すると市場に資産が形成される。それは先行製品を競合製品が模倣した後も永続する。

従って、マーケターは自分の担当する製品が目立つようにブランディングを改善し、ライトバイ

表2：マーケティング優先事項の新しい考え方

従来のモデル	将来のモデル
ポジショニング	セイリエンス
差別化	独自性
メッセージを理解させる	気づかせて感情的反応を引き出す
ユニーク・セリング・プロポジション	身近な関連性の構築
説得する	記憶構造を刷新／構築する
教える	届ける
視聴者の理性に訴える	視聴者の感情に訴える

ヤーに広く効率よく継続的にリーチする必要がある。また、担当するブランド独自の資産（ブランドカラー、ロゴ、トーン、書体など）を知り、これらを守らなければならない。さらに、消費者の購買行動を知り、消費者がいつブランドのことを考え、いつブランドに気づき、どのように自分の生活に取り入れているのかを学ばなければならない。そしてメディアと流通をこれらの事実に即して上手に使わなければならない。

広告は、記憶構造を刷新することで、また時々構築することで概《おおむ》ね機能する。マーケターはこの記憶構造を調査して、ブランド独自の資産を生かした一貫性のある広告により記憶構造が刷新されていることを確認しなければならない。

学ぶべきことは多く、洗練されたマスマーケティングについて多くのことを発見するだろう。

表3、4、5に、マーケティング要素に対する従来の価値観と将来の価値観の比較を示した。

表3：消費者行動

従来の価値観	将来の価値観
態度が行動を促す	行動が態度を促す
ブランドロイヤルティが高い	ロイヤルティスイッチャー
ブランドスイッチャー	ロイヤルティスイッチャー
購買者のコミットメントが高い	認知的倹約家
関与する	経験に基づいて判断する
消費者の理性に訴える	消費者の感情に訴える

本書で紹介する実例について

本書で提示した科学的法則は他の多くのカテゴリーに応用できる。

- 商品やサービス
- 工業製品やスーパーマーケットの包装商品
- 全国ブランドやローカルブランド
- ブランド購買や店舗の選択

本書で紹介する法則は何十年にもわたって使われているもので、世界中どこででも通用する。だからこそ有益な予測を提供してくれる。

法則が広く一般的に通用することを証明するために、意図的にさまざまな実例を紹介している。たとえば、フランスの車ブランドとオーストラリアの銀行の顧客維持率がその好例だ。ニールセンとTNS社には多くの国々からのデータを提供していただいたことに感謝の意を表したい。また実

表4：ブランドパフォーマンス

従来の価値観	将来の価値観
ロイヤルティの高い消費者がターゲット	市場に浸透して成長する
予測不可能で混乱を招くブランド指数	予測可能で意味のあるブランド指数
価格販促で新規顧客を獲得	価格販促でロイヤルティの高い既存客を獲得
ターゲットマーケティング	洗練されたマスマーケティング
ポジショニングを競う	カテゴリー内の全てのブランドと競う
差別化	独自性

例が英国のブランド店のデータだからといって、その法則が自分の国の製品カテゴリーでは通用しないのではないかという心配は無用だ。気になるときは、法則の汎用性を実証する実例を豊富に引用しているので、脚注の参考文献や資料を参照していただきたい。

表５：広告

従来の価値観	将来の価値観
ポジショニング	セイリエンス
メッセージを理解させる	気づきを与え、 感情的な反応を引き出す
ユニーク・セリング・プロポジション	身近な関連性の構築
説得する	記憶構造を刷新／構築する
教える	届ける
キャンペーンで盛り上げる	存在を継続させる

第1章

エビデンスに基づいたマーケティング

Chapter 1

Evidence-Based Marketing

あなたがコルゲート・パーモリーブ社のインサイト開発担当ディレクターだとしよう。そしてあなたのオフィスの前に、歯磨き粉事業部のシニアカテゴリーマネージャーのマーガレットが何やら困った顔をして立っており、その手にはあなたが仕事を依頼したグローバル市場調査会社からのレポートが握られている、と想像して頂きたい。**図1-1**が彼女が持っている資料だ[1]。

この市場調査会社のレポートによれば、P&Gの歯磨き粉ブランドのクレストが米国でのマーケットシェアをコルゲートの2倍に伸ばしている。しかしこれは想定内のことであり、マーガレットが困惑しているのはそのせいではない。その次の2つの円グラフに彼女は狼狽を禁じ得ないのだ(**図1-2**、**1-3**を参照)。

これらの円グラフは競合ブランドの売り上げ数量を最近の消費者のリピート購買行動別にその割合を表にしたものだ。

コルゲートの場合、ロイヤルユーザーから得ら

図 1-1：歯磨き粉ブランド：米国のマーケットシェア

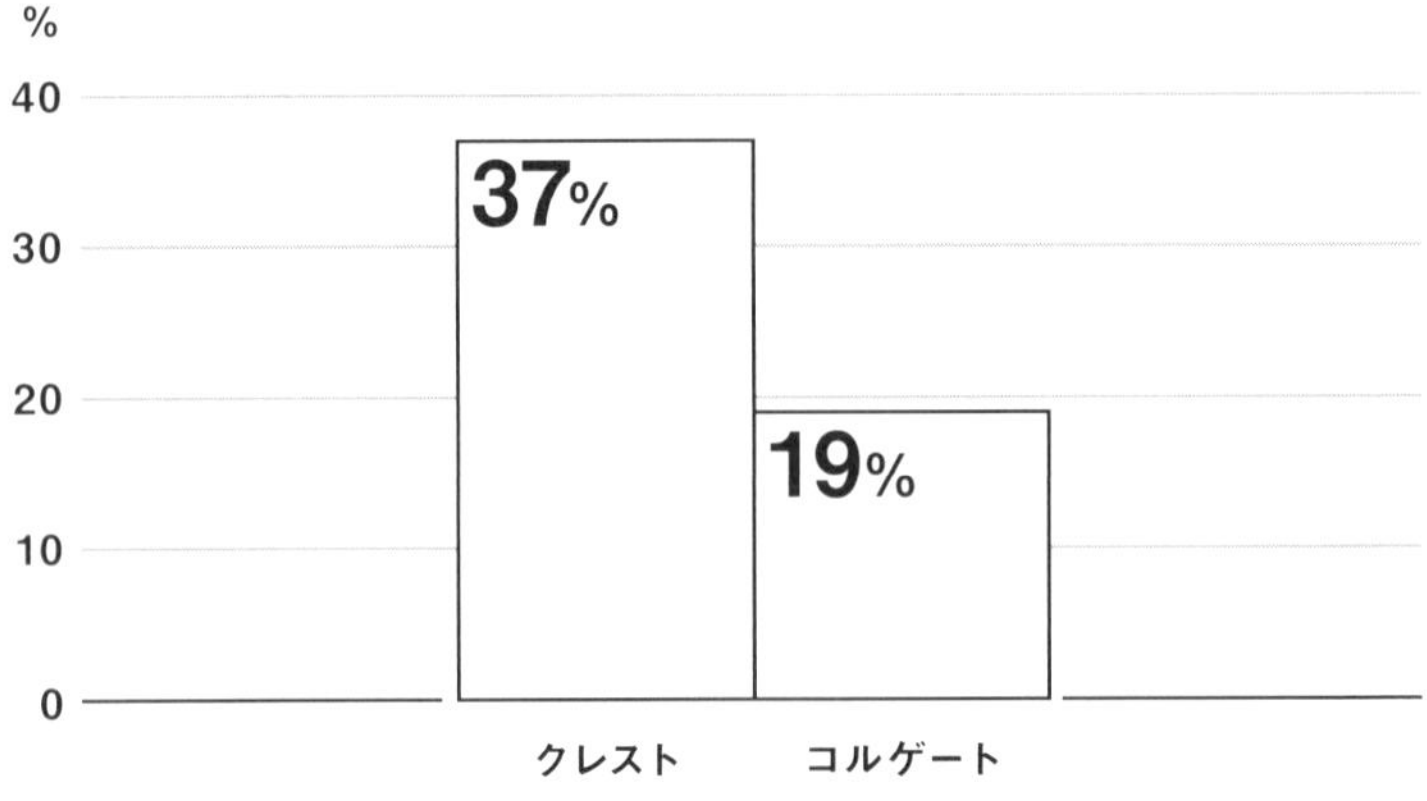

データソース：Spaeth & Hess（1989年）

図1-2：クレストの顧客基盤

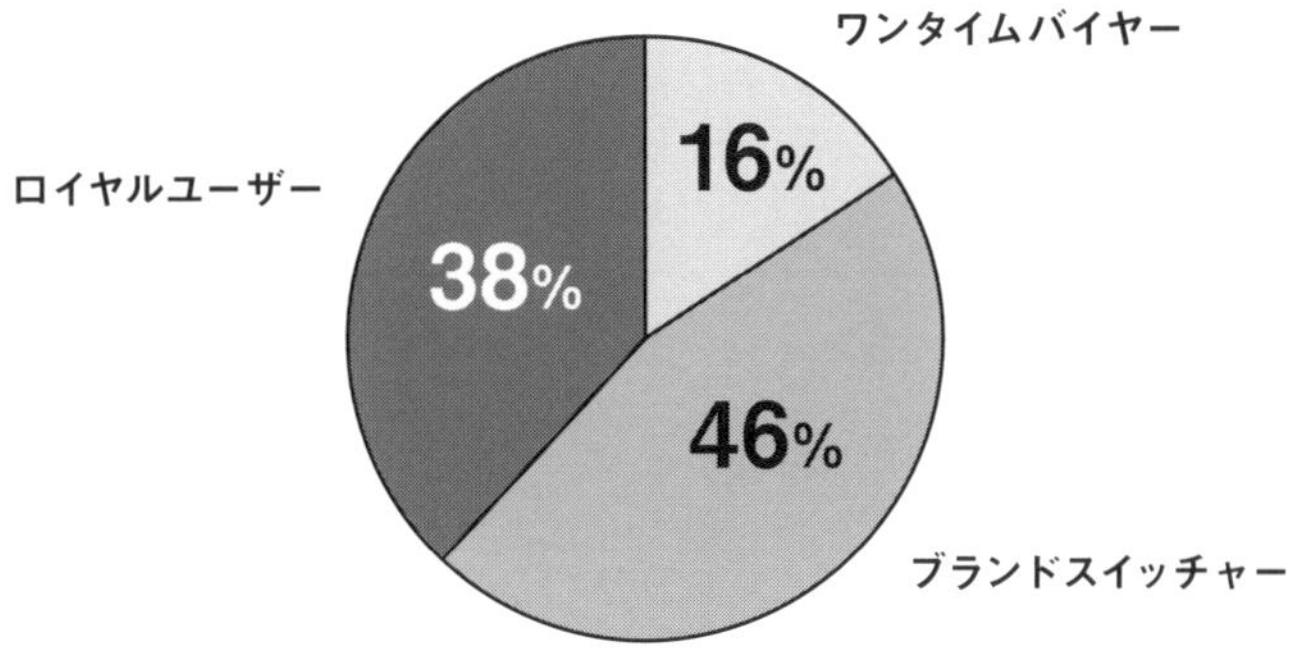

データソース：Spaeth & Hess（1989年）

図1-3：コルゲートの顧客基盤

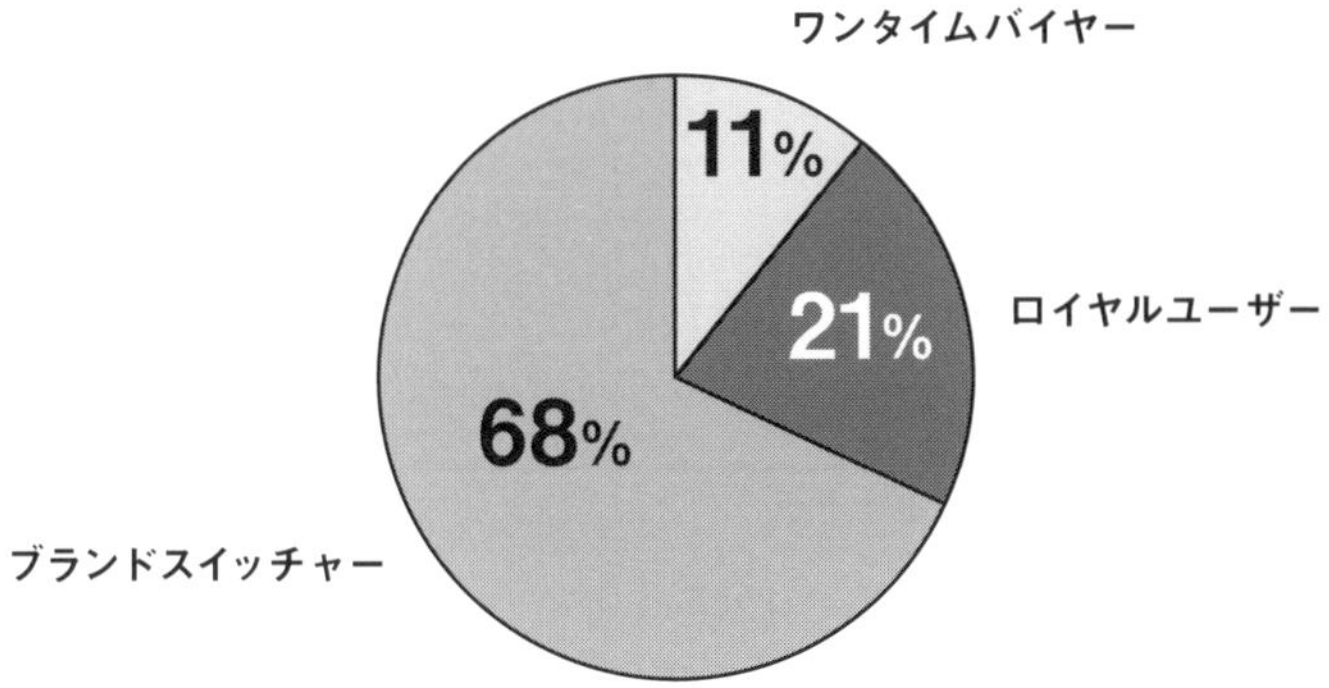

データソース：Spaeth & Hess（1989年）

れている売り上げの割合はクレストのほぼ半分である。ここでのロイヤルユーザーの定義は、調査期間中に最も頻繁に購入した歯磨き粉ブランドのユーザーとした。またコルゲートの売り上げはその多くがブランドスイッチャーから得られている。ブランドスイッチャーは、たとえ通常は他のブランドを購入していたとしても、調査期間中に1回でもそのブランドを購入すればブランドスイッチャーと定義した。

マーガレットは説明を求めている。これは一体どういうことか？　なぜコルゲートの売り上げの基盤はこのように脆弱なのか？　これはブランドの運命か？　大きく掲げた成長目標に与える影響は？

あなたならどう答えるか？

もちろん調査を重ねることも可能であろう。インサイト開発担当ディレクターの特権だ。追加の調査を行い、クレストとコルゲートのブランドスイッチャーの顧客基盤を分析し、両ブランドのマーケットシェアをさらに細分化した。

追加調査の最初の設問で、顧客の態度的ロイヤルティについて尋ねた。**図1-4**は、「私はこのブランドが他のブランドよりも好きです」という選択肢を選んだブランドスイッチャーの割合を示している（クレストにしろコルゲートにしろ、ロイヤルユーザーが自分のブランドの方が好きと回答するであろうと容易に推測することが可能だ）。

図1-4からわかるように、クレストブランドのスイッチャーが「私はクレストが好き」と答える可能性は非常に高い。

調査の2つ目の設問では製品の質について尋ねた。**図1-5**に、両ブランドのブランドスイッチャーが製

図 1-4 :「私はこのブランドが好き」と回答した消費者の割合

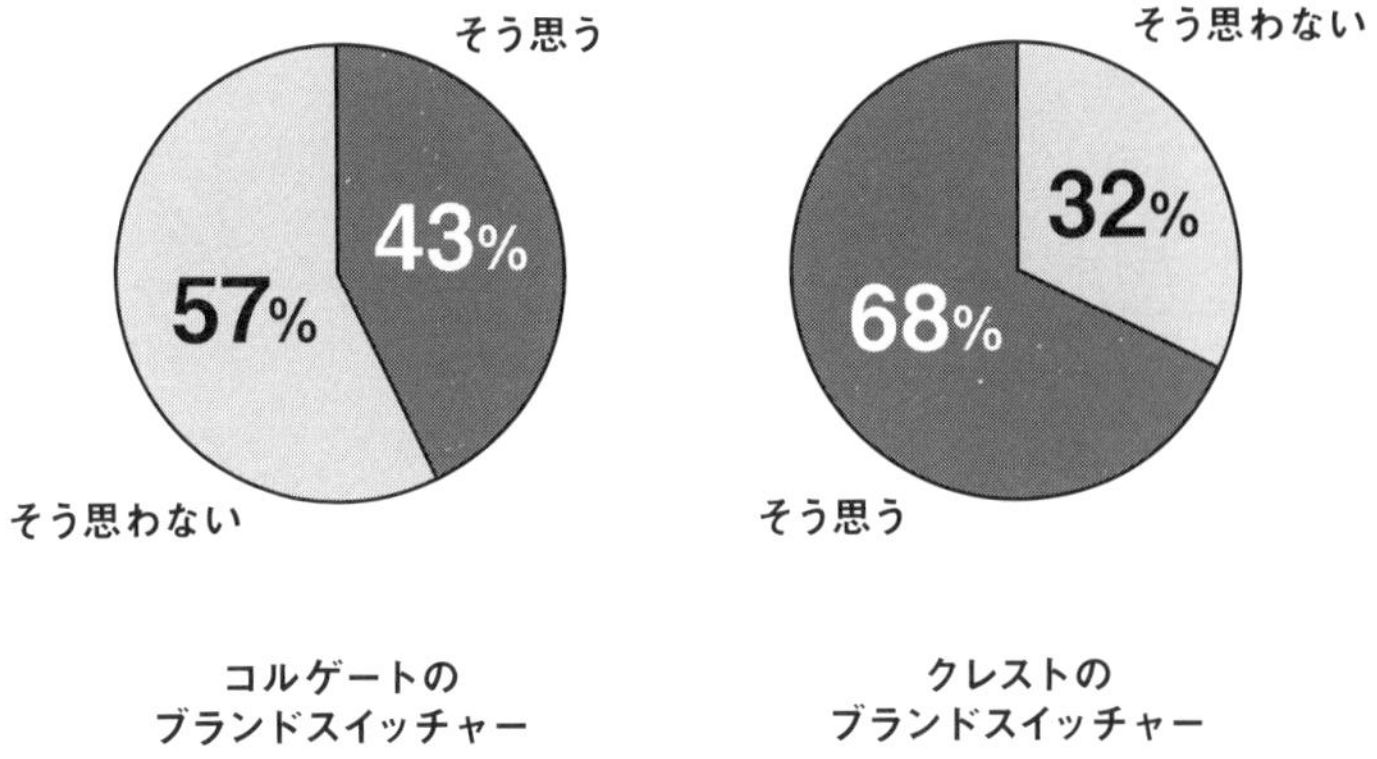

データソース：Spaeth & Hess（1989年）

図 1-5 :「このブランドは品質が高い」と回答した消費者の割合

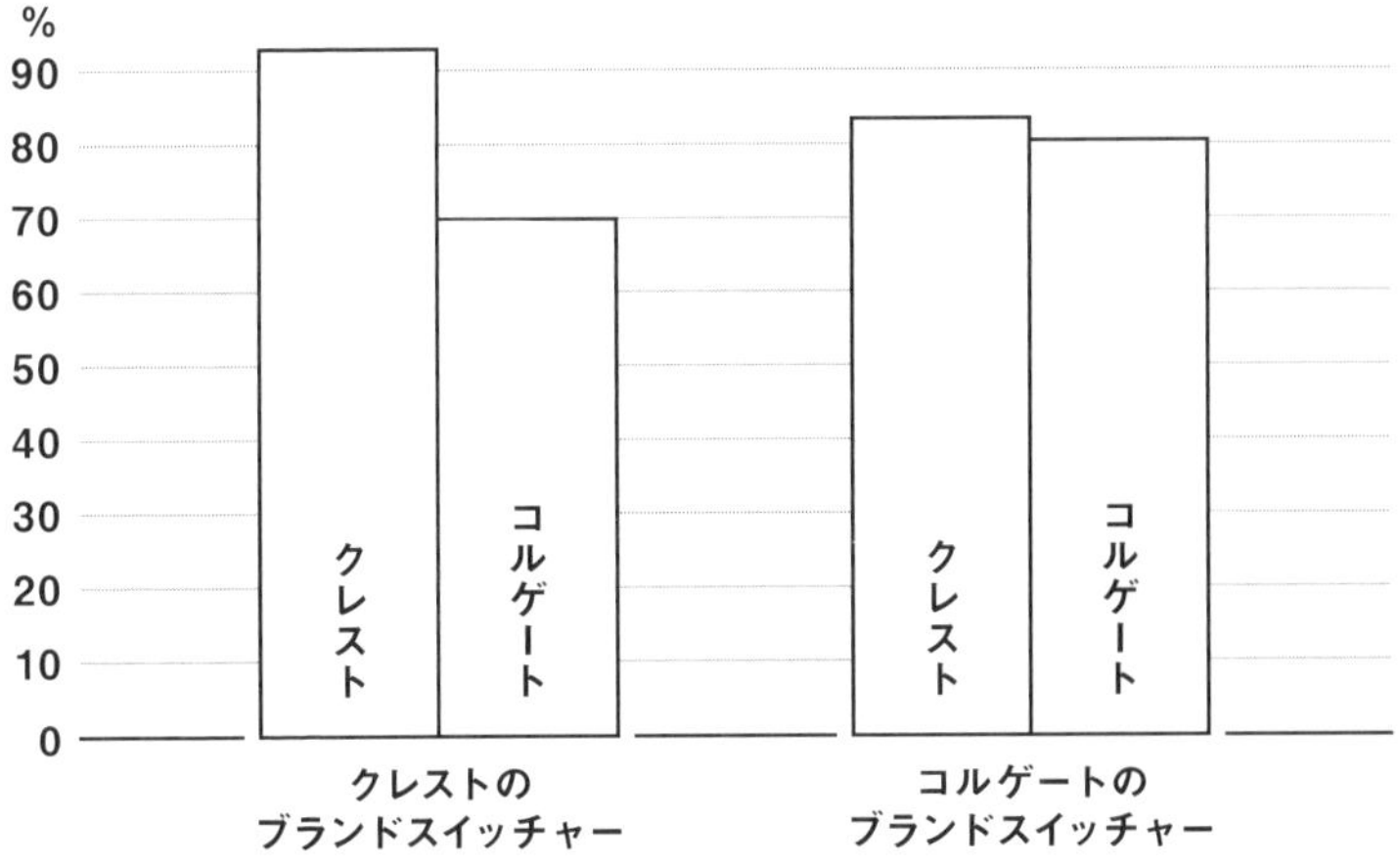

データソース：Spaeth & Hess（1989年）

品の質をどのように理解しているかをまとめた。

クレストとコルゲートのいずれの購買客も、自分の買ったブランドは十分な調査に基づいて開発された優れた製品であり、当然ながら高品質であると思っている。コルゲートを買う人は他社製品を買うことも多いせいか、クレストがコルゲートよりも優れていると答える傾向がやや高い。

以下は、市場調査会社から報告のあったブランドインサイトである。

- コルゲートの売り上げの多くはロイヤルユーザー以外から得られている。
- コルゲートはクレストと比較してブランドスイッチャーに1・5倍依存している。
- コルゲートの購買客のロイヤルティは行動的ロイヤルティも態度的ロイヤルティも低い。
- コルゲートの購買客はクレストの品質は高いと思っている。
- コルゲートの品質は高いが、ブランド認知に問題があるため、ロイヤルティが低い。
- コルゲートは間違った購買客にリーチしている。

これらのインサイトからコルゲートに必要な次のようなアクションステップが導き出される。

- コルゲートの品質の高さをアピールした説得力あふれる広告
- クレストとの比較広告
- 広告出稿量を強化したメディア計画の立案（消費者の態度を転換させることが目標）
- もっと多くのロイヤルユーザーを獲得するために、コルゲートの「ロイヤルユーザー」の消費者プロフ

ァイルの調査

これらはすべてごく普通のプランである。毎日、世界のどこかのマーケティング部門で立案されているプランだ。あなたもこれまでに自分の経験、考え、クリエイティビティに基づいて同様のマーケティングプランを立案してきたに違いない。一見すると、これらのインサイトと戦略は理にかなっており、特に問題があるようには思えない。ただし、間違っている点を除けば、の話だが。

これらのインサイトから示唆されるのは、消費者の購買行動やマーケティング指標を測定する重要な科学的法則――本書ではその法則についてこれから解説していく――が無視されているということだ。

その結果、コルゲートのインサイト開発担当ディレクターは疑心暗鬼に陥り、マーガレットの過剰な不安を招いてしまった。コルゲートは、マーケットシェアがクレストの半分であるブランドとしては、そのロイヤルティの指標である態度的ロイヤルティ（ブランドに対する思い入れなどの感情となって表れたロイヤルティ）と行動的ロイヤルティ（購買などの行動となって表れたロイヤルティ）に変わった点はない。実際、他の調査からも、最初のグラフ（**図1-1**）に示された結果（コルゲートのシェアはクレストの半分という事実）を本質的に支持する結果が得られている。これらの指標からは、コルゲートのマーケットシェアがなぜクレストの半分になるのか、その理由までは読み取ることはできない。単純にコルゲートの市場規模がわかるのみである。からくりのすべてをこれから詳述していく予定である（8ページにこのコルゲートの事例にも関連する法則をまとめているので興味のある方は参照していただきたい）。

マーケターは会社の資源を浪費していないか？

私は現代の市場経済が生み出す製品の質の高さと多様性に畏敬の念を抱いている。現代経済は社会的実験がもたらした最もすばらしい産物の1つである。20世紀には、古典的な計画的経済政策が試みられて多くの市場経済が生み出された（Hunt & Morgan, 1995）。そしてすばらしい結果が得られた。市場経済は大きく成長し、人々は多くの選択肢と、より安価でより優れた製品とサービスを簡単に手に入れることができるようになった。たとえば、私の周囲わずか数百メートル以内にも、たくさんのスーパーマーケット、パン屋、薬局、カフェ、ワイン専門店、高級チョコレート店がある。これはとてもすばらしいことだ。

タイを訪れたとき、ホスト役のタスマン・スミス教授が私に、オーストラリアのアデレード市にはタイ料理レストランはたくさんあるかと尋ねた。私は頭の中でさっと数えて、「ええ、自宅から歩いて行けるところに6軒あります」と答えた。この事実からわかることは、成熟した市場経済での暮らしは実に恵まれているということだ。タイでピザを食べることもパリでカレーを注文することも可能だ。今日のマーケターが魅力的な商品を市場に導入してくれた努力の賜物《たまもの》である。

しかしマーケティングがいつも完璧であるとは限らない。無駄も多い。マーケティング活動には多くの時間が費やされることを考えると、この点は重要である。ロバート・ルイス・スティーブンソンも「人は皆、何かを売って生計を立てている」と言っている。お粗末なマーケティングプランを実行すると、膨大な資源を浪費したり、生活を豊かにしてくれるはずの商品や施策の導入が遅れたり妨害されたりする。

マーケティングの実践はさまざまな進歩を遂げてきたが、評価という点は例外のようである。効率の悪さが目立ち改善の余地は多い。広告に対する反応率が、マーケティングの非効率の最たる例だ。消費者の反応率をいかに定義しても、たとえば、ウェブサイトのクリック数であろうと店舗への来店数であろうと、反応率は極端に低くしかも下降傾向にある。広告がどれほど人の記憶に残っているかという評価においては、さらに惨憺《さんたん》たる結果だ。たとえば、我々はある研究（未発表）を実施して、オーストラリアで平日の晩にオンエアされたテレビCM143本の広告効果を調査した。その週末に視聴者に電話による調査を行い、テレビCMがオンエアされた時間帯にテレビ番組を見ていた視聴者に、何か覚えているテレビCMがあるかどうかを尋ねた（テレビCMの内容は番組を見た者に対してのみ口頭で説明した）。テレビCMの平均認知度はわずか40％であった（つまりそのCMがオンエアされたときに40％の視聴者がそのCMを認知したことになる）。「はい」と回答した人にさらに、ブランド名を覚えているかを尋ねた。正しくブランド名を言えたのはどのCMもわずか40％ほどであった。広告が機能するためには少なくともその広告が認知され、次に理解され、最後に正しいブランド名と共に記憶されなければならない。上記の広告はわずか16％[2]が必要な2つのハードルをクリアした。つまり84％が無駄に終わったということだ。

広告効果の測定値は幅が広いことに注意する必要がある。多くの視聴者に認知されて正しくブランディングされている広告もあるが、そうでない場合も多い。優れた広告の作り方を学びながら多くのことを学習できることが示唆される。

マーケティングについて学習しなければならないことは多い。学識があり経験豊富なマーケターでもマーケティングには多くの誤謬《こびゅう》があり、まだよく知られていない事実が多いことを認めている。高報酬のマーケターの多くが誤った仮説に基づいたマーケティングを実践しており、結果的に間違いを犯し、経費を浪費している。しかもそれに気づいていないことだってあり得る。

今日のマーケティングの専門家は、一昔前のマーケターと比較するとよく学習を重ねており、非常に多くの購買行動に関するデータにも触れている。しかしマーケティングそのものの歴史が浅いため、つい、何でも知っている、あるいは基本はすでに会得したという錯覚に陥りがちだ。医療の現場でも同様のことが起きている。何百年にもわたってこの立派な職業は世のエリートたちの憧れであった。他の業界の人材よりもはるかに教養ある人たちである。しかし２５００年もの間、世界中のいたる所で医療の専門家たちは熱心に瀉《しゃ》血《けつ》（通常は無益であり、命を落とすこともある治療）を広く普及させ実践してきた。彼らがまったく逆の治療を行うようになったのはつい最近（80年ほど前）のことである。今日では輸血を行うことで毎日多くの命が救われている。マーケティングの担当者は、表面的な印象や根拠のない言い伝えに頼り、まるで中世の医師たちと同じようなことを行っている。

今日のマーケティングのベストプラクティスに誤りや誤解は少ないと考えるのは傲慢と言ってよいだろう。私はかつて大学生に誤ったことを教えていた。自分もそのように教わったからという理由で、また理にかなっているという理由で、誤ったことを何も考えずにオウムのように繰り返して教えることは簡単だし、一見正しいことのように思える。本書では、経験的に得られたエビデンスに基づいて、これまで常識とされてきた通念のいくつかに挑もうと思う。本書で扱う神話破壊的知見が、本書の読者にとって有益であると同時に自由な発想の発露となることを願いたい。

マーケティングの教科書

マーケティングは実践を重んじる学問である。従ってマーケティングの教科書（専門書、専門誌、論文など）には実践的な問いに対する解答が多く掲載されている。たとえば、

●もし製品の価格を変更すれば、それは売り上げにどう影響するでしょうか？
●売り上げデータから価格販促の効果はわずかに感じられますが、広告キャンペーンの効果がほとんど表れてこないのはなぜでしょうか？　広告が売り上げに貢献していないからでしょうか？
●理にかなったクロスセリング（顧客に抱き合わせで別の関連製品の購入も勧めること）のターゲットはどのような消費者層でしょうか？
●新ブランドは既存ブランドとカニバリゼーション（共食い）を起こすでしょうか？　もしそうだとすればどの程度のカニバリゼーションでしょうか？
●新聞広告は広告費を倍にしてでも全面広告にするべきか、それとも半分の予算で半面広告にした方がよいでしょうか？
●15秒テレビCMはどのタイミングでオンエアすればよいでしょうか？

このような実践的な問いに対する解答を見つけることは難しい。ましてや、解決策を授けるために用いられる説明理論や予測理論となればなおさらである。

私の良き同僚の一人、ペンシルバニア大学ウォートン校のスコット・アームストロング教授は、マーケティングの原理について研究しそれを教科書に編集している（Armstrong & Schultz, 1992, pp.253-65）。アームストロング教授は4人の大学院生にそれぞれ別々に9冊の主要教科書を読んでもらい経営学の原則について詳しく調査した。学生たちは「あなたが行うべきは〜」といった多くの規範的記述を発見することはできたが（566例）、それを証明するための経験に基づいたエビデンスまで掲載している教科書は1冊もなかった。

結局、明快で有意義な記述は20例ほどしか発見できなかった。その20例の記述をマーケティングが専門の数名の教授に評価してもらったところ、正しいと評価されたのはわずかその半数であり、さらに教授たちも知っているエビデンスはわずか2例しかなかった。最終的に1例だけが、エビデンスもあり普遍的に正しく経営の現場でも有益であると評価された。しかしこの原則は、特にマーケティングを学んでいない人でも知っている平凡な原則であるとも評価された[3]。

当たり障りのない基本をマーケティングの現場の人たちに紹介するこれらの教科書を無視することは可能だが、マーケティング担当者がこれらの教科書にいつも惑わされているということも事実であり、許されるものではない。マーケティングの教科書は我々が気をつけるべきこと（顧客満足度、イメージ認知、ブランドエクイティ、ロイヤルティ）、行うべきこと（消費者のセグメンテーションやターゲティング）、用いるべきテクニッ

表1-1：戦略上の仮説の検証

戦略上の仮説	正しい ／ 間違い ／ わからない
ブランドの差別化を図ることは、マーケティング上の重要な仕事である。	
ロイヤルティを測定することで、ブランドの規模ではなく、強さがわかる。	
新規顧客を開拓するよりも既存顧客を維持する方が安い。	
価格販促は市場浸透率を押し上げるが、ロイヤルティには影響しない。	
どのブランドを相手にして闘うかは、ブランドイメージのポジショニング次第である。	
マスマーケティングは過去の遺産である。競合上の優位性を発揮することはもはや不可能である。	
消費者が自分の担当するブランドを選ぶには、それなりの理由がある。	
自分が担当するブランドを選ぶ人はユニークな存在である。	
売り上げの 80%以上が最も購買頻度の高い顧客の 20%からもたらされている。	

ク、測定尺度などを教えてくれる。ほとんどのマーケティングの教科書が、マーケティングの現場での実践や現在応用されている原則についてその正しさを解説している。そして広告を行うにはメディアを買う必要があるといった、多くの基本的な情報を提供している。しかし一方で、これらの教科書では多くの俗説がまことしやかに解説されていることもまた事実である。このような俗説がマーケティング部門から効率と生産性を奪っているのである。

ロイヤルティプログラムなど、マーケティングに携わる人が重要と考えていることの多くが、実はさほど重要ではない（第11章を参照）。またブランド購入に関してマーケティングに携わる人が正しいと信じている「事実」の多くが、実は正しくはない。さらに言えば、多くのマーケターが、新しい価値あるインサイトの開発につながる設問構築に必要十分な知識を持ち合わせていない。

戦略上の仮説に関する次の設問を見ていただきたい（**表1-1**）。マーケティングのプロならこれらの仮説が非常に重要であることに同意していただけると思う。これらは戦略的マーケティングの意思決定を支えているものであり、莫大な経費を伴うものである。マーケティングに携わるあなたやあなたの同僚は、これらの設問にどのように答えるであろうか？　意見は一致しただろうか？　自分の回答に自信が持てないとき、自分の考えを証明しようとして信頼性に欠けるおとぎ話に依存しているようでは駄目である。

もしあなたが上記のほとんどの設問に「正しい」と回答したのであれば、あなたは間違った仮説に基づいて業務を遂行していることになる。本書ではそのエビデンスを明らかにする。マーク・トウェインは1898年にこう書いている、「教育の本質は既成概念や常識を疑うことにある」と。

誤った仮説を立てるから方向を見誤ってしまう

仮説発見に至るまでの科学的で系統的なアプローチは、比較的近年になって実践されるようになったものであり、1700年頃までは行われていなかった。それ以前の学識は、逸話や言い伝え、あるいは専門知識を持つ権力者（首長、聖職者、王、女王など）の経験に依存していた。これらの専門家がどのようにして知識を獲得したのか誰も知らず、また尋ねようともしなかった。彼らの理解のほとんどが誤りであり、明白な矛盾がある。正確な知識が欠如していたので、誰もまともな質問を考えつかなかったのだろう。何百万年もの間、人類は非常にゆっくりと進歩してきた。寿命は短く苦痛に満ちているのが通常であり、飢えと寒さとの闘いの連続であった。しかし人類はこの百年間に劇的な進歩を遂げた。集積された知識が大きく育ち、以前とは比べものにはならない随分ぜいたくな生活を送っている。

ここでしばらく、先ほど紹介した学識はあるのに瀉血を実践していた医師たちの話に戻ろう。何世紀もの間、彼らはありとあらゆる病人に対して瀉血を行っていた。実際、瀉血は健康を維持するために大いに必要であると提唱する人は多かった。この1000年間、瀉血はヨーロッパにおいては今日のアスピリンのように信頼され評判が高かった（Starr, 1998）[4]。こうして長年にわたり医師たちは何十万人もの患者を死に追いやってきたのだ。米国大統領のジョージ・ワシントンも、彼の主治医がのどの痛みを治そうとして瀉血を過度に行ったことが原因で死亡した。また米国のある国会議員の主治医だった医師は、患者から5日間で165オンス（約4・7kg……体内のほぼ全体の血液に相当）の血液を抜いたと書いている。その医師はこうも書いている、「患者は死亡した……もっと大量の瀉血を行っていれば最悪の事態は免れたかもしれない」と（Starr, 1998）。ごくまれなケースは別として、瀉血が体に良いはずがない。それなのになぜ、常識も学識も兼ね備えた医師たちがこのような愚行をこれほど長きにわたり実践していたのであろうか？

まず言えることは、医師たちが瀉血を提唱する理論を検証もせずにただ盲信していたからである。彼らは他の医師たち同様に無意識のうちに理論を重んじていた。古代ギリシャ人（ヒポクラテス）は4種類の体液のバランスが崩れて病気になるという理論を構築した。瀉血と瀉下《しゃか》（下痢を起こすこと）はこのような不均衡を修正する一般的な方法であった。体液の不均衡が本当に病気の原因かどうかを検証しようとする者はおらず、この理論はその後2000年間にわたりヨーロッパと中東の医学界の中心的考えであった。

次に、瀉血の効果について系統的な調査が行われることはなく、瀉血は継続的に実施されていた。もし患者の病気が治れば瀉血の治癒効果の評価は高まった。もし患者が死亡すれば、そもそも患者は病気だったのだから……と考えられていた。医者は主観的な印象や憶測や一般通念、従来の考え方、そしてわずかなデータに頼っていた。そしてこれこそ、今日のマーケティング担当者の仕事スタイルそのものなのである。

さらに危険を増幅させていたのが、医師たちが人体の血液量を実際よりも多く推定していたことである。しかも誰も正しく測定した者はいなかった。その上、新しい血液の再生に要する時間も実際より短く推定されていた。これも誰も確認した者はいなかった。

ダグラス・スターは、医師に自分が疾患をコントロールしているという自覚があったことも瀉血に人気があった原因ではないか、と述べている（1998）。瀉血は最終的には患者の失神という劇的な結末を迎えていた（長い間これは良い現象であると考えられていた）。患者は医者に何とかしてほしいと願い、瀉血が患者の願いをかなえた。多くのマーケティング施策（価格販促、大量の宣伝広告、新しいメディアへのレミングの諺《ことわざ》のような殺到）に類似点を見つけることは困難なことではない[5]。

科学の発達は医療の現場やフローレンス・ナイチンゲールなどが実践した医療統計学に改革をもたらし、

症例を記録することが開始された。データが収集されるに従い、次第にさまざまな因果関係が明らかになり、最終的には細菌理論が体液不均衡理論に勝利した。医学的実験が行われるようになり、効果的な理論と非効果的な理論、さらには危険な理論との差別化が行われていった。

今日のマーケティングの担当者たちはまるで19世紀の医者のような仕事を実践している。科学の発達の影響を受けてはいるが、その恩恵を十分に反映しているとは言い難い。ベストプラクティス（最良の実例）でさえも主観や憶測に左右されている。今でもマーケティングの教科書は、検証不十分な理論、根拠のない理論、寓話的理論であふれている。まともな実験など、ほとんど行われていない。

体液不均衡理論に相当するマーケティング理論は、コトラー派の「独自性を、さもなければ死を」という世界観であろう。それによれば、マーケティングの成功とは、優れた製品を作り、高価格帯で販売し、コアターゲットにリーチし、広告で製品の優位性を想起させることである、と定義されている。

しかしあなたが今手にしている本書は、現実世界の事実ならびに理路整然とした関係を導き出して、マーケティング担当者の意思決定だけでなくマーケターの思考にまで影響を及ぼしている現代のマーケティング理論の基本概念に真っ向から挑戦しようとしている。

マーケティングの典型的な過ち

非常に優れた組織の非常に優秀なマーケターでさえも日常的に間違いを犯している。多くのマーケターが、間違った仮説に基づいて消費者の購買行動とマーケティングの機能を正しく理解しないまま業務を行っているので、誤ったことを重視し、重要なことを無視してしまっている。その結果、次のような過ちを犯している。

- 顧客が混乱するようなパッケージの変更を行い、ブランドの目立つ力を弱めている。
- 無意味な記憶構造を構築する、またはその刷新に貢献しない広告を制作している。
- ブランドに最適な記憶構造を構築するための調査を怠っている。
- ブランドが独自性を構築し目立つ存在となるための調査を怠っている。
- ブランド名の確立以外、ブランディングが不完全なまま広告を制作している。
- 目標を定めずに追跡調査を行い、何も決まらないまま時間と費用を浪費している。
- すでに高いロイヤルティを持つ消費者に過剰な投資を行い、新規顧客開拓がおろそかになっている。
- あまりにも高い価格を設定し、そのマイナス面を値引きで補おうとしている。
- 値引きを行うときだけ購入を促すような顧客誘導を行っている。
- 広告を集中投下してメディア予算を浪費し、その後は、消費者の製品購入が継続していても、長期間にわたって広告活動停止期間が続く。
- リーチ率の低いメディアに高額の費用を投資している。

マーケターの知識に問題があるのではない。マーケターにも他の専門職と同様に経験に基づいた学びが必要なのである。

再現性のある不変の法則

本書の理論を支える調査は、1回限りの出来事ではなく不変の法則を発見することに着目しているという点において、巷《ちまた》の市場調査とは異なる。この調査によって発見された法則は、どのような条件下でも（製品やサービスのカテゴリーを問わず、またどこの国であっても）長期間の有効性が実証されている。またこの調査は多くの学術的調査とも性質を異にする。学術的調査はどれもある一定の条件下で収集された1つのデータセットに固執しがちであり、そこからわかることは研究結果の汎用性（適用の範囲）のみである[6]。一般化できるパターンを発見することは科学の果たすべき基本的役割である。それは、このような科学的法則が市場予測のあらゆる状況下で正しく機能するということを我々が知っていればこそである。また我々は、法則に影響を与えない要因が多く存在すること、影響を与える要因があるにしてもそれはごくわずかであることを知っているので、物事の道理を解明するインサイトを獲得できるのである。

これが科学の果たす役割である。

どのようにして法則の発見に至ったか？

本書は主にアレンバーグ・バス研究所のマーケティングサイエンス部門での研究を基にしている。初期の研究は、アンドリュー・アレンバーグ教授とジェラルド・グッドハート教授が50年前に開始した研究にまでさかのぼる。今日では、このような基礎研究は南オーストラリア大学アレンバーグ・バス研究所とロンドンサウスバンク大学アレンバーグセンターで引き続き行われている。この他にも、世界中の大学内外に同じ志を持つ研究者は多い。こうした研究は、ターナー・ブロードキャスティング社、マーズ社、コルゲート社、クラフト社、プロクター&ギャンブル社、ゼネラルモーターズ社、ネットワーク・テン社、マウンテン・ビュー・ラーニング社など多くの先進的企業に認められ経済的支援を受けている。

本書で紹介する研究の多くが、世間一般的通念とは異なる主張をしているため、感情面での問題に直面するだろう。本書の読者には、このような「神話つぶし」を不快に感じていただきたくないので、経験的に得られたデータ[7]およびその分析方法については、複雑であいまいな統計学や算術をすべて避けることで良い印象を持ってもらえるように努力した。「ブラックボックス」（または「お願い信じて的」）技法は用いなかった。レファレンスについては、読者が興味を持たれればさらに深く学習できるように用意した。

科学がマーケティングの効果を今以上に改善する余地は大いにあると思う。マーケティングが今世紀中に大きく発展するとすれば、それはコンピューターや洗練された統計学によって達成されるものではない。他の分野同様に、本当の進歩は、十分に確立された科学的法則（経験的一般化）の発展と応用から得られるものだ。研究チームおよび共同著者を代表して、本書で提示された新しい知見が読者にとって大いに刺激に満ちたものであることを願う。またそれが読者のマーケティングに対する考え方、実践の仕方に変革をもたらすことも望んでいる。

第2章

ブランドは どのように成長するか

Chapter 2

How
Brands Grow

ブランドの成長に何か秘訣があるのだろうか？　世界中のどの市場調査会社も、御社ブランドの将来を予測する特別なサービスを提供できます、と主張している。どの戦略コンサルタント会社も、御社ブランドを高利益の成長軌道に乗せられるのは弊社だけです、と言っている。計量経済学の専門家に至っては、どのようなマーケティングミックスが最大の成長を生むか正確に数値化できます、と言う。これらはまったくのナンセンスである。もしブランドの成長がそれほど容易なら、すべてのマーケティングディレクターが失職するか、あるいは収入が激減するだろう。誰にもブランドの成長を保証することはできない。

しかし本書では、ブランドの育て方について多くの事実を明らかにしていこうと思う。マーケティングの科学は、何十年もの間この問題に取り組んできた。そしてプロのマーケターであれば誰でも学んでおくべきいくつかの画期的発見があった。

ブランドの成長を願う強い思いが必要

あなたは今まで、売り上げの拡大に興味のない、もしくは少なくとも売り上げの低下を防ぐことに興味のないマーケターに出会ったことがあるだろうか？　ビジネスにおいては売り上げを伸ばすことが最も重要である。マーケティング部門は、そのためのビジネスプランを立案して成果を出すことを期待されている。マーケティング戦略に基づいて実施されるプランは、成長の可能性をどれだけ秘めているかという観点から評価されなければならない。どこの企業でもこれほどビジネスの成長にこだわる主な理由は、固定費が大きな部分を占めているからである。従って企業は、売り上げが伸びて利益率が劇的に伸びることもあれば、比較的小さい売り上げの落ち込みで利益が大きく落ち込むこともある。だからブランドの育成はおもしろい。

しかし、マーケットシェアを伸ばすことは難しい。市場はこれまで以上に競争が激化しており、マーケターは現在のマーケットシェアの地位を維持することに必死である。現状維持のために必死になって走り回っている、そんな印象だ。たとえば、少しでも成長することを期待して価格販促を行ってみても、現在の小売りシステムでは対応できないようなプロモーションを実行していては、ブランドの成長は見込めない。

売り上げを伸ばすことに集中することが長期的な利益につながるのかどうかについては多くの議論があるが、マーケットシェアの下落を防ぎシェアを拡大するための方法を学ぶことの重要性を理解していただきたい。

大規模ブランドと小規模ブランドの違い

ブランドの成長を理解するために最初に行うべきことは、自社のブランドとは異なるマーケットシェアを持つ競合ブランドを比較研究することである。これまでに数多くのブランドが成長を試みてきた。成功したブランドもあれば、失敗したブランドもある。自然実験（市場から1つの製品が突然姿を消したときに何が起きるかという実験）に数兆ドルもの費用を費やして、大規模ブランドと小規模ブランドの違いについて普遍的な事実を発見することは可能だろうか？　もちろん可能である。大規模ブランドと小規模ブランドの違いから、また成長しているブランドと縮小しているブランドの差から学ぶことは多い。

ある基本的な法則がブランドの規模に作用しているということ[1]、つまり大規模ブランドが小規模ブランドよりもはるかに大きい顧客基盤を有しているという事実は、多くの製品カテゴリー、市場、国々で何度も確認されていることだ。

売り上げが大きければ顧客が多いのは当然のように思えるが、実際はそうではない。ブランドの売上高は2つの要因に依存している。

1. ブランドの購買客の数
2. ブランドの購買客の購買頻度

この2つの要因を積算したものが売り上げである。だから購買頻度が高ければ、購買客の数が少なくてもブランドが成長することは可能だ。同じ規模のブランドには理論的には2つのタイプが存在する。購買客数は多いが購買頻度の低いブランドと、購買客数は半分でも購買頻度が2倍のブランドだ[2]。**表2-1**にこのポイントをまとめた。

このような状況は理論的には生じ得るが、実際に起きることはない[3]。現実的には、同じマーケットシェアを有する2つのブランドの市場浸透率はほぼ同等であり、従ってその平均購入回数も同じになるはずだ。

表 2-1：売上高とシェアが同じでも指数が異なっている例

同じ売り上げを持つ仮想ブランド	年間市場浸透率（%）	年間購買数	市場占有率（%）
デリシャス	32	3	14
アップルコア	16	6	14

もう1つ気づくことがある。それは、マーケットサイズが大きく異なるブランドは、平均購入回数にそれほど差がなくても、その市場浸透率が大きく異なる[4]ということだ。ブランドロイヤルティに大きな差はない、とも言える。

この点は巷のマーケティングの文献の主張と異なっている。本書の読者は、ブランドのロイヤルティはそれぞれ大きく異なるものであり、アップルのように非常に大きなロイヤルティを獲得しているブランドもあると教わってきたはずだ。アップルのブランドロイヤルティについては第7章で詳しく考察するとして、ここでは競合ブランドのロイヤルティ指標が非常に類似しているという点について考えてみよう。

ブランドのロイヤルティに大きな差はない

ニールセンやテイラーネルソン・ソフレスなど

表 2-2：ダブルジョパディの法則—粉末洗剤ブランド（英国、2005 年）

粉末洗剤ブランド	市場占有率（%）	年間市場浸透率（%）	購買頻度（平均）
パーシル	22	41	3.9
アリエール	14	26	3.9
ボールド	10	19	3.8
ダズ	9	17	3.7
サーフ	8	17	3.4
平均購買頻度			3.7

データソース：TNS社

のグローバル市場調査会社が運営する消費者パネルから得られたマーケティング指標を見てみると、大きなブランドほど市場浸透率は高く、また大差はないものの購買頻度もやや高くなる。

表2-2は、大手洗濯機洗剤ブランドのマーケットシェアをわかりやすく表にしたものである。おわかりのように、すべてのブランドの年間購入回数が4回をやや下回っている。最も大きなブランドのパーシルで年間ほぼ4回の購入だ。最も小さいブランドのサーフの購買客数はパーシルと比較してその半分にも満たず、また年間の購入回数は約3・5回である。このような現象を『ダブルジョパディ（Double jeopardy）の法則』という。つまり、売り上げが低いのは、ブランドの購買客数が少ない上に購買頻度も低いという2重苦を背負っているためである。

表2-3に、同じビューティーカテゴリーの中でもやや上位のシャンプーブランドについてまとめた。こちらはマーケットリーダー（P&Gの

表2-3：ダブルジョパディの法則—シャンプーブランド（英国、2005年）

シャンプーブランド	市場占有率（%）	年間市場浸透率（%）	購買頻度（平均）
ヘッドアンドショルダーズ	11	13	2.3
パンテーン	9	11	2.3
ハーバルエッセンス	5	8	1.8
ロレアルエルビビ	5	8	1.9
ダブ	5	9	1.6
サンシルク	5	8	1.7
ヴォセンス	2	3	1.7
平均購買頻度			1.9

注：英国の小規模シャンプーブランドのロイヤルティの低下はわずかだ。

データソース：TNS社

h&s：ヘッドアンドショルダーズ）とシェアが最も低いブランド（ウェラのヴォセンス）が共に他ブランドとは異なるベネフィット（フケを抑える）を共有しているという点でユニークである。しかし、そのことがダブルジョパディの法則に大きな影響を与えているわけではない。すべてのブランドが約2回、マーケットリーダーはそれよりやや多く購入されている。

２００５年のh&sの購買客数はヴォセンスの4倍を少し上回っている。h&sの売り上げがヴォセンスの5倍であることは、この顧客数の多さに起因している。もう1つの要因はh&sの購買客のブランドロイヤルティが高いことであり、年間購買頻度はヴォセンスよりも0・6回分多い。

ニールセンのデータによると、米国のシャンプーカテゴリーでも同様のパターンが観察される。すべての要因、すなわちブランド、マーケットシェア、消費者、データ取得期間、データ供給元や分析した人などがことごとく異なるのに、ダブル

表 2-4：ダブルジョパディの法則—シャンプーブランド（米国、2005 年）

シャンプーブランド	市場占有率 (%)	年間市場浸透率 (%)	購買頻度 (平均)
スエーブ・ナチュラルズ	12	19	2.0
パンテーンプロ－V	10	16	1.9
アルベルト VO5	6	11	1.6
ガーニア・フラクティス	5	9	1.7
ダブ	4	8	1.5
フィネス	1	2	1.4
平均購買頻度			1.7

注：米国の小規模シャンプーブランドのロイヤルティの低下はわずかだ。

データソース：Nielsen

ジョパディのパターンだけは同じである。なぜこのような現象が起きるのか、またロイヤルティとの関連性については後で考察しよう。今はこの科学的法則がブランドの成長に及ぼす影響について考えてみよう。

米国、カナダ、英国でのマーケットシェアの経時的変化を比較してみても、ダブルジョパディの法則が成立していることがわかる。ブランドはまず市場浸透率を上げてから成長する（Anschuetz,2002;Baldinger,Blair&Echambadi,2002;Stern&Ehrenberg, 2003）。2003年にアンドリュー・アレンバーグとコリン・マクドナルドが実施した短期動態分析によれば、年間マーケットシェア変化が小さかった157例のブランドにおいて、ダブルジョパディの法則が明らかに観察された。シェアを伸ばしたブランドも落としたブランドも、共に購入頻度よりも市場浸透率の変化の方が大きかった。IPA（広告製作者協会）が実施している広告効果賞の受賞ブランドを調査すると、その82％が市場浸透率が大きく成長したと回答し、6％が浸透率もロイヤルティも成長したと回答し、わずか2％がロイヤルティだけが成長したと回答していた。また米国で実施された207回の広告効果測定試験のメタ解析を行った結果、売り上げ拡大に関連する戦略上の変数が1つだけ特定された。ブランドを成功に導くための戦略は、市場浸透率を伸ばすことであった（Lodish oetoaly, 1995, p.130）。

成長を確実にするための量的指標

ダブルジョパディの法則は、売り上げとマーケットシェアに成功を収めているブランドのマーケティング指標とはいかなるものかを我々に教えてくれる。フィネス（**表2-4**参照）がスエーブ・ナチュラルズやパンテーン並みの売り上げを狙うとしたら、フィネスは現在よりも数百万世帯も多い新規顧客に毎年浸透して行く必要がある。しかし、新規の顧客世帯が既存のフィネス購買世帯よりも多く買うようになるとは思えない。

フィネスのブランドマネージャーが現在の顧客の年間購買数を1年間で8倍に伸ばすことができれば、マーケットシェアでトップの座に立つことは可能である。これは理論的には可能だが、現実的には不可能だ。フィネスを購入している世帯のシャンプーの年間購入回数はわずか6回である。従って、顧客1人につき年間6回の購入を達成するためには、フィネスは100%のブランドロイヤルティを構築しなければならない。しかし年間に6回も購入されているシャンプーブランドも、100%のブランドロイヤルティを構築しているシャンプーブランドも米国に存在しない。そのようなマーケティングプランは幻想である。ダブルジョパディの法則は、何が達成可能で何が達成不可能かを私たちに教えてくれる。

ブランドマネージャーの中には、達成目標を科学的法則に阻まれているという事実を受け入れられない者もいる。しかし、法則とはいえ、マーケティングのクリエイティビティには多くの自由度が残されている。物理学の法則が建築家のクリエイティビティを良い意味で制限しているのと同様に（つまり建築家は建物を重力や風雨に負けないように建てようとする）、ダブルジョパディの法則は戦略の立案の実践的ガイドを端的に提供してくれる。

COLUMN

市場浸透率を高めて顧客を獲得する

ＩＰＡの広告効果賞にエントリーされた８８０本の広告を分析した最近のある調査（Binet & Field, 2007）によると、受賞作品には市場浸透率を上げることを狙っている広告が多かった。参加作品はビジネス上の第一の目的を、既存客を維持すること／ロイヤルティを高めること（１７８作品）、新規顧客を獲得すること／市場浸透率を高めること（79作品）、と説明していた。以下はそれぞれの受賞作品の実際の成果である。

市場浸透率の上昇を狙った広告キャンペーンは、他の広告キャンペーンと比較すると、２倍の割合で売り上げと利益を含むすべての広告効果測定基準が大きく改善したと報告されていた。しかし、参加した広告のうち市場浸透率の増加を目標にしていたのは、ブランドのロイヤルティ／顧客維持を目標にしていた広告のわずか半数であった。従ってマーケターたちの行動目標設定はそもそも間違っていたことになる。

審査委員長のレス・ビネットは分析を終えて私にこう言った。「以前、米国北部では市場浸透率を、南部ではロイ

表 2-5：IPA 広告効果賞の分析

	目標	
	市場浸透率（%）	ロイヤルティ（%）
金賞	21	2
銀賞	20	6
銅賞	18	3
受賞なし	41	89

データソース：Binet & Field（2007年）

ヤルティの獲得を狙った広告をクライアントと共にエントリーしたことがある。不思議だったのは、南部ではロイヤルティが改善し、それ以上に市場浸透率までも改善したことだ。試してみればわかることだが、売り上げ獲得に成功しているときは、必ずダブルジョパディの法則が成立している」。

広告効果賞の結果からダブルジョパディの法則に従うことが得策であることがわかる。このことを、クラフト社の元インサイト開発ディレクターであったジム・ナイスは「流れに沿って泳ぐ」と表現している。彼の部下であったフランク・コティグノラが率いる消費者インサイト戦略部の分析によれば、ブランドのマーケティングプランの56%が、購買頻度を上げようとして「流れに逆らって泳ぐ」ことを試みていたそうだ。一方、クラフト社の67のブランドの成長と衰退のパターンを社内で研究したところ、売り上げとマーケットシェアを伸ばす最大の要因は市場浸透率であることがわかった。そしてそれはダブルジョパディの法則に従っていた。

ニッチブランドとは？

マーケティングで使われる「ニッチ」という用語の意味はあいまいであり、単に「小さい」を意味していることもある[5]。多くのニッチブランドが小規模であることを考えるとこれは適切な表現だ。専門的に表現すると、あるカテゴリーにおけるニッチブランドとは、マーケットシェアの割には非常に小さい顧客基盤と非常に高いブランドロイヤルティを持つブランドのことである[6]。もしどのカテゴリーにもこのようなブランドが多数存在していれば、そしてそれらのブランドの差異が非常に大きければ、ダブルジョパディの法則は成り立たない。ニッチブランドの数は一般に考えられるよりもはるかに少なく、私たちが考えているほどニッチではない。

クロスセリング効果

売り上げを伸ばすもう1つの方法は、既存客に別の製品も同時に買ってもらうことである。CRM（顧客関係管理）システムとロイヤルティプログラムがこのベネフィットをたしかなものにする。これが成長への近道だと考えられている。あなたはすでにこれらの購買客との間に関係を構築しており、もし良い提案ができれば彼らは買ってくれるはずだ。大企業の中には、自社の従業員に良い製品を提示してみたものの、その反応率の悪さに失望している企業も多い。新製品を自社の従業員にさえ販売することが難しいなら、既存客へのクロスセリングはそれほど簡単ではないだろう。

クロスセリング指数はブランドロイヤルティのもう1つの尺度だ。ダブルジョパディの法則はここでも成立している。競合する製品間ではクロスセリング指数にそれほどの差は生じていない。たしかに小さな差異が存在してはいるが、それらはマーケットシェアを反映しており、クロスセリングプログラムだけによるものかどうかは分からない。

表2-6と**表2-7**は、保険会社と銀行のクロスセリング指数のデータである。

保険会社のデータには、競合ブランドのクロスセリングの成功の差はほとんど表れていない。銀行のデータにはわずかな違いを読み取ることができる。しかし奇妙なことに、ダブルジョパディとはやや逆のパターンが観察される。すなわち、小さいブランドの2社の顧客ロイヤルティがわずかに高い。それは、この2社

表 2-6：保険会社のクロスセリング指数

保険プロバイダー （オーストラリア）	市場占有率 （%）	顧客が加入する商品 （平均）
RAA（ロイヤル自動車協会）	16	1.5
CGU 社	14	1.4
SGIC 社	13	1.5
AAMI 社	9	1.5
APIA 社	6	1.4
平均	12	1.5

データソース：Mundt, Dawes & Sharp（2006年, pp. 465-569）

表 2-7：銀行のクロスセリング指数

個人向け銀行 （オーストラリア）	市場占有率 （%）	顧客が加入する商品 （平均）
コモンウェルス銀行	29	2.0
オーストラリア・ニュージーランド銀行	18	2.1
ウエストパック銀行	14	2.2
ナショナルオーストラリア銀行	13	2.3
平均	19	2.1

データソース：Mundt, Dawes & Sharp（2006年, pp. 465-569）

が企業相手のビジネスに力を入れており、一般の個人よりも多くの金融商品を持つ富裕層の顧客を基盤にしているからである。一方、大きいブランドの2社は1つの商品（クレジットカード）で大きな成功を収めており、この成功により期待以上の顧客数を獲得している。これらの顧客は他ブランドの商品は持っていない。つまり不足しているクロスセリング指数は、実際は一部の市場でのまれな成功によるものである。要するにクロスセリングが優れていたというエビデンスはどこにも見ることはできない。

これら2つの市場においては、ブランド間の差異はほとんど感じられない。どの保険会社の顧客も平均1・5回のサービスを購入し、どの銀行の顧客も平均2回のサービスを購入している。

だからといって、クロスセリングが不可能だと言っているのではない。クロスセリングは教科書に説いてあるほど簡単なものでも、また売り上げ倍増の近道でもないということだ。**表2-6**と**表2-7**のブランド間で差がないことから、クロスセリング指数を劇的に改善することは困難であり、また多額の費用を伴うであろうと思われる（それを試みたブランドもあるが、それがどのブランドであるかを結果から知ることはできない）。

クロスセリングで既存客に商品を売ることが想像以上に難しいなら、その理由の1つは、あなたのブランドを買ったことがない者にとって、あなたのブランドが不要だからだ。たとえば、会社の車を自家用車代わりに使っている人に車の保険を売ることは不可能だ。もう1つの理由は、サービスブランドに対するロイヤルティはすでに高いということだ。たとえば住宅ローンの場合、顧客にニーズが生じれば、顧客自ら住宅ローン会社に足を運ぶことが多いだろう（その結果、商品が売れたり売れなかったりする）。ロイヤルティがすでに高い場合、それを覆すのは至難の業である。

顧客基盤を増やす方法

ダブルジョパディの法則は、マーケットシェアの成長のためには顧客基盤を拡大することが何よりも重要であるということを我々に繰り返し教えてくれている。しかしどのようにすれば顧客基盤を拡大できるのか。次章ではその成長の鍵となる法則をさらに考察していこう。

第3章

顧客基盤を拡大させる

Chapter 3

How to Grow Your Customer Base

成長するブランドと衰退するブランド

ダブルジョパディの法則は、ブランドがマーケットシェアを伸ばしているときは必ずそのブランドの顧客数も拡大していることを教えてくれる。顧客数の増加は、顧客獲得の改善によるものかもしれないし、また顧客離れを防いだ結果かもしれない。マーケティングを生業としている限り、毎年顧客を失うことは避けられない。もしもブランドが顧客の維持率を改善できるなら、顧客数を増加できるはずだ。

理論的には、既存顧客の維持または新規顧客の獲得、あるいはその両方を実行することで、顧客数を増やすことが可能だ。顧客の満足度を大きくすればその両方（特に既存顧客の維持）を実現できるかもしれないと期待するだろう。実際、多くの文献がこの仮説について考察している。

しかし顧客の維持と顧客の獲得のどちらにマーケターが力を入れることが戦略的に正しいのかについては疑問が残る。今日のマーケティングの教えでは、顧客維持は新規顧客獲得よりも低コストで実施可能である。しかし、果たして本当であろうか？　どの程度の成果が見込めるというのであろうか？　顧客の維持と新規顧客獲得にどの程度の労力をかければよいのであろうか？

既存顧客の維持は低コストか？

ライクヘルドとサッサーがハーバードビジネスレビュー誌に寄稿した論文（１９９０年）は今でも多くの人に読まれている。その中で、「顧客離反率はビジネスの収益に大きな影響力を及ぼす……顧客維持率を５％上げられれば企業は利益を１００％増収することが可能である」と説かれている。実に驚くべきすばらしい主張であるが、結局、ただの理想論でしかない。

この主張が経験的な調査に基づいて導き出されたものと考えられているのも無理はない。しかし、ライクヘルドとサッサーの論文（１９９０年）はただの思考実験（実際に実験を行うのではなく、頭の中で行った仮想的実験）に基づいている。以下はその抜粋である。

仮にクレジットカード会社が毎年顧客の10％を失っているとすると、平均顧客寿命は10年である。もしその会社の年間顧客離反率を５％に抑えることができれば、平均顧客寿命は20年に倍増する。顧客は毎年ある程度の利益をもたらしていることを考慮すると、平均顧客寿命が延びる分だけ多くの利益がもたらされることになる。

これはトートロジー的な同じ内容の言葉の繰り返しであって、現実世界で顧客維持を実践した結果を観察して得られた発見ではない。これではまるで、「宝くじに当たれば金持ちになれる」と言っているようなものである。理屈は正しいかもしれないが、発見とは言い難い。

ライクヘルドとサッサー（１９９０年）はロジックの提示の方法を間違えていた。次のような２つの理由が考えられる。

a．離反率の５％の減少とは10％から５％への５ポイントの減少のことであり、これは50％の減少に相当する。つまり顧客の離反率が半減したことになる。

b．彼らの思考実験は、企業の利益率を考察したものではなく、「顧客利益率」を考察している。両者は根本的に異なる。基本的に彼らが明らかにしたことは、もし顧客が長く留まれば（すなわち購買行動を起こせば）その期間の利益が増える[1]、ということだ。

ライクヘルドとサッサーの論文（１９９０年）は利益率に関するものであることを考慮すると、そこには費用に関する推測も含まれていたのではないかと考えることも可能だ。実際、そのようである。彼らは費用をまったくかけずに離反率を半分にすることができると単純に考えていた。

最終的に彼らは、現実世界で顧客離反率を半分にすることは完全に可能であるという考えに至った。なぜ顧客離反を半分にできるというのだろうか？　その論文は「顧客離反率ゼロ」と題されていた。企業が顧客離反率を根本的に変えられるというのであろうか？　顧客離反率をゼロに、あるいは半分に減少することが可能であろうか？　これがただの理想論であることは、経験に基づいたエビデンスから明白である。

顧客離反率はダブルジョパディの法則に従う

「新規顧客1人を獲得するためには、既存顧客1人を維持するために必要な費用の5倍を要する」という言葉をこれまでに聞いたことのない人はいないだろう。しかしこれを実証する経験的データは存在しない。離反率を永久に下げることは現実的には困難であり高い費用を伴う。というのも、ロイヤルティの指標の1つである離反率もダブルジョパディの法則に従うからである。

これは、ブランドの離反率が本質的にはマーケットシェアおよびそのブランドが属しているカテゴリーの関数であることを意味している。この離反率が競合し合うブランド間で大きく変わることはない。

ブランドが1年間で何人の顧客を失うかは、そもそも何人の顧客を獲得しているか次第だ。100万人の顧客を持たないブランドが100万人の顧客を失うことは有り得ない。従って大規模なブランドほど毎年多くの顧客を失う可能性が高く、また実際に多くの顧客を失っており、その一方で多くの顧客を獲得している。ただし大規模なブランドの顧客獲得率や顧客離反率は、小規模なブランドよりも小さくなる。

2つのブランドだけが存在している市場を想像していただきたい。小さい方のブランドのマーケットシェアが20%（顧客数が200人）で、大きい方のブランドのマーケットシェアが80%（顧客数が800人）とする。どちらのブランドもマーケットシェアを維持していると仮定すれば、両ブランドの顧客離反率と顧客獲得率は同等になるはずである。大きい方のブランドが毎年100人の顧客を失い、また同数の顧客を獲得しているとしよう。そうすると、この2ブランド市場では、小

図3-1：小規模ブランドほど顧客離反率が大きい

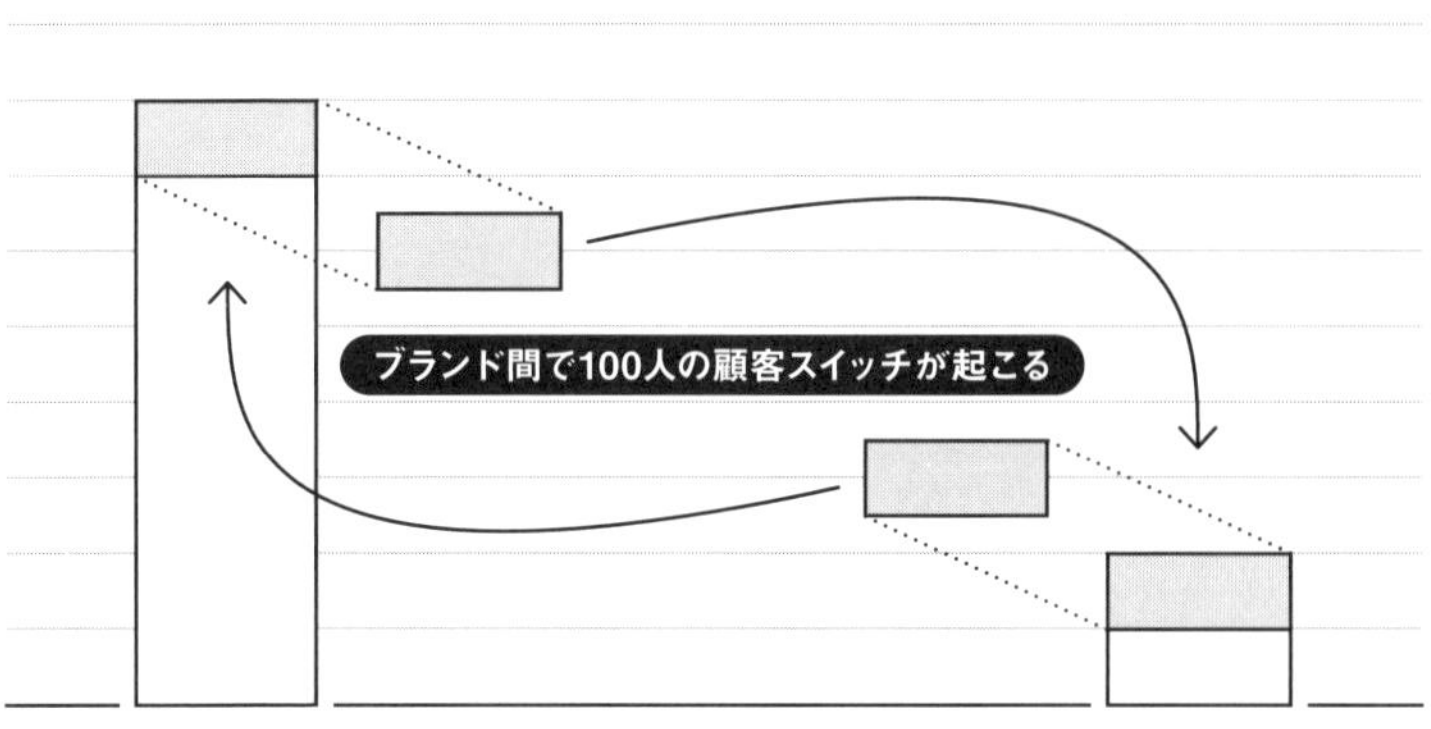

データソース：Sharp et al.（2002年;イラスト：ニック・ダネンバーグ）

さい方のブランドも同様に１００人の顧客を失い、また同数の顧客を獲得していることになる（**図3-1**参照）。小さい方のブランドの顧客離反率は50％（１００÷２００）であり、大きい方のブランドの顧客離反率はわずか12・5％（１００÷８００）である。

現実的には市場には２つ以上のブランドが存在しており、状況はもっと複雑である。しかし根本的な仕組みは同じであり、マーケットシェアが大きいブランドの方がより顧客離反率が低い（すなわちよりロイヤルティが高い）というダブルジョパディの法則が成立する。

ダブルジョパディの法則は、顧客離反率を簡単かつ費用をかけずに半減できるというライクヘルドとサッサーの考えに大きな打撃を与えた（１９９０年）。ダブルジョパディの法則によれば、マーケットシェアを大きく変えずに顧客離反率を根本的に変えることは不可能である。

表3-1は米国の車ブランドの顧客離反率を示している。１９８９年～91年の間に新車を購入した米国人１０００人を対象にした調査のデータを基にしている。調査では、新しく買ったブランドは何か、またそれ以前に所有していたブランドがあればそれは何かも尋ねた。離反率は他のどのサービス業界よりも非常に高い。それでも、同じ車を買うよりも他の多くのブランドから選んで買う可能性があることを考慮すると、離反率は驚くほど低い。米国の主要な車ブランドの顧客離反率は、顧客の３分の２に相当する60％～70％だ。どのブランドの顧客離反率もこの平均値から大きく外れることはないが、マーケットシェアが小さいと離反率は大きくなる傾向にある。

表3-2は英国の車ブランドの顧客離反率を示している。１９８６年～89年の間に英国とフランスの新車購入者２万５０００人を対象にした調査のデータを基にしている。調査では、新しく買ったブランドは何か、またそれ以前に所有していたブランドがあればそれは何かも尋ねた。英国とフランスのマーケットは米国ほ

表 3-1：米国の車ブランドの顧客離反率（1989 年～ 91 年）

米国の自動車ブランド	市場占有率（%）	顧客離反率（%）
ポンティアック	9	58
ダッジ	8	58
シボレー	8	71
ビュイック	7	59
フォード	6	71
トヨタ	6	70
オールズモビル	5	66
マーキュリー	5	72
ホンダ	4	71
平均顧客離反率		67

データソース：Bennett（2005年）

表 3-2：英国とフランスの車ブランドの顧客離反率（1986 年～ 89 年）

英国の自動車ブランド	市場占有率（%）	顧客離反率（%）
フォード	27	31
ローバー	16	46
ゼネラルモーターズ	14	42
日産	6	45
フォルクスワーゲン／アウディ	5	46
プジョー	5	57
ルノー	4	52
フィアット	3	50
シトロエン	2	48
トヨタ	2	50
ホンダ	1	53
平均顧客離反率		47

データソース：Renault France提供のデータから
Colombo、Ehrenberg、Sabavalaが作成（2000年）

ど細分化が進んでおらず、報告されたブランドのマーケットシェアも米国より高かった。従ってダブルジョパディの法則に従い、顧客離反率は低い。

どのブランドも顧客離反率は50％（ということは顧客維持率も50％）前後であった。ダブルジョパディが顕著に観察される。すなわち、小規模なブランドほどロイヤルティがやや低い（＝顧客離反率が高い）。フォードは最大のブランドであり顧客離反率が最も低かった。それでも競合ブランドと比較するとそれほど低いとはいえない。

ライクヘルドとサッサーは費用をかけずに顧客離反率を半減できると思っていた。しかし他のどのブランドも成し得なかったことを費用をかけずに実行することは容易ではない。顧客離反率が25％のブランドは、2位の倍以上のマーケットシェアを持つフォードを含めて、一社もないということに注意が必要である。ホンダに対して顧客離反率を半分に下げろと言うのは、顧客基盤を30倍に増やせと言っているようなものだ。CRM（カスタマー・リレーションシップ・マネージメント）や顧客満足度獲得プランに莫大な投資を行っても、これまでにどのブランドも成し得なかったことを費用をかけずに簡単に実行できるはずがない。

数字が示す驚くべき事実

ダブルジョパディの法則は、ブランドの成長の可能性にとって深い意味を持っている。それは単純な算術で表すことが可能である。**表3-1**と**表3-2**を見ていただきたい。毎年、車ブランドは、その売り上げの半分を新規顧客から、別の半分を既存顧客から獲得している。もしトヨタのようなブランドが顧客離反率をゼロにできれば、50％の売り上げ増となる。それはマーケットシェアの1％ポイントに相当する。この1％ポイントは顧客維持率を向上して得られる最大の値だ。しかし毎年、車の購入者の半数がブランドをスイッチしている。ということは、毎年最大でマーケットシェアを新しく50％ポイント獲得できる可能性があることを意味する。これが、トヨタが新規顧客獲得を向上することによって得られる最大のマーケットシェアポイントだ。そしてそれは、顧客維持によって得られる売り上げの50倍の売り上げを得られる可能性があることを示唆している。

車業界と比較すると、多くのサービス業界の顧客離反率は随分低い。3％～5％という数字が通常であり、仮に顧客離反率をゼロに抑えることができたとしても、それによる増収はわずか数％である。あらゆる市場で、新規顧客獲得が売り上げを伸ばす可能性は、顧客離反を防ぐことよりも圧倒的に大きい。

成長し続けているブランドも顧客を失っている

顧客の離反を半減することは、決して容易なことでも費用をかけずに実行できることでもない。顧客離反率を永久にゼロにすることなど単なる幻想に過ぎない。顧客を新規に獲得することによる成長の可能性の方がよほど大きい。

ダブルジョパディの法則は、ブランドが特に大きな成長も縮小もしていない通常のマーケットについて当てはまる。その成長の力学について考えてみよう。顧客離反はブランドの成長にどのような役割を果たしているのであろうか？　ブランドが成長を続けている間、顧客離反が劇的に減少することがあるだろうか？　逆に、顧客獲得が劇的に向上することはあるだろうか？　あるいは、その両者からブランドの成長がもたらされることがあるだろうか？　ブランドの成長はマーケティング戦略に依存しているのであろうか？　これらの質問に対する答えは極めてシンプルである。すなわち、ブランドの成長の鍵は顧客獲得を大きく伸ばすことにある。顧客の獲得に失敗したときにブランドの縮小が始まる。

エリカ・リーベ（2003年）は、自らの博士論文の中で顧客数の増加と縮小の力学について詳細に考察している。リーベは、成長過程にある製薬メーカーブランドと縮小過程にある製薬メーカーブランドの両方を10年間にわたって調査した[2]。市場規模と各ブランドの大きさを元に、ブランドが獲得すべき想定顧客数と離反するかもしれない想定顧客数を計算した（もしブランドの顧客基盤が安定していれば、そのブランドの顧客獲得率と離反率は同等になり、かつそのブランド規模に依存するはずである）。リーベは、成長過程にあるブランドは非常に大きな顧客獲得率と想定値以下の顧客離反率を示すのではないか、そしてこれら2つの要因が顧客基盤の成長に貢献しているのではないかと考えた。驚いたことにリーベは、顧客獲得率が特に高いときのみにブランドが成長していることを発見した。縮小過程にあるブランドにも同様の、しかし逆のパターンが見られた。すなわち、その顧客離反率は健全であり、同規模のマーケットシェアを持つ安定したブランドと同等であったが、顧客獲得率は低かった。

2003年、リーベはこの調査をシャンプーブランドと板チョコレートブランドを対象にフランスでも行った。12カ月間の消費者パネルデータを使い、調査参加者の調査前半6カ月のブランドの好みと調査後半6カ月のブランドの好みを比較し、何人分のブランドロイヤルティを獲得したか、また失ったかをブランド別に計算した。シャンプーカテゴリーは非常に安定しており、ブランド間の顧客基盤に差異はないことが判明した。しかしチョコレートカテゴリーではやや変動が見られ、製薬会社ブランドと同じようなパターンが観察された。つまり顧客基盤の成長は、ほとんどの場合、顧客獲得の成功によるものであった。

この調査はその後さらに分析が行われ、4年半にわたるその統合データがニールセンによって公表された。

顧客獲得に成功するとブランドが成長し、失敗するとブランドが衰退することが再び明らかになった。

マーケターは顧客の離反をコントロールできない

前述のパターンについて簡単に説明を加えよう。顧客の離反をマーケターがコントロールすることはほとんど不可能だ。少なくとも、そのようなことのできる顧客サービスや類似のプロジェクトも存在しない。これを裏づけるエビデンスが存在している。オーストラリアの金融機関の年間顧客離反率に関する次のデータをよく見てもらいたい（**表3-3**）。このデータは、マーケットシェアが落ちればブランドロイヤルティも低下するという、最も典型的なダブルジョパディの法則のパターンを示している。マーケットシェアには大きな差が生じているのに対して（アデレード銀行とコモンウェルス銀行［CBA銀行］には30倍の差がある）、顧客離反率の差は小さい。

最も小規模なブランドであるアデレード銀行は、アデレード市だけに支店を持つ地方銀行の1つだ。最も大規模なCBA銀行は全国の主な都市や都市部の施設にくまなく支店を展開しており、利益も大きい。もしアデレード銀行に口座を持っていてアデレード市からシドニーに移り住んだとすれば（毎年オーストラリア人の約20%が引っ越している）、最寄りのアデレード銀行の支店を見つけるのに苦労するに違いない。このような場合、シドニーの新居に近い別の銀行の支店に口座を開く可能性は高い。しかし、転居する前にアデレード市内のCBA銀行に口座を持っていたとすれば、利便性を考慮して引き続きCBA銀行のシドニー支店に口座を開設する可能性が高い。

銀行の顧客離反率にみられるダブルジョパディのパターンは、このように支店の物理的な位置の差が原因のようである。アデレード銀行の比較的高い顧客離反率（ＣＢＡ銀行の２倍）は、おそらく顧客満足度とは何の関係もないであろう。また、ＣＢＡ銀行のいかなる指標も顧客獲得のためのプログラムとの関連性が見られない。単に、アデレード銀行は、ＣＢＡ銀行よりも規模が小さく支店数が少ないので顧客離反率が高いのである。だからアデレード銀行[3]は、顧客離反率が高いからといっても心配する必要はない。現実問題としてアデレード銀行は、マーケットシェアを劇的に拡大しない限り、高い離反率をどうすることもできない。

顧客の離反を詳しく調査した結果（Bogomolova & Romaniuk, 2005; Lees, Garland & Wright, 2007）、顧客の離反は企業のコントロールが効かないところで起きていることが判明したが（引っ越し、サービスが不要、本社からの指示など）、特に驚くには値しない。一方で、いかなるブランドであろうとも競合の脅威に日々さらされており、常に競合ブランドが自社ブランドの顧客を勧誘しようとして

表 3-3：顧客離反率（オーストラリアの金融機関）

金融機関	市場占有率 (%)	顧客離反率 (%)
CBA（オーストラリア・コモンウェルス銀行）	32.0	3.4
Westpac（ウエストパック銀行）	13.0	4.3
NAB（ナショナルオーストラリア銀行）	11.0	5.3
ANZ（オーストラリア・ニュージーランド銀行）	10.0	4.3
STG（セントジョージ銀行）	6.0	4.3
Bank SA（南オーストラリア銀行）	1.4	5.0
Adelaide Bank（アデレード銀行）	0.8	7.0
平均顧客離反率		4.8

データソース：Roy Morgan Research

いるのが事実である。いかに注意深く顧客を管理していても、競合ブランドの策略がうまく機能してしまうこともある。

顧客獲得はオプション戦略ではない

新規顧客獲得がブランドの成長に欠くべからざるものであるという考え方は決して画期的ではない。今日のマーケティング戦略はターゲティング、データベースマーケティング、CRM、ロイヤルティプログラムに重きを置いており、この事実はつい忘れられがちだ[4]。現実世界のエビデンスは極めて明快である。すなわち、ブランドの成長を少しでも支えようと思えば、顧客獲得をおろそかにしてはならないということである。ではどのような顧客を獲得すればよいのか？　すべてのブランドが同じというわけではない。既存客と見込み客のうち、目標とすべきターゲットはどちらか？

次章ではライトユーザーとヘビーユーザーの反復購買に関する法則について明らかにする。消費者行動に関わるこれらの規則性が、各章でこれまで解説したブランドのマーケティング指標の明快なパターンを実証している。

第4章

ブランドにとって最も重要な顧客を探す

Chapter 4

Which Customers Matter Most?

問題は、新しいアイデアを考案することが難しいのではなく、古いアイデアから逃れられないことだ。

ジョン・メイナード・ケインズ（K・E・ドレクスラー引用、1987年）

聡明なマーケターなら、購買傾向を理解して売り上げを伸ばすためには、そのカテゴリーの購買客はもちろん、ブランドのライトユーザーからヘビーユーザーまで含めたすべての購買客にリーチしなければならないことを知っている。

マスマーケティングは過去の遺産

COLUMN

マーケティング戦略

- マスマーケティングとは、そのカテゴリーの中のすべての消費者を対象にして製品を売ることである。従って偶然に獲得した顧客が多く、ブランドロイヤルティもブランドとの関係も希薄にならざるを得ない。
- ターゲットマーケティングとは、そのカテゴリーの中のすべての消費者ではなく、ヘビーユーザーやある特定の消費者グループだけを対象にして製品を売ることである。

フィリップ・コトラーらも（１９９８年）マスマーケティングは時代遅れだと宣言した。現代マーケティングで重視されるのは、ポジショニング、ターゲット・セグメント、ロイヤルユーザーやヘビーユーザーへの絞り込み、顧客（の獲得ではなく）維持、投資の回収（ＲＯＩ）などである。奇妙なことに、マーケティングの教科書はこの〝新しい〟メッセージを何十年間も説き続けている。今日の人気のメディア戦略は、新しい、多様化した、リーチ率の低いメディアを使って、消費者との新しい関係を構築することである。リーチ率の高いメディアであるテレビや新聞は今でもマーケターが好んで使うメディアであり効果的ではあるが、もはや必須の条件ではない。今日の主流は、ロイヤルティプログラム、ウェブサイトによるロイヤルティ構築（バドワイザーのBud.tvなど）、インフルエンサー・ターゲティング、カスタマー・リレーションシップ・マネージメント（ＣＲＭ）、そしてニューメディアである。

消費者はこれまで以上に時間に追われるようになった。多くのブランドが顧客を獲得しようとして消費者の注目を引きつけるのに必死だ。消費者と深い関係を構築することは以前にも増して困難になってきているようだ。その結果、マーケターに、マスマーケティングを捨てるのではなく、逆に習熟することを期待することが当然視されるようになってきた。この考えを消費者行動とブランドの業績のパターンを調査してきた研究者たちが支持している。彼らは、マスマーケティングはブランドの維持と成長に必須であると結論を出した。

マーケティングの研究家たちは、何十年もの間、購買率とその統計学的分布を研究してきた。購買率は、何人の消費者がある1つのブランドを1年間に1回、または2回、または3回購入したかを示す。ビジネススクールでこの購買率のパターンについて教えられることはほとんどないが、ビジネスの現場では毎日のように使われている。たとえば、これらが示す規則正しいパターンが正確な売り上げ予測を可能にし、BASES（ニールセンの需要予測モデル）などの分野の専門家によって使用され、またメディアプランニングモデルにも組み入れられている。

今日、我々は、消費者がどの程度の頻度で商品を買い、また消費者の購買行動にどの程度の差が生じているのかをよく知っている。また我々は、消費者の購買頻度も購入するブランドも千差万別であることを知っている。さらに、それぞれのタイプの消費者が何人存在するかも知っている。これらのデータがベンチマークとなって、有益な予測を行うことが可能になり、また大きな消費者インサイトの発見につながるのである。これは科学の力によりもたらした偉大な恩恵であり、すべてのマーケターが熟知しておかなければならない。

ライトユーザーが重要

すべてのブランドが多くのライトユーザーを抱えている。ライトユーザーがブランドを購入する機会は少ない。しかしその人数は多く、売り上げに大きく貢献している。

意外にも通常の消費者はライトユーザーであることが多い。ここで、購買頻度の高いカテゴリーに属するメガブランドのコカ・コーラの事例を見てみよう（**図4-1**）。コークは、コーラカテゴリーの中では多くの市場において2位以下を大きく引き離してマーケットリーダーの立場を維持している。TNS社（注：テイラーネルソン・ソフレス。英国の市場調査会社）の購買パネルデータによると（TNS社は個人の購入履歴、たとえば、コークを自分で飲むために購入するのはどのような個人かなどをモニターしている）、平均的なコカ・コーラ購入者は1年間に12回つまり1カ月に約1回の購買行動を起こしている。だがこの平均値は非常に誤解を招きやすい。というのも、購買頻度は傾斜分布を示すからだ。平均的な値が購買客の典型的であるとは限らない。中にはコカ・コーラを午前と午後と夜間の1日に3回購入する人もいる。これらの人は年間に1000回以上購入することになる。従って、コカ・コーラの平均的購入回数を12回とすれば、超ヘビーユーザーと年間に数回しか購入しない大多数のコーク購入者との間の偏りのバランスを修正しなければならない。

　TNS社のデータによると、自分で買って飲む典型的なコカ・コーラ購入者は、1年間に1缶か2缶または1ボトルか2ボトルしか購入していなかった。これはコークの全購入者の半数に相当する。平均購入回数である12回の購入を行っていた

図 4-1：英国のコーラ購入者のうちコークを買う人の割合と購入回数（2005 年）

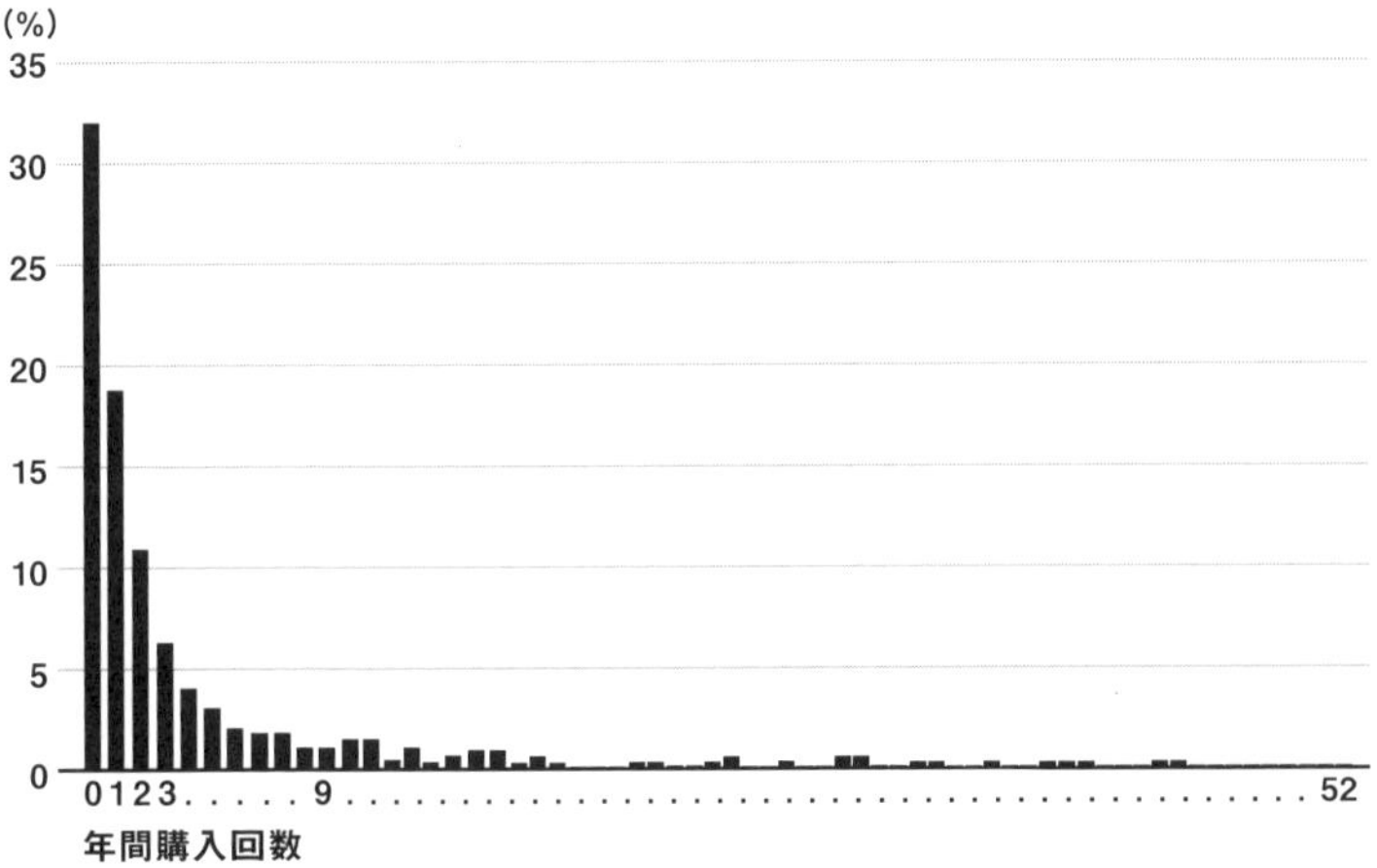

データソース：TNS社

のはごくわずかであった。つまり、平均的購入者が必ずしも典型的な購入者ではないのだ。

コーラ購入者の約30％が、年間購入回数が１回に達していない。この層の人たちは通常のソフトドリンクも買うコーラ購入者であること、つまりコカ・コーラを購入することは非常にまれであり毎年購入しているわけではない、ということに注意しなければならない。

コカ・コーラにとってのヘビーユーザーとは、１年間に３回以上のコカ・コーラの缶またはボトルを購入する人たちである。私たちの多くが自分はあまりコークを買わないと思っているかもしれないが、実は極めて普通のコーク購入者であることがわかる。コカ・コーラは非常に大きいブランドであるが、その購買客のほとんどをライトユーザーが占めている。

小規模ブランドの購買頻度はどのように分布しているのだろうか。それは大規模ブランドに驚くほど類似している。この市場では非常に小さい方のブランドであるペプシを見てみよう（**図4-2**参照）。

このマーケットにおける平均的ペプシブランド購入者の年間購入頻度はわずか９回である。これはコカ・コーラの12回と比較してやや少ない。１年間にペプシをまったく買わないコーラ購入者は多く、コカ・コーラが30％であったのに対して、50％を超えている。これはペプシが小規模ブランドであるからだ。しかしペプシのヘビーユーザーは年間に３回以上購入している。

英国のコーラ市場は特殊なのであろうか？　米国の市場はどのような様子であろうか？　**図4-3**は２００７年の米国におけるコークの購買パターン（個人単位でなく家庭単位）を示している。英国と米国の購買パターンは驚くほど類似している。このパターンは製品カテゴリーの枠を超えて世界中で、そしてあらゆる市場調査会社で、一般的に見られるようになった。

このように、多くの場合、ブランド購入者の大部分はごくまれにしか購入しないライトユーザーである。

図 4-2：英国のコーラ購入者のうちペプシを買う人の割合と購入回数（2005 年）

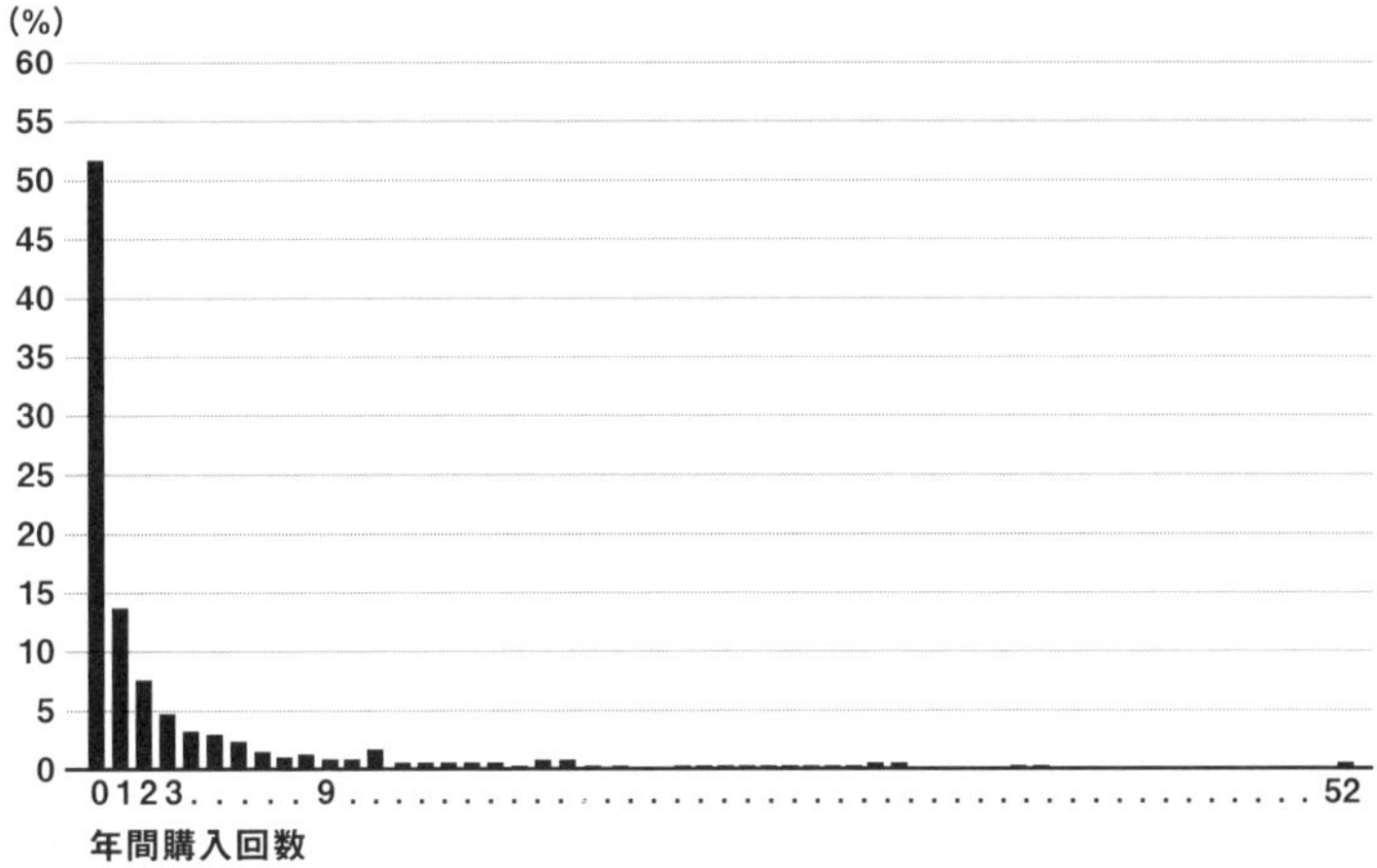

データソース：TNS社

図 4-3：米国のコーク購入家庭の割合と購入回数（2007 年）

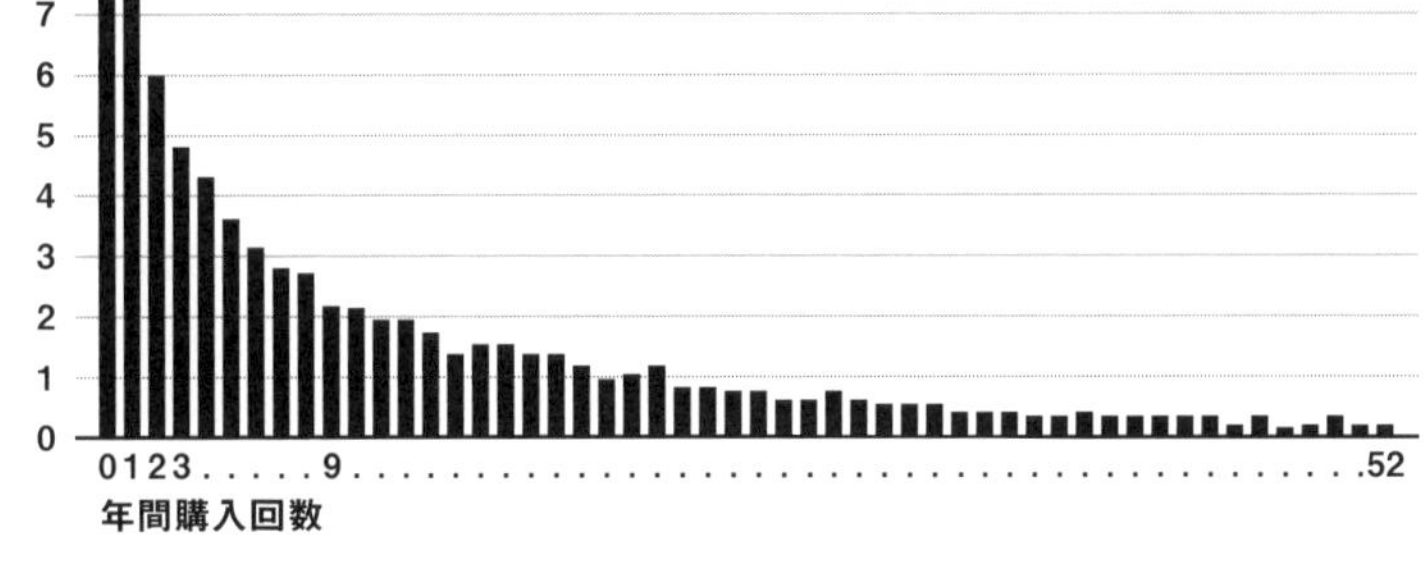

データソース：Nielsen

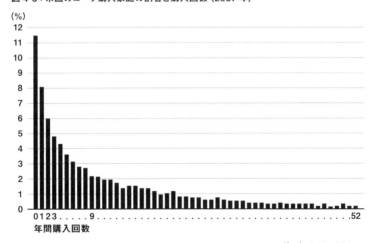

なぜ頻繁に買わないのか？　それは、彼らがそもそもそのカテゴリー自体での購入頻度が少なく、かつ彼らは他のブランドも購入しているからだ。たとえば、平均的消費者製品カテゴリーでの1年間の購入回数は平均して10回未満である[1]。これは珍しいことではない。このようなカテゴリー内でのブランドの平均的購入頻度は1年間に3回か4回であり、最も典型的な購買客の1年間の購入回数が1回を超えることはまれである。

マーケターは消費者がなかなか自分のブランドを選んでくれないことをつい忘れがちだ。そしていつも平均購入頻度指数の低さに驚いている（そして、この指数を簡単に増やす余地は大いにあると間違った結論に至っている）。さらに残念なことに、この平均値が典型的な購買客の購入頻度と比較して実は大きいということに気づいているマーケターは少ない。またその平均値の計算から、同期間中にそのブランドをたまたま購入しなかった消費者はすべて除外されている。従って、大部分の典型的ブランド購入者のブランド購入頻度は非常に低い。

この傾向はサービス業界においても表れている。サービス業界では多くの顧客が別のブランドも利用している。たとえば、個人相手の銀行業界では、顧客の約半数が別にもう1つの銀行をメインの金融機関として選んでいる。

購買行動分布の一方には、そのカテゴリーの製品の購買頻度がやや高い消費者が少し存在している。さらにその中の一部はもっと頻繁な購買行動を起こしている。これらの消費者は重要である。なぜなら、その人数は少数かもしれないが、大きな売り上げをもたらしているからである。たとえば、コークを1週間に1回以上（年間に52回以上）購入しているコカ・コーラ購買客の約4％が年間売り上げの25％をもたらしている。

幸い、これらのヘビーユーザーに製品を売ることは比較的容易だ。なぜなら、典型的なユーザーと比較して、ヘビーユーザーにとってはカテゴリーとブランドが非常に重要であるからだ。これらのヘビーユーザーが新しい店頭広告を目にしたり、パッケージの変更に気付いたりする機会は多い（また通常のプロモーションを知る機会も多いと思われる）。また彼らのブランド広告に対する感受性は非常に高く、誰よりも広告が目に入り、理解力も高く、記憶にも残りやすい。

最も右端にいる消費者は、コカ・コーラを朝、昼、夜に飲む人で、この習慣を変えることは難しい。彼らがこの習慣から抜け出すことは難しく、やや中毒気味ともいえる[2]。これらの人たちは広告に対してそれほど敏感ではなく（従って彼らの購買行動は広告に左右されず、広告によって彼らの購買行動が増えることも減ることもない）、彼らに製品を売る努力は不要ではないかという意見もある。彼らの大量消費は、大きな事件が起きてブランドに対する価値観を喪失するか、ブランドを買わなくなるか、またはカテゴリーから離反するまで継続する。いずれにせよマーケターのコントロール外である。

購買行動分布の反対側の端には、典型的な、それほど頻繁には購買行動を起こさない消費者が存在している。彼らこそあなた方が日々対峙している消費者だ。個々の消費を促すことが困難であり（例：ダイレクトメールがまったく効果を発揮しない）、これはマーケティング上克服しなければならない大きな問題である。彼らは売り上げに重要な貢献をしており、ブランド成長の大きな可能性を秘めている。購買率の偏りは、ブランドの売り上げを維持するためにはこれらの消費者たちにメッセージを届けていく必要があることを示唆している。これには次のような2つの理由が考えられる。

1. このような消費者が顧客の大部分を占めている。
2. このような消費者が購買行動を起こすことは非常に少なく、あなたのブランドもすぐに忘れてしまう。

パレートの法則の正しい理解

この購買頻度の偏りが、売り上げの80％はブランド購買客の上位20％からもたらされているというマーケティング上最も有名な法則と何らかの関係があるかどうか、あなたとしては気になるところであろう。もちろん関係しており、パレートの80／20の法則に従っている。しかしパレートの法則の80／20という単純な数値化は誤解を招きやすいことを理解しておかなければならない。実際の比率は80／20ほど極端ではない。

売り上げは最も購買頻度の高い上位20％の購買客によってもたらされるという事実が（パレートの法則では「パレートシェア」という）、顧客がヘビーユーザーとライトユーザーに二極分化していることをよく表している。本書で紹介したコカ・コーラの例にも、年間にわずか数回しかコカ・コーラを購入しない消費者群と、それよりも小規模ではあるがもっと頻繁に（1週間に1回、または1日に1回、またはそれ以上）購入する消費者群が含まれている。これが典型的なパレートシェアだ。

これとは対照的に、消費者特性が均質なカテゴリーも存在する。たとえばガソリンだ。多くの人が1週間に1回の頻度で自家用車に給油している。自家用車は所有していないが車をレンタルしたときにガソリンを買う人もわずかではあるが存在しているが、彼らが調査期間中に都合よくガソリンを買うことはまれだ。運転量が多く、1週間に2回もしくは3回給油する人もいる。大多数の人がガソリンを買うのは1週間に1回であり（頻繁に買う人であってもこれを上回ることは多くない）、従って購買率は二極分化しておらず、パレートシェアもそれほど極端な値は示していない。

パレートシェアの指数は調査を行う期間によって異なる（Schmittlein, Cooper & Morrison, 1993）。短期間の調査を行うほど、すべての人のブランド購入頻度が近似する。たとえば、ある1週間のブランド購買者ほぼ全員の購入回数が1回であるとしよう。2回買う人もいるかもしれない。この場合、上位20％のヘビーユーザーが売り上げの約20％を生み出している（25／20としよう）。調査期間が長くなるほどヘビーユーザーが多く現れ、ブランド購入頻度はもっと大きくなるであろう。また、1回購入しただけのライトユーザーも分析の対象になる。これらの要因を背景にして、ヘビーユーザーとライトユーザーの二極分化が促進されることになる。これがパレートシェアのさらに極端な例である。

製品カテゴリーの枠を超えて数十のブランドを対象に調査を行った結果（**Sharp & Romaniuk**, 2007）、日用品ブランドの3カ月間のパレートシェアはわずか35％であった。1年間ではこの数字は50％を超えるであろう。しかし通常であれば50％[3]を大きく超えることはなく、一般的にいわれる80％に到達することはめったにない。

表4-1は、同じカテゴリー内のブランドは同等のパレートシェアを持つことを示している。カテゴリー間のパレートシェアにも大差はない。**表4-2**は、米国製品カテゴリーのブランドの平均パレートシェアをまとめたニールセン・ブランド・スキャン・データ（2007年版）である。**表4-3**は、南アフリカとオーストラリアの同様の製品カテゴリーについて示している。

あなたのブランドの購買客の80％が年間売り上げのわずか20％にしか貢献していないとすれば、そのような購買客は無視したくなるはずだ。しかしこのようなライトユーザーが売り上げの約半分をもたらしているとすれば、無視するわけにはいかない。マーケティングで使うパレートの法則は重要ではあるが、その比は80／20とはならず、従来の理解は誤っている。

通常、パレートの法則は、ヘビーユーザーに特化したマーケティング戦略を評価するために用いられる（例：コーチ、1999年）。その戦略にはいくつかのメリットがある。ヘビーユーザーのもたらす利益は大

表 4-1：ボディスプレイとデオドラントカテゴリーのブランドのパレートシェア

ブランド	市場占有率(%)	上位 20% のヘビーユーザーによる売り上げの割合	
		3 カ月	12 カ月
シュア	16	42	53
リンクス	14	41	53
オールアザーズ	14	40	51
インパルス	8	45	55
ソフト & ジェントル	7	39	52
ライトガード	7	39	51
ダブ	6	36	48
テスコ	4	43	53
ヴァセリン	3	39	51
アスダ	3	42	54
アディダス	3	35	45
ジレット製品	3	39	50
アザーブランド	3	39	49
フィジオスポーツ	2	37	50
サネックス	2	35	45
ニベア	2	36	46
ウィルキンソンズ	1	41	54
アリッド	1	37	45
ナチュラルプラス	1	35	47
マム	1	35	46
平均		39	50

データソース：Kantar Worldpanel
同じカテゴリーの中のブランドは同じパレートシェアを持つ
（Sharp & Romaniuk、2007年）

表 4-2：米国の製品カテゴリーから選んだブランドのパレートシェア

製品	ブランドの平均値（%）
ドッグフード　モイスト	56
ドッグフード　ウェット	65
キャットフード　ウェット	64
冷凍ヨーグルト	60
クリームリンスとコンディショナー	47
キャットフード　ドライ	56
液体柔軟剤	51
ドッグフード　ドライ	54
デオドラント　エアゾール	48
デオドラント　コロン	48
イエローファット	53
洗剤　軽い汚れ用	49
キャットフード　モイスト	46
シャンプー	42
朝食用シリアル	54
自動食器洗い機用洗剤	45
デオドラント　スティック／固形	46
缶詰めスープ	53
ドライ柔軟剤	43
デオドラント　ロール	44
スプレー柔軟剤	35
ソフトドリンク	64
平均	51

作成：Sharp & Romaniuk（2007年）；
データソース：Nielsen

表4.3：オーストラリアと南アフリカのパレートシェア

オーストラリア	カテゴリーに占める割合(%)	ブランドの平均値(%)
マーガリン	42	60
シリアル	46	60
スープ	52	53
シャンプー	55	46
コンディショナー	51	48
洗濯用液体洗剤	54	53
洗濯用粉末洗剤	44	48
自動食器洗い機	39	42
ヨーグルトと乳製品デザート	49	64
炭酸清涼飲料水	53	65
デオドラント	48	51
キャットフード　ドライ	44	57
キャットフード　ウェット	43	66
平均	48	55

南アフリカ	カテゴリーに占める割合(%)	ブランドの平均値(%)
マーガリン	42	53
精製シリアル	44	48
ホットシリアル	48	49
洗剤	35	48
食器洗い用洗剤	47	50
自動食器洗い機	65	59
ソフトドリンク	56	56
缶詰めスープ	49	36
袋詰めスープ	45	46
シャンプーとコンディショナー	60	47
平均	49	49

作成：Sharp & Romaniuk（2007年）；
データソース：Nielsen

きいので、マーケターとしては多額の投資を行いやすい。しかしマーケティング活動を行う上でヘビーユーザーに注力することは賢い選択ではなく、またライトユーザーやノンユーザーを無視することもブランドを成長させる手段とはいえない（第2章、第3章を参照）。

消費者は常に別の顔を持つ

ヘビーユーザーに注力するという戦略は、彼らの現在の個人消費が今後も継続して将来の売り上げに貢献することが期待できない限り、確実性に欠ける。たとえ現在、個々のユーザーから信頼できる売り上げデータが得られていても、また、彼らの購買行動に大きな変動が見られなくても同様だ。ノンユーザーやライトユーザーは想像以上にヘビーユーザーであり、ヘビーユーザーは想像以上にライトユーザーである。この事実は、IRIとニールセンの消費者パネルデータを利用して米国のトマトソースブランドを対象に2年間かけて行った分析で実証されている。そのブランドの成長は停滞していたが（成長も縮小もしていなかった）、売り上げの14％はその前年にそのブランドを1回も購入していなかった家庭からもたらされていた。マーケティング上は、ノンユーザーに属する人たちである。その一方で、ヘビーユーザー家庭である小規模の消費者群（9％）から34％の売り上げがもたらされていた。この消費者群の1年目の売り上げ貢献度は43％で、それをやや下回る数字だ。**表4-4**は、ヘビーユーザーがライトユーザーに、ノンユーザーやライトユーザーがヘビーユーザーに、時間経過とともに変化することを示している。

最もライトなユーザーがヘビーユーザーに、また最もヘビーなユーザーがライトユーザーに変化することは、平均的状態への回帰である。この法則（いわゆる購買行動適正化の法則）[4]はすべてのブランドに適応し、既知の購買頻度の分布から将来を正確に予測することが可能だ。

実際はこれらの消費者が変化することはまれであり、それがかえって不可解さを生み、大きく誤解される元になっている。ほとんどの人が購買行動適正化の法則を知らない。この法則は、ヘビーユーザーを対象にし、かつライトユーザー（および彼らがもたらす売り上げ）を無視するマーケターの戦略を根幹から揺るがすものだ。

購買行動の適正化は、個々の消費者の購買行動のタイミングに差が生じているために起きる。消費者がブランドを1回しか買わない年もあれば2回買う年もある。だがここでいう差とはこのような変化のことではない。安定して拡大中のブランドであっても、その購買率には予測可能なある程度の不安定な振幅がある。このような振幅が存在するということは、「まったく買わない」と分類された家庭の中には、その年はたまたま何らかの理由で購入しなかっただけであり、間違って「ま

表 4-4：消費者群別の売上高の 1 年間の推移

消費者群	サンプル数 (%)	購買頻度 (1 年目)	代表的ブランドの売上高 (%)	
			1 年目	2 年目
全く買わない	44	0	0	14
ライトユーザー	22	1	14	16
平均的ユーザー	25	2-4	43	36
ヘビーユーザー	9	5+	43	34
平均	100		100	100

作成：Anschuetz（2002年）；データソース：米国 IRI 消費者パネルデータ

ったく買わない」と分類されていた家庭も含まれていることを意味する。本来はヘビーユーザーなのにライトユーザーと間違って分類された消費者がいるのと同様である。他にも、その年は通常よりも少し多く製品を買っただけで、調査責任者によりヘビーユーザーと分類された消費者もいる（親戚が来るので余分に製品を買ったとか、そのような理由だろう）。このような現象は、1年未満の短期の調査期間（1カ月とか3カ月）で悪化する傾向がある。もちろん、**表4-4**に示したように、年間データにも、また大規模ブランドにも見られる。

パレートの法則について重要な3つの要因をまとめる。

1. 規則性があり、どのブランドやカテゴリーにも適用される。
2. 厳密に80／20にはならない。
3. パレートの指数とターゲティングは、分析期間中の消費者の在り方の影響を受ける。簡単に言うと、上位20％のヘビーユーザーが次の調査期間ではそれほどヘビーなユーザーではないかもしれないし、ライトユーザーがヘビーユーザーになっているかもしれないし、ノンユーザーが購買客になっているかもしれない。これが購買行動適正化の法則である。

もう1つ、アンドリュー・アレンバーグ教授が「ヘビーユーザーだけをターゲットにするマーケティングの夢物語の終焉」（2004年）と表現する規則的な法則がある。次に、ブランドのマーケットシェアが成長したときに、ブランド購買率分布にどのような変化が生じるのかを見てみよう。

購入頻度はヘビーかライトのユーザーの区別に関係なく変化する

図4-1と図4-2のコークとペプシの購入頻度をもう一度見ていただきたい。

両者のデータはともに同様の分布を呈している。購買頻度はコークよりもペプシが明らかに左側に傾斜している（購買頻度がより低い）ように見えるが、両ブランドの購買頻度の分布の数学的特性は同等だ。このタイプの分布は「負の二項分布（negative binominal distribution＝ＮＢＤ）」と呼ばれている。ＮＢＤであらゆるブランドの購買頻度を表すことが可能であると考えられており、実際これまでに何十年間もそのように使用されてきた（１９５９年にアンドリュー・アレンバーグが発見）。通常ＮＢＤはロングテール型に傾斜した分布を持っており（平均的購買客の数よりもライトユーザーの数が圧倒的に多い）、60／20のような割合を持つパレートの法則も成り立つ。

このライトユーザーの中でもさらにライトなユーザーの大部分を、第2章と第3章で考察したブランドパフォーマンス指数の中に見ることができる。マーケットシェアが大きいブランドは、マーケットシェアの小さいブランドと比較して、市場浸透率が非常に大きいことを思い出していただきたい（ダブルジョパディの法則）。これとは対照的に、大規模ブランドの購買頻度スコア（購買客がブランドを購入する頻度）はわずかに高いだけである。またブランドが成長または衰退するとき、そのカテゴリー浸透率（顧客数）には大きな変動が伴うが、購買頻度はほとんど変化しない。なぜ浸透率指数がそれほど大きく変動するのか、もうおわかりであろう。購買率分布のＮＢＤが偏位しているからである。ブランドは成長しながら、まず、多くのライトユーザーを取り込む。ライトユーザーは成長すると分析期間中に少なくとも1回以上の購入を行うようになる。そしてこれらのライトユーザーが市場浸透率指数に影響を与える。ヘビーユーザーもその多くがさらに頻繁な購買行動を起こすようになるが、平均購買率は全体的にはあまり変わらない（コークとペプシの平均購買率にほとんど差がないことが図からわかる）。つまりNBDはダブルジョパディの法則が成立していることを示している。

すべてのブランドが、そのビジネスの規模にかかわらず、ヘビーユーザーからライトユーザーへ移行するに従ってNBD分布を呈する。これは重要な消費者インサイトの1つである。ブランドのマーケットシェアが成長または縮小の過程にあるとき、この分布の偏りがシフトする。別の言い方をすれば、売り上げの変化は、市場全体の購買傾向の変化、すなわちヘビーユーザーからライトユーザーへ、さらにノンユーザーへ移行するときの購買傾向の変化に起因している。変化しない消費者群（または偏りのない分布）は存在しない[5]。通常、マーケティングが成功して売り上げやマーケットシェアが伸びているとき、そのブランドは、今まで以上に多くのヘビーユーザーとミディアムユーザーを獲得し、それ以上に多くのライトユーザーを獲得する。これは、ブランドの成長を継続的に維持していくためには、マーケティング戦略が最終的にはそのカテゴリー全体の消費者に到達しなければならないことを意味している。

特定の消費者だけを懸命にターゲットにしても売り上げは伸びない。にもかかわらず、このようなターゲッティング神話は今でもマーケティングプランに登場し、ロイヤルティ・ラダー（ロイヤルティのはしご）や他の市場調査（例：コンバージョンモデル）の根拠となっている。この神話がマーケティングの効果を損なっているのである。

マーケティング戦略が成功してブランドのマーケットシェアが伸びると、購買特性が全体的に変化する。この事実から、マーケティングが消費者にリーチする範囲が広くなればなるほどその成功の可能性が高くなることがわかる。マーケティングは、ライトユーザーとノンユーザーにリーチできたときに最も成功する。

このような理由から、ターゲットをヘビーユーザーに絞っても売り上げが伸びる可能性は低い。ロイヤルティプログラムはヘビーユーザーに絞った最たる例だ。マーケターにはこのようなプログラムは非常に人気がある。しかし、このようなプログラムが無数に実施されているにもかかわらず、成功したという声は聞かない。学術的研究においても同様の結果、すなわち、ロイヤルティプログラムを実施しても獲得できるマーケットシェアはごくわずか、あるいは獲得できないという結果が報告されている（第11章を参照）。価格販促で売り上げを伸ばすことも可能だが、ヘビーユーザーに偏りがちだ。価格を下げて販売数量を伸ばせても、プロモーションで獲得できる増分収益はごくわずかだ（第10章を参照）。その売り上げもほとんどがいずれにせよ何らかの方法で獲得できるものであり、マーケターとしてはそのプロモーションを長期間にわたって継続させることは極めて難しい。価格販促が終了すると、売り上げはあっという間に以前の状態に落ち込む。これはターゲットをヘビーユーザーだけに絞って売り上げを維持することの難しさをよく物語っている。もしこれが事実でないとするならば、流通システムの異なるブランドやマーケットシェアの割にはロイヤルティ指数が高いブランドがもっと多く存在していてもよいはずだ。だがそのようなブランドを見たことはない。

逆に、ターゲットをライトユーザーやノンユーザーに絞っているブランドの成功確率は高い。なぜならほとんどのブランド購入者がライトユーザーであり、消費者に広くリーチできるからだ。また、実際には簡単にライトユーザーだけに的を絞ることはほとんど不可能であり、同時にヘビーユーザーも取り込んでしまうからだ（ヘビーユーザーが広告に触れるのは店頭だ）。

ブランドの成長の典型例として、未参入地域での配荷を新たに獲得することが挙げられる。そうすることで、以前はブランドとの接触が希薄であったためにライトユーザーやノンユーザーであった消費者を取り込むことが可能になる。以前はライトユーザーやノンユーザーであった消費者がブランドを購入し始めると、ブランドの市場浸透指数は急上昇する。もし近隣にヘビーユーザーがいれば、新しく店舗を増やすことで彼らのブランドアクセスは改善する。このようにしてヘビーユーザーのブランドとの接触は大きく改善されていく。結果的に普段よりも少し多めに買い物をすることになり、平均購買頻度も他のロイヤルティ指数も押し上げられる。このように市場浸透率が大きく拡大しロイヤルティもわずかに上昇する。これは第2章のブランドパフォーマンス指数で解説したダブルジョパディの法則のパターンと一致する。

結論

これまでの考察を通じて、ブランドはどのように成長するのか、またマーケティングが成功するとそれがブランドの購入率にどのような影響を与えるのかを理解していただけたと思う。この思考をさらに深めていくと、明快でシンプルなすばらしいマーケティング的思考に集約される。

1. ブランドの成長と維持には顧客の獲得が極めて重要である。
2. すべての消費者層、特にブランド購入頻度の低いライトユーザーにリーチすることが極めて重要である。

これが賢明なるマスマーケティングへの処方箋である。といっても、今日の一流ブランドの大部分を成長させたのはＣＲＭやリレーションマーケティング[6]やロイヤルティプログラムではなくマスマーケティングであったことを考慮すると、驚くには値しない。またこれは粗削りのマスマーケティングのための処方箋ではない。すべての潜在的ブランド購買客に適切なタイミングと低価格でリーチするためにはそれなりの技術が必要であり、学ぶべきことが多い。デジタル革命が起きて、消費者のさまざまな暮らしにより適したより有意義なブランドに進化するために、これまでとは異なる方法でこれまでとは異なる時間に消費者にリーチする新しい手法が生み出されつつある。洗練されたマスマーケティング戦略には多くのチャンスがある。

次の章では、私たちがリーチすべき消費者について学習する。彼らはどのような消費者か、どのようにして特定したらよいかを学ぶ。

第5章

顧客のパーソナリティプロファイルを知る

Chapter 5

Our Buyers
Are Difference

自社ブランドの顧客が競合ブランドの顧客と類似している点は多く、また逆に、競合ブランドの顧客が自社ブランドの顧客と類似している点も多い。これは、自社ブランドが競合ブランドの顧客を獲得するチャンスが大きいことを示唆している。だからこそ、市場全体をターゲットにするべきだ。

現在の顧客と将来の顧客のプロファイル

通常のマーケティングでは、特定の消費者の特定の使用機会を想定して差別化されたブランドを売る、というのが常識である。そのため、ブランドマネージャーにとって〝どのような人が自社のブランドを買っているのか〟という問題は非常に重要だ。この問いに対する答えがブランドを売るための消費者インサイトの解明につながる。加えて、ブランドの現時点での売り上げの見込みを推測することも可能だ。しかし、もしあるブランドが特定の顧客層だけに売れているのであれば、すべての人に売ることは不可能であり、そのブランドに成長の余地はあまりないと言えよう。

1959年[1]、ハワイ大学のビジネススクールの教授がフォードとシボレーの所有者を対象にパーソナリティ試験を実施した（Evans, 1959）。聞き慣れない調査だが、背景にある理論はこうだ。1950年代のアメリカ人にとって車は非常に重要で自家用車の購入をとても大切に考えており、マーケターたちはブランドイメージ構築のために多額の投資を行っていた、というものだ。この調査を行うことで、それぞれの顧客層のユニークなパーソナリティプロファイルが浮き彫りにされると期待されていた。車のメーカーの経営者たちも、試験を実施した学者たちも、大きな期待を抱いていた。

得られた結果は実に興味深いものだった。フォードの所有者もシボレーの所有者も、本質的には同じ消費者であった。プロファイルに差がないという事実は、マーケティングに携わる者にとって大きな驚きであった。まず、関係者が結果の考察を行い、次に、検査サンプル、検査手法、製品カテゴリー別に何度も比較検討を繰り返した。最終的には、誰もこの研究結果を認めることはできないという結論に達した。「人は真実につまずくこともあるが、大抵の場合は自力で立ち上がり、それを乗り越え、または回避して、再び歩き始める」とは、ウィンストン・チャーチルの言葉だ（Klotz, 1996）。

約50年後、競合ブランドの顧客プロファイルを調査するための非常に包括的な試験が連続的に実施された。これらの研究により、タバコからコンピューターゲームや不動産投資に至るまで数十のカテゴリーに属する数百のブランドのプロファイルが明らかになった（Hammond, Ehrenberg & Goodhardt, 1996; Kennedy & Ehrenberg, 2000; Kennedy & Ehrenberg, 2001a; Kennedy & Ehrenberg, 2001b; Kennedy, McDonald & Sharp, 2000）。重要なことは、これらの研究が数百の変数を使って、購入者の人口統計学的特徴や心理学的特徴、消費者意識、価値観、メディアの嗜好などを詳しく記述していることである。中でも重要な発見は、競合するブランドは皆同じような顧客層に売れているということだ。それぞれのブランドの顧客層の中にはさまざまな特徴を持つ人が存在するものの、ブランド別に見ると他のブランドと同様の特徴を有していた。

表5-1は、10年間（1990年代）の自家用車の所有状況であるが、明らかに同じパターンを示している。英国の車ブランドの顧客基盤はどれも非常に似かよっているようだ。購読している新聞でさえ同じだ。ローバー購入者は、高級ブランド車に乗っているにもかかわらず、読む新聞はタブロイド判のサン紙だ。知的な新聞テレグラフ紙よりも読者は多い。他の車ブランドの所有者にも同様のことが観察されるが、これは、サン紙の読者数がテレグラフ紙よりも顕著に多いという事実を反映している。顧客基盤の最大の違いは世帯の規模だ。こちらは、より大きい世帯がより大型の車（座席数が多くトランクが大きい）を買うという事実

表5-1：どの車ブランドも同様の消費者を対象に販売している（英国、1990年代）

所有する車	性別		世帯規模		購読している新聞	
	男性	女性	1～2人	2人以上	サン紙	テレグラフ紙
ローバー	52	48	40	24	20	9
エスコート	50	50	34	27	26	5
シエラ	50	50	25	34	28	4
キャバリエ	51	49	29	33	24	6
平均	51	49	31	30	25	6

データソース：TGI調査

表5-2：異なる車ブランドを所有していても、消費者は同様の価値観を共有している（英国、1990年代）

所有する車	私は乱雑な状態を我慢できない	私は技術の進歩についていっている	私は所有する車で人を判断する	私は車が唯一の移動手段である
ローバー	16	11	1	18
エスコート	19	9	3	21
シエラ	17	9	3	17
キャバリエ	17	10	2	17
平均	18	10	2	18

データソース：TGI調査

を反映している。シエラとキャバリエはやや大型だ。

消費者ベースの類似点として、多くのオーナーに共通する価値観が観察された。**表5-2**は消費者の多彩な価値観を表している。回答者の98%が「私は人をその人が所有する車で判断したりはしない」と答えているが、これはたわいない嘘ではないだろうか。そうであれば、自分の所有している車のブランドを信頼していないということになる。

カナダのビールブランドを見てみよう（**表5-3**）[2]。価格、ブランドの出生地（メキシコやトロント）、ブランドイメージなどはさまざまであるが、ブランドの顧客プロファイルには大差はない。モデーロとコロナは女性と若者への偏向がやや見られるものの、大きな差といえばそれだけである。

次に、クレジットカード会社をみてみよう（**表5-4**）。クレジットカードは製品／サービスのカ

表5-3：ビールブランド売上高

ブランド	性別（%）		年齢層（%）		収入（単位：千）	
	男性	女性	29歳未満	50～59歳	$30未満	$30以上
クアーズ	58	42	23	22	21	36
カナディアン	71	29	30	19	26	35
バドワイザー	67	33	32	19	30	27
オーランド	69	31	34	17	24	38
ブルー	69	31	30	20	28	28
スリーマン	71	29	24	20	18	40
コロナ	52	48	34	13	24	35
モデーロ	51	49	33	12	25	35
ミラー	69	31	38	17	27	39
平均	64	36	31	18	25	35

データソース：モルソン醸造所（カナダ）のDee Mcgrath氏提供；調査地域と調査年は非公開

テゴリーに属するが、製品間で非常に多くの差が生じている。これらの差は、ある特定の市場では訴える力を持つのかもしれない。

ここでも、ブランドの顧客プロファイルは非常に似かよっている。どのクレジット会社の顧客基盤も半数が男性で半数が女性だ。バークレイマスターカードの顧客は60％が男性であるが、全体平均の54％との差は小さく、マーケティングの影響は実質上考えられない。賢明なマーケターなら、このデータを見てマーケティング戦略を変えたいとは思わないだろう。また、どのブランドの顧客基盤も、その約40％が35歳～54歳の顧客で占められている。アクセスナットウェストの場合は47％であるが、その差は非常に小さく、現実的には有意な差ではない。

無作為のサンプル抽出により生じるこれらのわずかな相違は、通常、どのような研究にも表れるものである。それは、40種類以上の製品／サービスのカテゴリーを調査してブランドの基準値から

表5-4：英国のクレジットカードブランドの利用者層

クレジットカード	性別（％）		年齢（％）						
	男性	女性	15～19歳	20～24歳	25～34歳	35～44歳	45～54歳	55～64歳	65歳以上
バークレイビザカード	51	49	1	4	17	23	22	18	14
TSB トラストカード	51	49	1	3	18	20	21	19	19
アクセスナットウェスト	54	47	1	2	16	24	23	21	14
アクセスミッドランド	52	48	1	3	18	24	21	20	13
バークレイズマスターカード	60	40	1	3	15	21	23	20	17
アクセスロイズ	54	46	2	3	18	22	22	20	13
スコットランド銀行ビザカード	56	44	1	2	17	21	26	19	14
ミッドランドビザカード	53	48	1	2	15	24	24	19	15
TSB マスターカード	56	45	1	6	18	20	21	18	16
協同銀行ビザカード	56	44	2	2	17	17	23	20	20
平均	54	46	1	3	17	22	22	19	16

データソース：TGI調査

の平均偏差をまとめた**表5-5**を見ても明らかである。

カテゴリーは偏差の大きさの順に並べたが、表からもわかるとおり大差はない。基本的には各カテゴリーの偏差は小さいが、いくつかの例外がある。たとえば、

- スコットランドでは地元の新聞が他の一般的新聞よりも多くの読者を獲得している。
- 子供向けテレビ番組が平均的テレビ番組よりも多くの子供視聴者を獲得している（といっても、これらの番組の視聴者の約半数は成人である）。
- 高価なブランドほど顧客基盤に低所得者が少ない。

目立った例外があればその経営方法に注目してみる価値はあるかもしれないが、すでによく知られているものが多い（例：前述の子供向けテレビ番組）。

極端なターゲティング

特別な顧客層をターゲットにしたことのないマーケターの現実世界はこうではなかろうか。もっと努力していたら、教科書の理論どおりの現実を手に入れられたかもしれない、と。しかし以下の2例のケーススタディは、マーケターが特定の顧客層をターゲットに注力しても、マーケットシェアの獲得に成功していない限り、ごく普通の顧客層しか獲得できないことを示唆している。定義上は、マーケットシェアが増大すれば、顧客層はより平均的な層に近づく[3]。

表5-5：ブランド基準値からの偏差

カテゴリー	デモ	メディア	測定値	平均
タバコ	4	4	6	6
キャットフード	3	1	4	4
ミント菓子	3	1	3	3
歯ブラシ	3	1	3	3
民間健康保険	4	2	3	3
菓子類	3	1	2	3
ポテトチップス	3	1	3	3
化粧石鹸	3	1	2	3
パック旅行	3	1	3	3
乾電池	3	1	2	3
チョコレート類	3	1	2	2
台所用ペーパータオル	3	1	3	2
ナッツ	3	1	2	2
チョコレートバー	3	1	2	2
歯磨き粉	2	1	2	2
トイレットペーパー	2	1	2	2
コンピューター	3	2	2	2
レコード店	3	1	1	2
小売店クレジットカード	3	1	2	2
コンピューターゲーム	3	1	2	2
ビタミン類	3	1	2	2
液体洗剤	3	1	2	2
食料品店	3	1	2	2
ヨーグルト	3	1	2	2
電球	2	1	2	2
自動車タイヤ	2	1	2	2
染み抜き剤	2	1	2	2
自動車保険	3	1	1	2
コーヒー	2	1	2	2
家具	2	1	1	2
塗料	3	1	1	2
シャンプー	2	1	2	2
航空会社	2	1	1	1
カメラのフィルム	2	1	1	1
頭痛薬	2	1	1	1
自動車	2	1	1	1
クレジットカード	2	1	1	1
ローン	2	1	1	1
燃料	2	1	1	1
小売業者	1	1	1	1
平均	3	1	2	2

〃ノーガールズ〃キャンペーン

私が初めてヨーキー・チョコレートバーを見たのはロンドンの街角であった。その包装紙にデザインされていた〃ノーガールズ〃という広告コピーと×印がついた女性のイラストは非常に印象的だった[4]。顧客層をセグメント化して男性だけを獲得するために包装紙を巧みに使った真面目な取り組みのようだ。

もちろんこれはTVCMとブランドを認知させるための遊び心にあふれる英国流のユーモアだ[5]。しかしネスレがこの広告コピーを採用する何十年も前のヨーキーの広告は、サイズ[6]、ブランドカラーの青色、働く男性を訴求ポイントにしていた[7]。当時の広告には、そのほとんどにヨーキー・チョコレートを食べるトラック運転手が登場している。その後、広告が人々の記憶になかなか定着しない長い年月を経て、ブランドのルーツへの歴史的回帰とでもいうべき"It's not for girls!"キャンペーンが誕生した。ある評論家は、「広告から判断すると、ヨーキーのターゲットは英国人紳士ではなくて、髭をたくわえた大柄で筋肉質の英国人労働者のようだ。市場は非常に限られている」と述べていた（Redfern, 2002）。単なるジョークだったにせよ、ターゲッティングに失敗したにせよ、現在のヨーキーの顧客層は以下のとおりだ。

表5-6は、ヨーキーの購買層が姉妹品によって大きく異なることを示している。これは無作為なサンプリングで生じた差異も一因かもしれない。しかしヨーキーの購買層は明らかに女性が多く、顧客基盤の半分強を占めている。

女性と子供

表5-4は、他のカテゴリー同様に、クレジットカード各社の顧客プロファイルにはほとんど差がないことを示している。しかし、ある信用機関は「私たちのブランドは他社とは違います」と言う。事実、そのようである。このオーストラリアのクレジットカード会社は、ユーザーがカードで1ドルを使うごとに地元の産院に少額の寄付を行っている。さらにカードには赤ちゃんの写真がデザインされている。

このカードのユーザーが女性に偏っているのは明らかだ。それは単にこのカードに女性に訴える力があるだけではなく、若い男性（おそらく若い女性も）の心をつかむ力がないからかもしれない。この会社のマーケティング担当者によると、それが事実であることは間違いないという。しかし次のデータを見ていただきたい（**表5-7**）。カードの所有者を非所有者と比較すると、ごくわずかに

表5-6：ヨーキー・チョコレートバーの顧客層を製品別に男女別で比較

ブランド	性別	
	男性	女性
ブランド全体	56	44
ヨーキーエッグ	26	74
ヨーキーハニー	73	27
ヨーキーミルク	57	43
ヨーキーレイズンビスケット	46	54
ヨーキーアーモンド	0	100
ヨーキーナッツ	40	60

データソース：TNS社

女性に偏っているだけである。しかも独身や子供がいない女性が多かった。このカードは母親だけに受け入れられているわけではないようだ。

〝私のママ〟現象

ブランド購入者の世界観に差はあるだろうか？　前述のように、同じブランドを買う人は同じ価値観を共有している（**表5-8**）。では、購入者のブランドに対する態度はどうであろうか？

ブランドの購入者と非購入者との間には明らかに異なる点が1つある。ブランドの購買行動だ。それがブランドとブランド知識に対する購入者の態度に影響を与えている。人は自分が買うブランドには詳しいが、使わないブランドについては考えもしなければ知識もない。購買行動はブランドの理解、認知、態度の強力な推進力である[8]。人のブランドに対する態度は、その人がそのブランドをどの程度購入しているかに反映される。いわ

表5-7：カード所有者と非所有者の比較

	男性 (%)	女性 (%)	独身 (%)	子供の いない夫婦 (%)	子供の いる家庭 (%)	その他 (%)
カード所有者	37	63	15	32	52	1
カード非所有者	42	58	12	34	53	1

データソース：クレジット会社提供の顧客リストに基づいて電話調査；
参照：Sharp, Tolo & Giannopoulos（2001年）

ゆるブランドロイヤルティだ。私たちはブランドロイヤルティ指数がブランド間でそれほど大きく変わらないことを知っている。つまり、ブランドAの購入者がブランドAを思う気持ちは、ブランドBの購入者がブランドBを思う気持ちと同じである。私はこれを〝私のママ〟現象と呼んでいる。自分の母親が世界で一番のママだ。自分のママは愛すべき存在であり、また時には煩わしい存在でもある。あなたのママも同様ではないだろうか。

もう1つのすばらしい例が、アレンバーグ・バス研究所が旅行者を対象に世界規模で実施した調査だ。その調査では旅行者に最近行った旅行でその目的地を選んだ理由を尋ねていた。このオープンエンドの質的質問に対する回答をそれぞれの目的地と照合した。調査担当者たちは、それぞれの目的地で回答の類似性が意外に高いことに気づいた。一例を挙げよう。

● まだ行ったことのないワクワクするところへ

表5-8：ブランド基準からのパーセント偏差

クレジットカード	子供は自分を自由に表現すべきだ	私は自分の生活水準に満足している	私は乱雑な状態を我慢できない	私は技術の進歩について行く努力をしている	私はいつも特別なオファーを求めている
バークレイビザカード	0	−1	0	0	−1
TSBトラストカード	0	−2	2	−4	2
アクセスナットウェスト	1	0	1	0	−2
アクセスミッドランド	−1	0	1	0	−3
アクセスロイズ	1	1	1	1	1
スコットランド銀行ビザカード	2	2	0	2	−2

データソース：Kennedy & Ehrenberg（2000年）

行きたい。

- いろいろな人々や文化と触れ合いたい。
- 買い物を楽しみたい。
- のんびりしたい。

もちろんビーチに行って「雪」と答える人はいなかった。また、山に行って「サーフィン」と答える人もいなかった。他にも動機やベネフィットに関する記述式の質問があったが、その回答は不思議なくらい類似していた。これはブランドの顧客基盤が他のブランドの顧客基盤と類似していることを示唆している。

製品ラインナップを増やす

ブランドマネージャーが、新しいターゲット層にリーチできるはずだと考えて製品ラインナップを増やすことは多い。これは在庫管理単位（ＳＫＵ）を増やすこととしても知られている。これらの製品を見てみよう。その機能面に差があるのは、さまざまな人々に使われていることを意味している。

表5-9は、ソフトドリンクのレギュラー（63％）とダイエット／ノンシュガー（35％）の通常のマーケットシェア、および特定の消費者群におけるマーケットシェアを示している[9]。このような分析は、指数を多く用いた市場分析報告にはよく見られるが、シェアの差が誇張され、極めて高いシェアを得られるような印象を与えかねない。しかしそもそも小規模な市場なので、顧客基盤に大きな差が生じているわけではない。ごくわずかな潜在的な差でも示すことができるように意図的にこのような分析を選んだが、ご覧のとおり、

明らかに大差はない。それぞれの製品を上から下へ見ていただきたい。レギュラーのソフトドリンクのシェアは全体の3分の2であり、各消費者層においても同等のシェアを維持している。ダイエットソフトドリンクのシェアは、全体的にもまた各消費者層においても3分の1である。つまり、どちらのドリンクも特定の消費者層に受け入れられているわけではない（ダイエットソフトドリンクは女性をターゲットに長年広告を実施していてもこの結果だ）[10]。

次にパッケージサイズを見てみよう（**表5-10**を参照）。大型ボトルは小型ボトルの2倍のマーケットシェアを有しており、どの消費者層でも同じ傾向がある。例外は老人で、大型ボトルがやや人気がある。

次に、コーラとレモネードを比較してみよう（**表5-11**）。レモネードは高齢者に人気がある。しかし55歳〜74歳の購買者層がソフトドリンク市場全体に占める割合は小さいので、この偏りがあ

表5-9：ソフトドリンクの男女別消費者プロファイル

人口統計学的特徴別 マーケットシェア	レギュラーソフトドリンク （%）	ダイエットソフトドリンク （%）
市場全体	63	35
男性	66	33
女性	60	37
単身世帯	60	38
3 人家族以上	64	34
子供がいる	65	32
子供がいない	61	38
34 歳未満	74	24
55 〜 74 歳	59	38
AB 社会経済分類	59	38
E 社会経済分類	66	32

表5-10：小型ボトルと大型ボトルのソフトドリンクの人口統計学的特徴別の比較

人口統計学的特徴別 マーケットシェア	小型ボトル （%）	大型ボトル （%）
市場全体	19	43
男性	25	38
女性	14	47
単身世帯	22	44
3 人家族以上	20	41
子供がいる	20	39
子供がいない	17	46
34 歳未満	37	23
55 ～ 74 歳	12	52
AB 社会経済分類	17	46
E 社会経済分類	17	47

表5-11：コーラとレモネードの人口統計学的特徴別の比較

人口統計学的特徴別 マーケットシェア	コーラ （%）	レモネード （%）
市場全体	40	13
男性	44	11
女性	37	14
単身世帯	41	19
3 人家族以上	41	11
子供がいる	39	10
子供がいない	41	15
34 歳未満	45	5
55 ～ 74 歳	34	21
AB 社会経済分類	35	13
E 社会経済分類	41	12

るからといってレモネードとコーラの顧客基盤に意味のある差が生じているわけではない。

製品バリエーションが特定の消費者をターゲットにして開発されているということは共通の認識である。たとえば、低アレルギー性の柔軟剤はアレルギー疾患のある人をターゲットにしている。このような製品バリエーションを詳細に観察すると、ニッチなパターンが発見され、ロイヤルティの高い小規模の消費者群をターゲットにしているように思われるが、現実はそうではない。具体的な例として（香水や化粧品を除く）、低アレルギー性の柔軟剤がある。これらは大ブランドではなく、購入頻度も低く、購入者も限られている（第2章のダブルジョパディの法則を参照）。そのロイヤルティ指数はダブルジョパディの法則で予測された値を辛うじて上回っている。

ということは、低アレルギー性の柔軟剤は、アレルギーを時々発症する（または少なくとも意識する）普通の柔軟剤の消費者を主なターゲットに

表5-12：ダブルジョパディの法則―米国の柔軟剤製品バリエーション別比較

柔軟剤の製品バリエーション	市場占有率（%）	市場浸透率（%）	ロイヤリティ関連の指数	
			購買頻度（平均）	カテゴリー内シェア（%）
レギュラー	72	63	5.0	74
ライト	20	32	3.0	33
無臭	4	9	2.0	28
汚れ防止	3	9	1.7	19
平均			2.9	39

データソース：IRI；Singh, Goodhardt & Ehrenberg（2001年）；
Singh, Goodhardt & Ehrenberg（2008年）

していることだ。低アレルギー性の柔軟剤だけを買うアレルギー患者は少ないが、このような数少ないロイヤルユーザーがバリエーション製品の顧客基盤の一部分を構成している。

考察

同じカテゴリー内のブランドの顧客基盤が非常に類似しているという事実は、大きな発見といえる。別の言い方をすれば、バニラアイスクリームを買う人とストロベリーアイスクリームを買う人はまったくの別人ではないということだ。存在するのはアイスクリームを買う人であり、バニラを買うこともあれば、たまにストロベリーを買うこともある、それだけのことだ。

市場調査の結果、自社のブランドが競合ブランドとは異なる顧客層をターゲットにしていることがわかったとき、マーケターは、「若い女性にシフトし過ぎているのは広告のターゲティングが原因だ」などと言いがちだ。しかしこれは間違っている。「なぜ?」と問う姿勢が大切だ。我々のマーケティング戦略のどこが間違っていたのか? 見落とした消費者がいた(その結果、他の層にシフトした)のはなぜか? ブランドが特定の消費者層にしかアピールしないというのは誤解だ。多くの場合そうではないし、またそうあってはならない。ブランドがユニークなプロファイルを持つ消費者層にアピールすることもあるだろう。しかしその理由は、そのようなマーケティング戦略を実践しているからであったり、そもそものようなブランドであったり、または戦略自体に誤りがあるからである。いずれにせよ、そのような消費者層をターゲットにしていたのでは製品は売れないということを意味している。

カテゴリーの平均像からの偏位が見られるとき、注意深く観察する必要がある。問題は、このような偏位に即したマーケティング戦略を実行するべきか、またはカテゴリーの平均像を重視するべきか、どちらが良い選択かだ。通常であれば後者を選ぶべきである。

もちろん、子供の朝食用の加糖シリアルブランドや経済的に豊かな富裕層をターゲットにした高価格帯の製品のように、ある程度の予測可能な差異を有するブランドもあるが、サブマーケットのブランドの顧客基盤にはほとんど差は見られない。たとえば、ヴェルサーチはグッチと同じ富裕層にリーチしている[11]。

これは非常にすばらしい発見である。顧客基盤に成長の可能性があるということは、あなたのブランドの成長を抑制しているものがないということだ。競合ブランドの顧客基盤は、あなたのブランドの顧客基盤と類似しているので、将来的にはあなたのブランドの顧客となる可能性を秘めている。もしあなたのブランドの顧客基盤が競合ブランドの顧客基盤とまったく異なっていれば、あなたのブランドはある特別のタイプの消費者群に適しているということになり、それは、あなたのブランドがニッチを満たしたことを意味する。もしもそのようなことになれば、マーケティング部門の仕事はそこで終了だ。

そのニッチが大きければ成長の余地は大きい。あとはどれだけブランドロイヤルティを育てられるかが問題だ。また競合ブランドも同様に成長に意欲的であるという事実にも向き合う必要がある。もちろん競合ブランドも同じ状況にある。彼らもお互いのブランドの顧客基盤が類似していると考えており、あなたのブランドから顧客を引き抜く機会をうかがっている。マーケティング部門の仕事はまだまだ続くというのは、このような理由からだ。

この考察が純然たる事実であること、また顧客プロファイルデータがいつでも入手可能であることを考えると、この発見が多くのマーケターにとって驚きであることが奇妙に感じられるかもしれない[12]。両ブランド間に差異が生じているはずだと思い込んでいたことが原因だろう。マーケティングの教科書は、ブランドは差別化されて特定のセグメント化された顧客層を対象にしていると教えている。だから、どちらのブランドもそれぞれ異なるセグメントの消費者に売れるものと思い込んでいた。多くのマーケティングディレクターが、ブランドポートフォリオがあまりにも大きくなり過ぎていること、またそのほとんどが過去から引き継いだブランドであることに気づく。そして、なぜ自分はこれほど多くの似かよったブランドを所有しているのかその理由を探し、各ブランドは独自の顧客層にアピールしなければならないという結論に達する。実際のところ、各ブランドがリーチしているのは異なる消費者ではあるが、異なるタイプの消費者ではない。ブランドを知っているある特定の消費者層にアピールしているだけだ。

競合ブランドについて

あなたのブランドの成長を阻むような構造的障害が存在していないことは非常に幸いなことだ。競合ブランドの顧客を獲得するチャンスかもしれない。唯一の問題は、競合ブランドも同じようなことを計画していることだ。だからブランドには、ブランドを守れる有能なマーケティング部門が必要だ。

競合という観点に立つとき、マーケティングの法則の意義は何であろうか？　ブランドはそのカテゴリーに属するすべてのブランドと闘う必要があるのか？　どのようにすれば最も近くにいる競合ブランドを特定できるのか？　次章ではこれらを解説する。

第6章

真の
競合ブランドを探す

Chapter 6

Who Do You
Really Compete With?

第4章で私は、マーケティングの教科書が消え失せろと言わんばかりにマスマーケティングを非難していることを示唆した。フィリップ・コトラーたちは、マスマーケティングはブランド同士の市場の取り合いだと書いているが（1998年）、正しくそのことを指摘した。

マーケティングには3つの段階がある。

1. **マスマーケティング**：メーカーは、1つの製品を大量に生産し、大量に流通させ、大勢の消費者を対象に大量に販売する。かつてコカ・コーラ社は1つの飲料製品を市場全体で販売していたことがあった。すべての消費者に訴求するためであった。マスマーケティングが支持されるのは、それが費用と価格を最小限に抑え、市場を最大化する可能性を秘めているからである。

2. **製品ライン拡張マーケティング**：メーカーは、形状、品質、サイズなどの製品特徴の異なる複数の製品を生産する。コカ・コーラ社はその後、多くのソフトドリンクをさまざまなサイズと容器で展開した。多くの顧客層にアピールするというよりも、製品のバラエティ感を重視するためであった。製品ライン拡張マーケティングが支持されているのは、消費者の嗜好は人それぞれであり、またそれも時間とともに変化するからである。消費者は品揃えの豊富さと変化を求めている。

3. **ターゲットマーケティング**：メーカーは、いくつかの市場を特定し、その中から1つまたは2つに絞り、それぞれの市場に合う製品を開発してマーケティング戦略を実行する。たとえばコカ・コーラ社は現在、ソフトドリンクを、砂糖入りコーラ製品群、ダイエット製品群、カフェイン抜き製品群、コーラ以外の製品群に分けて開発している。

メーカーは、各市場に最適の製品を開発し、それぞれの市場に最もふさわしい価格と流通チャネルを定め、広告を出稿する。マーケティングのリソースを分散（ショットガンアプローチ）することなく、より大きな購買意欲のある消費者にアプローチする（ライフルアプローチ）ことが可能である。

（**コトラー他**、１９９８年）

コトラーらによると、ブランドは複数の市場をターゲットにして、競合製品の入り込む余地を可能な限り制限するのが良いとされている（１９９８年）。

この考え方は、論理的かつ直接的であると同時に問題も含んでいる。この極端な定義にかなったマスマーケティングの例を現実世界に見ることは難しい。仮に存在したとしても非常に少ない。１つの製品を同じ価格でしか持たない企業などほとんど存在しない。また、ターゲットマーケティングが、それほど精緻化されていない製品ライン拡張マーケティングとどう異なるのかが明らかではない。現在、コカ・コーラ社は多くのソフトドリンクを販売しているが、その品目の多さは特定の消費者群の特別なニーズを満たすためであろうか？　あるいは個々の消費者の要求を満たすためであろうか？　それともその両者か？　奇妙な説明だが、コトラーによれば、容器のサイズを増やしているのは品目を増やしてほしいという欲求を満たすためであり、味の違いを増やしているのは個人の好みの違いを満たすためである。

分類されたカテゴリーに単純に名前を与えても機能しない。コトラーの製品ライン拡張マーケティング戦略にきちんと適合する分類名を与えることは可能なはずだ（品質志向群や価格優先大容器群など）。しかし、そのためには、コカ・コーラ社の各ブランドがさまざまな人々に買ってもらえるという経験に基づいたエビデンスが必要だ。だがコトラーは主張の根拠となるデータを示していない。

表6-1は、各ソフトドリンクがコカ・コーラと顧客基盤をどの程度共有しているか、その割合を示している。すなわち、分析期間中に、各ソフトドリンクブランドの顧客の何%がコカ・コーラを購入したかを示している。このデータはTNSインパルスパネル社（英国）から得た。その理由は、このデータが、個人使用を目的として購入した消費者のデータを収集しているからである。従って、この表に現れているブランド購入の多様さは、同一世帯内でのブランド購入の多様さを反映しているものではない。

表を見てわかりのとおり、各ブランドの購入者の多くがコカ・コーラを購入している。この割合は、それぞれの分析対象者間で多少の差はあるものの、おおよそ3分の2だ[1]。この経験に基づいて得られたエビデンスは、ブランドはセグメント化された消費者を対象にすれば売れるというコ

表6-1：顧客の共有

分析期間中の製品購入者	分析期間中にレギュラーのコカ・コーラも購入した消費者の割合
ダイエットコーク	65
ファンタ	70
リルト	67
ペプシ	72
平均	69

データソース：TNS社

トラーの考えとは対照的だ。各ブランドは顧客を共有している。たとえばコカ・コーラ社は多くのブランドを販売しているが、これらのブランドがコカ・コーラとの間で顧客を共有している。競合他社においても同様にブランド間で顧客を共有している。

顧客共有に関するデータから、どのブランドとどのブランドが競合しているのかを理解することが可能だ。競合関係が近いブランドは、共通の消費者を対象にしていることが多い。顧客の共有である[2]。論理的には、同じ製品カテゴリー内で直接の競合関係にあるブランド間の顧客共有度は高く、セグメントが異なればその分だけ共有する顧客は少なくなる。

購買重複の分析

顧客共有分析から明らかになった驚くべき事実がある。それはペプシ購買客がコカ・コーラも購入しているということではなく（これ自体も驚きだが）、各ブランドとコカ・コーラがお互いにほぼ同じ割合の顧客基盤を共有し合っているという事実だ。

顧客共有の程度は分析の時期にも左右される。分析期間が長ければ長いほど、ほとんどすべてのブランドの顧客がコカ・コーラを購入することになる。逆に短ければ、コカ・コーラを買う消費者は少なくなるであろう。しかし、分析期間の長さはすべてのブランドに平等に影響を与え、ブランド間の比較はその影響を受けない。従って、分析期間の長短にかかわらず、各ソフトドリンクブランドがコカ・コーラと共有する消費者の割合はそれぞれほぼ同等だ。

この事実から、どのブランドもコカ・コーラとほぼ同等に競い合っていること、また限定的な顧客層をターゲットにしているわけではないことが示唆される。おそらくこれは、コカ・コーラがあまりにも巨大なブランドであるからであろう。ソフトドリンクであればコカ・コーラとの競争は不可避だ。それでは、それほど全国的に大きくないブランドとはどうやって戦えばよいだろうか。ここで分析の枠を広げて、１つのカテゴリーに属するすべてのブランドを考察してみよう。

購買重複の表[3]は、あるカテゴリーに属するブランドの購買客が同じカテゴリー内の他ブランドとどの程度共通するか、つまり同じ期間内にどの程度の割合の顧客が他ブランドも購入しているかを示している。**表6-2**は購買重複のデータが存在しない購買重複の表である。

１００％と記されたブランドは、そのブランドの購買客全員がそのブランドの顧客になっているブランドである。データが空欄になっている個所は、そもそものデータは不要であり、正しい提示の仕方といえる。

表6-2：購買重複の表

ブランド購買者	他のブランドも購入した購買者の割合			
	ブランドA	ブランドB	ブランドC	ブランドD
ブランドA	100%			
ブランドB		100%		
ブランドC			100%	
ブランドD				100%

購買重複の表はある特定の時間枠の中での購買行動についてまとめている。たとえば、ブランドAを購入してその年にブランドBも購入した人の購買行動がそうである。ブランドAを購入してブランドBを1回でも購入すればカウントするので、長期間にわたって行う購買重複分析は誤解を生みやすい。すべてのブランドの購買客が他のブランドを買う可能性は高いからである。結果的に、どのブランドとどのブランドが競合し合っているかは不明瞭だ。一方、その逆、すなわち短期間の時間枠の中では重複があまり起きない（なぜなら、多くの場合、製品購入の機会が1回しかないからである）。しかし、これはこれで誤解を生みやすい。従って、分析を行うときは、ある程度の頻度の購買の反復が起きるように調査期間を適切に設定しなければならない。また、購買重複の表を見るときは、調査期間に注意することが必要である。絶対的な基準があるわけではないので、「ペプシ購買客の70％がコークを飲んでいる」などと断言することはできない。「1年間に70％」と表現すべきであろう。

購買重複の法則

次にアイスクリームブランドの購買重複の表を見てみよう（**表6-3**）。この表から驚くべき3つのパターンが見えてくる。

1. どのブランドも顧客基盤の多くを最小規模のブランド（マーズ）よりも最大規模のブランド（カルト・ドール）と共有している。
2. どのブランドも特定のブランドと同等の割合で顧客基盤を共有している。たとえば、すべてのブランドがカルト・ドールと顧客の40%（±数%）を共有している。

3．これらの2つのパターンにはブランドによってある程度の偏差がある。たとえば、ベン&ジェリーは予想以上にハーゲンダッツと顧客を共有している。

最初の2つのパターンが、いわゆる購買重複の法則である。この法則によると、同じカテゴリー内では、すべてのブランドが他のブランドと顧客基盤をその相手ブランドの規模に応じて共有している。つまり、大きいブランドと共有する顧客基盤は大きく、小さいブランドと共有する顧客基盤は小さい。

複数のブランドが特定の顧客基盤を独占的に獲得している場合や他ブランドとは異なるタイプの顧客層を獲得している場合には、購買重複の法則は成立しない[4]。しかし、第5章で学んだように、競合ブランドの顧客基盤は自社ブランドの顧客基

表6-3：購買重複―アイスクリーム（2005年）

ブランド購買者	他のブランドも購入した購買者の割合						
	ウォールズカルト・ドール	ウォールズデザート	ベン&ジェリー	ハーゲンダッツ	ネスレ	ウォールズ	マーズ
ウォールズカルト・ドール		15	8	8	9	5	4
ウォールズデザート	34		7	8	9	4	3
ベン&ジェリー	38	14		26	13	7	8
ハーゲンダッツ	37	17	26		8	7	8
ネスレ	39	17	12	7		8	9
ウォールズ	37	14	12	11	15		11
マーズ	41	12	18	17	22	13	
平均	38	15	14	13	13	7	7

データソース：TNS社

盤と非常に類似している。

表6-3では、ブランドは縦軸も横軸もマーケットシェアの順に並んでいる。顧客の重複もこの順に減少している。どのブランドもカルト・ドールとの顧客の共有が多い。カルト・ドールが最大のブランドであるからだ。カルト・ドールの市場浸透率はこの表にある他のブランドの約3倍だ。

購買重複の法則を学べば、市場の境界線を発見することが可能だ。実に多くのブランドが想像以上に多くの顧客を共有している。逆に重複が極端に少ないブランドも存在していることに気づく。

このアイスクリーム購入データには、高価格帯ブランドのデータも、それほど高価格ではない大容量サイズだけで販売されているアイスクリームやバー型／コーン型だけで販売されているブランドのデータも含まれている。このバリエーションの豊富さが流通に影響を与えている。小売店の中には、大容量サイズしか置いていない小売店もあれば、バー型／コーン型しか置いていない小売店もある。これほど顕著な差があると、それぞれの市場は独立しているのではないかと思ってしまう。しかし現実的には市場を隔てる境界線は存在していないことに驚かされる。つまり1つの大きな市場が形成されているといってよい。これがインサイトというものだ。

ベン&ジェリーズとハーゲンダッツが共有している顧客は、これらのブランドが他のブランドと共有している顧客の2倍だが、これが観察される唯一の市場の境界線だ。それでもベン&ジェリーズの顧客がハーゲンダッツよりもカルト・ドールを買う傾向にあることは注目に値する。しかし購買重複の法則が破綻しているのではなく、多少の逸脱があるだけである。

マーケターが自分のブランドは広大な市場で競合ブランドを相手に戦っていると誤解するのは珍しいことではない。多くのセグメント研究が針小棒大な過大評価を行い、その結果、ブランドの特徴（価格など）が異なれば顧客層や購買状況が異なるのではないかと考えられている。このような推測はしばしば非現実的であり誇張である。購買重複分析を行うときは、できるだけ広い枠組みで市場を定義してから行う方がよい。そして、もしも市場を分割する何らかの境界線が表面化したら、高価格帯アイスクリーム市場や低価格帯アイスクリーム市場ごとに個別の購買重複分析を行うのがよい。

潜在顧客を推測する

購買重複の法則を利用すれば、市場の境界線を発見することができ、ひいてはその市場の構造を解明することが可能になる。そして消費者の購買行動に基づいた洞察を得て、製品カテゴリーを定義することができる。この法則は、ブランドマネージャーがカテゴリーを定義するためにデータベースを削減する目的のみで利用するのであれば、非常に便利であろう。しかし重要なことは、この法則が、製品特徴や生産過程を元にしたカテゴリー定義が原因で生じる偏狭な生産主体の思考を防ぐことができることだ。そのような偏狭な思考は巷にはあふれている。たとえば、チョコレート市場は、さらに12のサブマーケットに分けられている（板チョコ、バーチョコ、個包装、キャンディコーティング、チョコレートコーティング、など）。このような製品ベースのカテゴリー定義を行うと、ブランドマネージャーは、本当の競合ブランドを見失い、顧客が実際にどのような製品を購入しているかを理解することができない。

アレンバーグ・バス研究所のジョン・バウンド研究員が、英国のクウェイカーオーツ社のリサーチマネージャーだったときの体験を話してくれた。当時、調査を依頼したクライアントは、朝食用シリアルの中でも特にホットとコールドのカテゴリーの存在に着目していた。ある日、真冬でもコールドの朝食用シリアルが売れているという情報を聞きつけて現場に赴いた研究員たちは、冷たい朝食用シリアルの上にホットミルクをかける消費者が存在することを知った[5]。この例からもわかるように、製品別にカテゴリーを定義すると、ブランドマネージャーは正しい購買行動の理解の機会を逸することになる。

消費目的別（例：自分で食べる、他人と共有する、他人に与える）でカテゴリーを定義すると、定義の幅が不自然かつ極端に狭くなる。現実はどうかというと、商品がある特定の消費目的で買われることはめったにない。どのブランドがどのような目的で買われるかは、消費者によっても異なるだろうし、時間経過とともに変化することもある。

カテゴリーを狭く定義すると、ブランドマネージャーは偽物の安心感にだまされてしまう。結果的に、市場の開拓は期待を大きく下回ることになる。ブランドマネージャーは自分のブランドが市場で大きなシェアを取れるようにカテゴリーを定義しがちである。誰も市場17位にはなりたくはない。このような理由から、カテゴリーの定義は狭くなりがちである。そうすると成長の可能性、特に市場を開拓する力が実際以上に制限されることになる。

さらに購買重複の法則は、カテゴリーの定義を正しい方向に導いてくれ、またどのブランドがどのブランドと競合しあっているかを教えてくれるだけでなく、新しいブランドが市場のどこを狙えば良いかについても示唆を与えてくれる（ゆえに、姉妹ブランドのカニバリゼーションについても推測が可能である）。

購買重複の法則は、顧客の離反と獲得においても観察される。ブランドは、顧客の多くを大規模ブランドから獲得し、また顧客の多くを大規模ブランドに奪われる。従って、この法則を競合ブランドへの顧客離反、および競合ブランドからの顧客獲得のベンチマークとして活用することが可能だ。たとえば、あるブランドがそのブランド規模から想定される以上に多くの顧客を別のブランドに奪われている場合、普通ではないマーケティング戦略上の重複が起きていること示唆される（競合ブランドが近隣に店舗を開設したのかもしれない）。

マーケティング戦略インサイト

購買重複分析を行えば、どのブランドがどのブランドと競合しているかを深く理解することが可能だ。このような自然法則が存在していることは事実であり、そのおかげで多くのカテゴリー内のブランドの重複の理解が進み、ブランドがいかに競合し合っているかが明らかになった。現代はマスマーケットの時代であり、私たちはその中で働いている。ベン＆ジェリーとハーゲンダッツは、お互いに大きな競合相手であるが、同時に他のアイスクリームブランド、特にカルト・ドールなどのような大きいブランドとも競合している。このような例は世界中のどこでも、さまざまな製品分野、サービス分野で起きている。たとえばＢＭＷは、フランスにおいてはメルセデスやアウディなどの小規模の高級車ブランドよりも、ルノー、シトロエン、プジョーなどの大衆車ブランドから多くの顧客を獲得している（Ehrenberg, 1999）。

市場には境界線が存在している。中でも高品質／高価格帯の境界線がよく認知されている。しかし、市場が完全に分断されていると理解するのではなく、これらの境界線で区分けされたサブマーケットと理解するほうが理にかなっている。

ポジショニングと市場の境界線

顧客が重複するという概念を知覚マップ（および他のブランドイメージ分析）で表現することは難しい。知覚マップは通常、ポジショニングが近くても競合しているブランドや、競合市場に存在していても間接的に影響し合っているブランドとの関係を知るためにある。典型的な概念を**図6-1**に示した（ブランドは黒丸印で示した）。

これはオーストラリアにおけるフレーバーミルク（アイスコーヒー）の知覚マップであるが、市場が大きく分割されていることを示唆している。マックスブランドは働く男性向けのブランドである。ファーマーズユニオンは主流ブランドのイメージはあるが特に誰向けというイメージはない。デイリーベールは甘味の子供向け高級ブランドである。フィールグッドとテイクケアは健康志向の女性向けの新しいブランドである。しかし、購買重複分析を行った結果、ブランドとブランドを隔

図：6-1：知覚マップ—フレーバーミルク

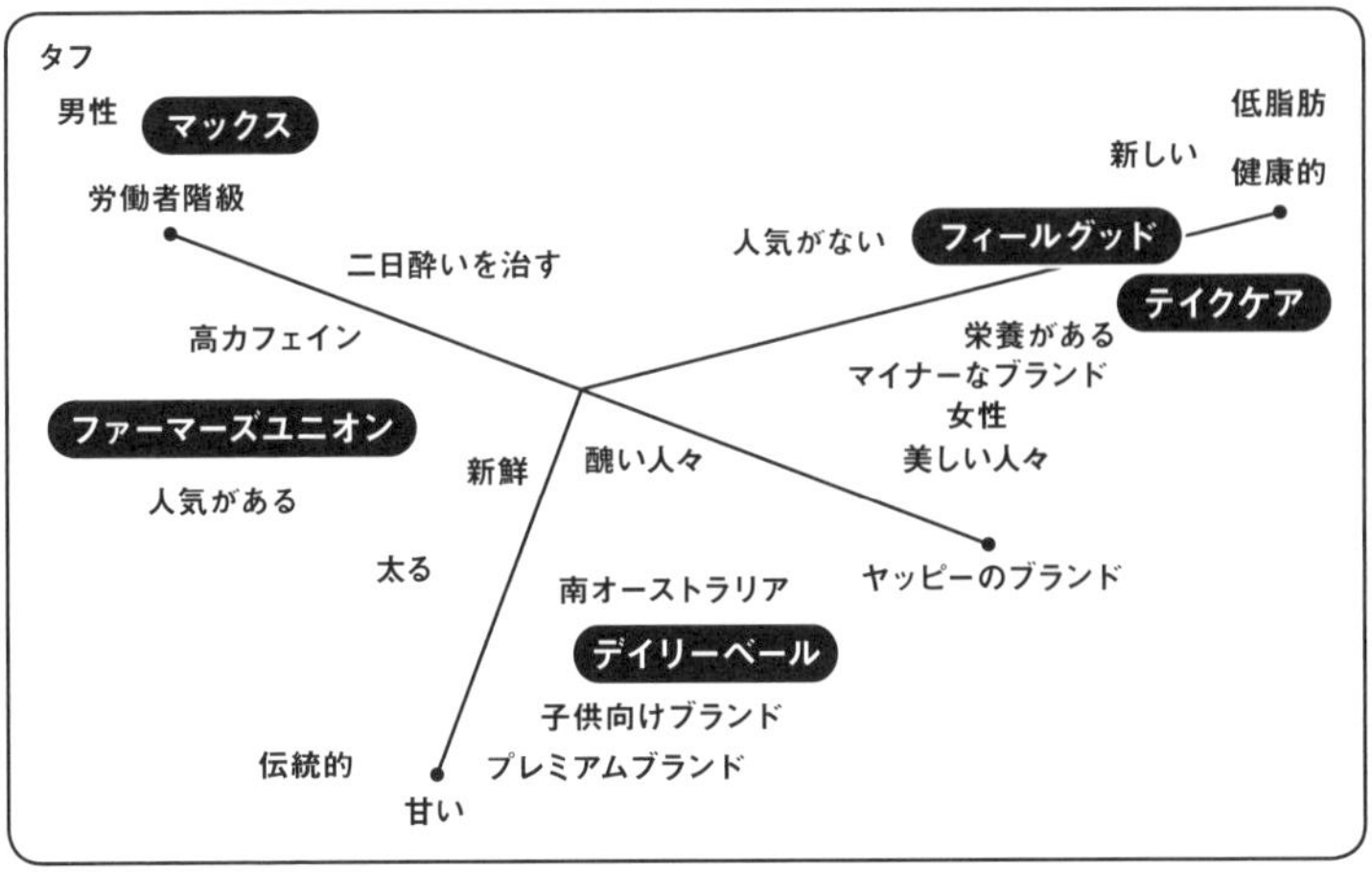

データソース：Spaeth & Hess（1989年）

ているものは、ブランドイメージというよりも、ブランドの根本的な機能の差異や類似点、いつどこへ行けばブランドを購入できるのかなどの物理的な要因であった。

表6-4は、同じフレーバーミルクブランドに購買重複分析を行った結果である。上記の知覚マップにデータを提供した消費者の実際の購買行動を元にしている。

この表には購買重複の法則がはっきりと表れている。ブランドはマーケットシェアの順に並んでいる。調査期間中、どのブランドもその顧客の半数を最大のブランドであるファーマーズユニオンと共有していたことがよくわかる。マックスやフィールグッドなどの小規模ブランドとの重複はほとんど見られない。

テイクケアとフィールグッドの間には市場をはっきりと分ける境界線が存在している。両ブランドは、購買重複の法則から予測される顧客数よりもはるかに多くの顧客を共有している（**表6-4**

表6-4：購買重複—フレーバーミルク

ブランド購買者	他のブランドも購入した購買者の割合				
	ファーマーズユニオン	デイリーバリュー	テイクケア	マックス	フィールグッド
ファーマーズユニオン		21	8	6	5
デイリーベール	43		5	5	5
テイクケア	52	16		0	20
マックス	45	20	0		0
フィールグッド	53	27	33	0	
平均	48	21	12	3	8

データソース：Sharp, Sharp & Redford（2003年）

の背景に色がある数字を参照)。テイクケアとフィールグッドは、その製品名からもうかがわれるように、シュガーカット製品と低脂肪製品を販売している。このような機能的な差が購買の重複にも知覚マップにも表れている。

知覚マップは、テイクケアとフィールグッドが緊密に競合し合うブランドであることを正確に示しているが、これらのブランドと他のブランドとの競合関係がいかに希薄であるかという点については誇張がある。この2つのブランドは、お互いが共有している顧客(多くの消費者がどちらのブランドも購入している)よりもっと多くの顧客を、大規模ブランドであるファーマーズユニオンとの間で共有している。一般的に、知覚マップは、実際に存在するよりも多くの市場セグメントを示している(Sharp, 1997b)。このような結果が示されるのは、ブランドの差異を強調するようにデザインされた、外れ値に対して高感度の統計学手法を用いていることが一因である。

ブランドポートフォリオ管理の重要性

もし自分の会社に多くの類似ブランドが存在するならば、マーケターはその状況を憂慮すべきであろうか? それらのブランドは共倒れに終わるのだろうか? そのうちいくつかは生き延びるであろうか? マーケターはそれぞれのブランドのポジショニングを変えるべきであろうか? 一般的には、答えは「ノー」である。

同じ消費者をターゲットにする類似ブランドを一企業内で複数所有することは珍しくはない。コークにはダイエットコークとコークゼロ(およびレギュラーコーク)がある。マーズにはマーズバーとスニッカーズがある。P&Gにはタンパックスとウィスパーがある。ゼネラルモーターズにはサターンアストラとシボレーアベオがある。心配は無用である。ブランドが、同じカテゴリー内で同じ消費者を対象にして競合することは珍しいことではない。極めて異なるブランド間であっても直接競合することはあり得る（たとえばKFCとマクドナルド、VisaとAmex）。

ハインツは、トマトスープと野菜スープを販売していることを気にかけていはいない。これと同様で、マーケターは会社に類似のブランドが存在することを心配する必要はない。もし、新しいソフトドリンク会社がグローバルブランドを2つ選択できるとすれば、コークとファンタを選択すればよいであろうか？　いや、コークとペプシを選択すべきである。なぜなら、この2ブランドが世界で最も大きい、最も高い市場価値を有しているブランドであるからだ。

マーケターが心配しなければならないことは、ブランドが際立った存在感を有しているかどうかである。他のブランドとの差別化は容易であろうか？　もしそうでなければ、広告を実施しても効果はなく、消費者が商品棚に置かれたその製品に目を留めることもない。ブランドは、たとえ差別化が不十分でも、際立った存在感を所有するように見えなければならない。これこそブランディングというものだ（第8章を参照）。

マーケターは、価格販促においては、ポートフォリオの総合力が力を発揮するということも忘れてはならない。たとえば、ブランドの1つを特売するとき、通常の低価格販売を行えるだけではなく、自社の他ブランドとの低価格販売競争を行うこともできる。

ブランドが成長するとき、同じカテゴリーの他ブランドから必ず学びを得ている。ブランド間で起こり得るカニバリゼーションの正確な規模を、購買重複の法則を用いて予測することが可能だ。しかし過剰なカニバリゼーションには注意が必要だ。同じ営業部門や流通部門を介してブランドが販売されると、社内でブランドの利益が別のブランドへ横流しになることが起きかねない。マーケターはこのような状況をしっかりと理解し、過剰なカニバリゼーションに常に警戒すべきである。

最後に、ブランドを市場から撤退させる、後退させる、売却するなどの問題は、ブランドの生存能力、維持経費、運営上の問題などを勘案して判断するべきことであり、企業内の他ブランドとの類似性に基づいて判断することではない。これは、市場に確固たるポジショニングを築いている市場価値の大きいブランドほど言えることである。

洗練された現代のマスマーケティング

市場はやや細分化されているのが通常であるが、常識的には1つの巨大な市場として機能している。その一因はブランドの種類の豊富さにある[6]。従ってマーケターは、マスマーケットという土俵で戦う方法を学ばなければならない。これがコトラーのいう〈製品ライン拡張マーケティング〉であり、マスマーケティングの1つの手法だ。

歯磨き粉は、マーケターが市場を多くのサブマーケットに分割する、いわゆるセグメントマーケティングの例として使われることが多い。たとえば、コルゲートは非常に多くの製品を販売している。いずれの製品もターゲティングに成功しており、特定の消費者のニーズを満たしていると考えられる。例を挙げると、通常の歯磨き粉に加えて、ジェルタイプ、子供用、ホワイトニング用、抗菌用、プラークコントロール用、敏感歯用、フッ素強化用などがある（**Kotler et al.**, 1998）。しかし、コルゲートが特定の市場セグメントを実際に標的にしているというエビデンスはほとんどない。プラークコントロールのセグメントの存在はプラークコントロール歯磨き粉市場の存在によって証明が可能であるという説明は、卵が先か鶏が先かを議論しているようなものだ。コトラーら（1998, p.296）は、セグメントマーケターの仕事は、各ターゲット市場に最もふさわしい製品を開発して、それぞれのターゲット市場における効率を最大化するために、価格と流通経路と広告を設定することであると言っている。しかし、これはコルゲートには当てはまらない（前述のとおりコカ・コーラについても同様である）。コルゲートはプラークコントロール製品に別の流通経路を使ってはいない。実際、すべてのコルゲートの製品が、同じ小売業者によって同じ店舗の同じ棚に陳列されている。製品の価格もほとんど差がない。製品によっては異なる広告（概ね企業ブランド広告に沿っている）を使用することもある。基本的には同じ媒体を使い、特にテレビ広告でセグメントを越えて幅広いターゲットにリーチしている。それぞれの製品のマーケティングミックスの違いは、それぞれの製品バリエーション間に存在する差に限られている。広告の役割は製品のバリエーションを告知することである。このようなマーケティングの施策は、コトラーの説く製品バリエーションマスマーケティングの定義に完璧に適合しており、多くの企業がこのマーケティング手法を取り入れている。

ブランドマネージャーは、すべての競合相手を熟知していなければならない。また自社のブランドのポジショニングは他ブランドからは離れたところに、または隔てられたところに存在するという考え方には注意が必要である。ブランドマネージャーが自分をターゲットマーケターと称するのが今風の流行かもしれないが、知的マスマーケターと自認すべきであろう。マスマーケットの中に存在する巨大な不均一性（購買頻度の不均一性や個人が購入するブランドの不均一性など）に気づいていることを意味する。マスマーケットの中にはさまざまな消費者が存在する。知的マスマーケターは、この不均一性に賢明に対処して（例：複数の媒体と流通経路を使って複数のブランドとバリエーションを販売する）、ブランドをニッチな市場に押し込むのではなく、広くリーチするための手段を常に探し求めるべきである。

第7章

消費者のコミットメントを知る

Chapter 7

Passionate Consumer Commitment

ブランド体験がブランド選好を高める

ナイキは一流ブランドとしてたびたび取り上げられてきた。その経営手法はアディダスと類似している。スポーツウェア業界にこれほど競合（リーボック、プーマ、ニューバランス、ルコックスポルティフなど）[1]がひしめいているのは、マーケターが広告と製品デザインを工夫して、消費者を非合理的な製品選択とロイヤルティに巧みに導いた結果である。多くの消費者心理研究が実施されてこの争点を支持する結果が得られているが、広告と製品デザインが消費者に与える心理的効果は（ラボ環境下においても）小さいとも報告されている。

最近報告されて誤解を招いた2件の心理学研究はその典型である。どちらの研究もブランディングによって製品選択が歪められていると報告している。ある研究では（McClure, 2004）、67人の被験者に樹脂チューブを使って微量のコーラの味見をさせた後に脳をスキャンした。被験者はさらに、やや不自然ではあるが、小型コップを使ってコーラを飲む従来の味覚検査も受けた。また16人の被験者が盲検下で味覚検査を受け、そのうち約半数がペプシを、もう半数がコークを選んだ。彼らの選択と検査前に自己申告していた好みとはほとんど関連性がなかった。つまり、コークが好きと回答して盲検下試験ではペプシを選んだ被験者の数と、その逆の回答をした被験者の数がほぼ同等であった。また、別の被験者を対象にして、同じコーラで2種類のサンプルを用意して再び実験が行われた。最初のサンプルはコークかペプシのどちらが入っているか明示されていた。2つ目のサンプルの内容は明示されず、被験者はコークかペプシのいずれかが入っているとだけ知らされていた（実際には最初のサンプルと同じコーラが入っていた）[2]。

ほとんどの被検者がコカ・コーラであるとわかると非常においしいと回答したが、ペプシコーラであるとわかるとそうは回答しなかった。これはおそらく、この研究群の被験者が通常はコカ・コーラをよく飲んでいるからだと考えられる（試験以前の好みについては確認していない）。

次に、すべての被験者にコンピューター制御の樹脂チューブを使って定量化したコーラを与え、脳をMRIで検査した。好みについては尋ねなかった。飲んでいたコーラがコークであると知らされると、被験者の海馬および文化的知識／記憶に深く関わっているとされる脳領域の活動が活発になった。この変化は、ペプシであると知らされた被験者にはほとんど観察されなかった。

これは何を意味しているのであろうか？　まず、人為的な味覚検査においては、人は味覚よりも視覚に頼る傾向が大きいということだ。また被験者は検査されているのはコーラの味ではなく自分の味覚だと理解していた。従って、1つ目のサンプルには被験者の好みのコーラ（または好みでない方のコーラ）が入っていると伝えることで、彼らの味覚芽が機能しなくなった。これは特に2つ目のコップに同じコーラが入っているとき（つまり2つのコップに差がないとき）に起こりやすい。この現象はこの数十年間に行われてきた味覚検査では必ずといっていいほど観察されている。次に、脳のMRI検査では心理学者の間で何十年間も常識と考えられてきたこと、すなわち「好意は親しんでこそ育つ」を反映していることだ。使うことによって親しみが増し、ブランド知識が育成される。やがてこれらが好意を育む。

この事実は、最近報告された2つ目の大規模研究によって実証されている。この研究（Robinson, 2007）では、3歳から5歳の小児63人にまったく同じ2つの食事を与えて味覚を調査した。1つの食事には無地のラッピングを使い、もう1つの食事にはマクドナルドブランドのラッピングを使ったものだった。ラッピングの中には、マクドナルドのハンバーガー、チキンナゲット、マクドナルドフレンチフライ、ミルク、子供用にんじんなどの食品が包まれていた。１つの食品（たとえばマクドナルドのフレンチフライ）を与えるたびに、子供たちに「どれがマクドナルドの食べ物かわかる?」と尋ねた。もし回答がない、または回答が間違っていれば、試験担当者がマクドナルドの商品を指さして「これがマクドナルドだよ」と教えた（実際には検査の3分の1がこの繰り返しだった）。どの子供も2種類の食事に含まれている食品を1回ずつ味見するように指示されていた。さらに試験担当者が「同じ味がしたら教えてね。違う味がしたらおいしい方を指さしてごらん」と指示した。子供たちが選んだ食品のうち延べ１８２品目がマクドナルドのラッピングを使用していた。無地のラッピングの食事の方がおいしい／同等の味がする（またはわからない）と評価された食品は延べ１２２品目であった。

子供たちはマクドナルドを定期的に食べる回数が多いほど（親たちも報告しているように）、ブランド食品を選ぶ傾向にあった[3]。また家庭にテレビの台数が多いほどブランド食品を選ぶ傾向があった。しかし他の変数、たとえば寝室にテレビがある、マクドナルドのおもちゃを持っている、テレビの視聴時間などの変数には、検出可能な影響力は見られなかった。

何十年にもわたって消費者の嗜好と品質のヒントを探る試験を重ねた結果、１つの調査で１つの提示が行われている場合の被験者の反応は非常に高くなることが分かっている。おそらく被験者が、自分はその提示に反応することを期待されている、と思うからであろう。とにかく、それが唯一の提示であるがゆえに、顕著な結果が人為的に生み出されることになる。このような人為的な研究が今でも実施されているのは驚きである。カラフルなラッピングと無地のラッピングを用いた試験を行っても、同様の嗜好の差が生じるであろう。

これらの試験はその背景に意図的な仕組みが存在していることが多く、深読みをするのは危険だ。研究担当者の期待したとおりの結果が得られることが多い。このような人為的試験デザインにおいては、わずかな影響力を見極めようとしても無駄である。繰り返しになるが、人は過去にそのブランドを使った経験があればそのブランドを好きになりやすい、ということだ。この事実はブランドロイヤルティを支えている心理学的要因の1つでもある。

ブランドロイヤルティ――極めて自然な購買行動

ブランドロイヤルティはどのような市場にも存在している。日用品も例外ではない。ロイヤルティを市場の不完全性の1つと考えるのではなく、リスクの平衡を保ち今日の貴重な日用品の浪費を防ぐために人間が開発した賢明なる消費者戦略の1つと考えるのが適切である。

1964年、テキサス大学のタッカー教授がブランドロイヤルティの発達を調査する興味深い実験を行い、消費者にはブランドに対して自然にロイヤルティを構築する傾向があることがわかった。ロイヤルティとは誰でも持っているブランド購買上の戦略である。タッカーの行った実験は、市販の同一のオーブンで焼いたパンをトレイに載せて12日間毎日42人の女性に与えるというものであった。パンは毎日同じように包装し、そのうちの1つのトレイにはLのラベルを、その他のトレイにはM、P、Hのラベルを貼った。ラベルの順番は毎日変えた。まったく同じパンであったにもかかわらず、多くの被験者が直ぐにロイヤルティを示すようになった。どの女性にも好きなブランドができた。トレイの上のパンの位置でそのブランドが好きになった女性もいた（トレイの左側にパンが置いてあることを好む傾向があった）。この画期的実験の結論は、ブランドロイヤルティはほんのささいな差別化で育つということである。

しかし、タッカーの研究には限界があり、やや人為的なところがあった。現実的には消費者はもっと大きな差があることに慣れており、女性たちはこの研究の中でもそのつもりで調査に参加した。また味覚は毎日変化するものなので、パンの味も変化したかもしれない。パンをおいしく感じられなかった人は、翌日はそのパンを避けた可能性もある。仮にそうであったにせよ、本研究結果から、消費者は理由はともあれロイヤルティ的行動を好む傾向があることがわかった。どの市場にも特徴的なブランドロイヤルティが存在しているという事実がこの結果をさらに裏付けている。

第3章で、車ブランドの反復購買の頻度が（国によって多少の差はあるものの）約50%と極めて高いことを学んだ。新車購入者の半数が前回と同じ車種を買っていることになる。通常は約60種類の車種から選んでいることを考えると、この反復購買率の高さには驚かされる。また通常、新しく購入するまでに数年間が経過し、その間にモデルチェンジがあり、人々の生活環境もニーズも変化するので、人が同じ車種を選ぶ可能性は非常に低いように思える。もし車の購入を無作為に行えば、同じ車種を選ぶ可能性は50分の1以下であろう。しかし車の購入を無作為に行うことはない。行動に表れる嗜好とロイヤルティが存在していることは明白だ。

私たちはこのようなロイヤルティが、サービス業や企業買収などあらゆるカテゴリーに存在することを経験的に知っている。人は物を購入するとき、個人的な嗜好に合うブランドに絞り込み、必要以上に不要な買い物はしないので、10回の購入を行ってすべて異なるブランドを購入することはめったにない。人は自分の好きなブランドに再び手が伸びるものである[4]。しかもその選択の幅は非常に狭い。車ブランドの反復購買率が50%である理由は、人が車を選ぶとき平均2車種を検討するからである。そのうちの1つは前回購入した車（つまり現在使用している車）である（Lambert-Pandraud, 2005）。1車種だけを検討しているのは5人に

1人であり、通常それは前回購入した車種である(Lapersonne, 1995)。消費者の購買行動を解説する教科書ではこれが〝高度な購買判断〟などと説明されている。

もう1つ驚くべき事例がある。テレビチャンネルの選択はロイヤルティとは無関係だと考えられている。多くの人がテレビを見ているが、それは番組の内容を見ているのでありそのチャンネル自体(例:天気予報チャンネル)とは無関係だ。どのチャンネルに自分の好きな番組があるかさえもあまりよく理解していない。またチャンネルの変更に費用は発生しないし、ボタン1つでチャンネルを切り替えられる。にもかかわらず、テレビのチャンネルの選択は他のカテゴリーと同じようなパターンを示す。人が自ら選択の幅を大きく狭めることで、結果的にロイヤルティが示されるのである。

図7-1は、アレンバーグ・バス研究所の研究員のバージニア・ビールが、2002年の米国の

図7-1:2002年に米国の家庭で視聴されたテレビチャンネルの数

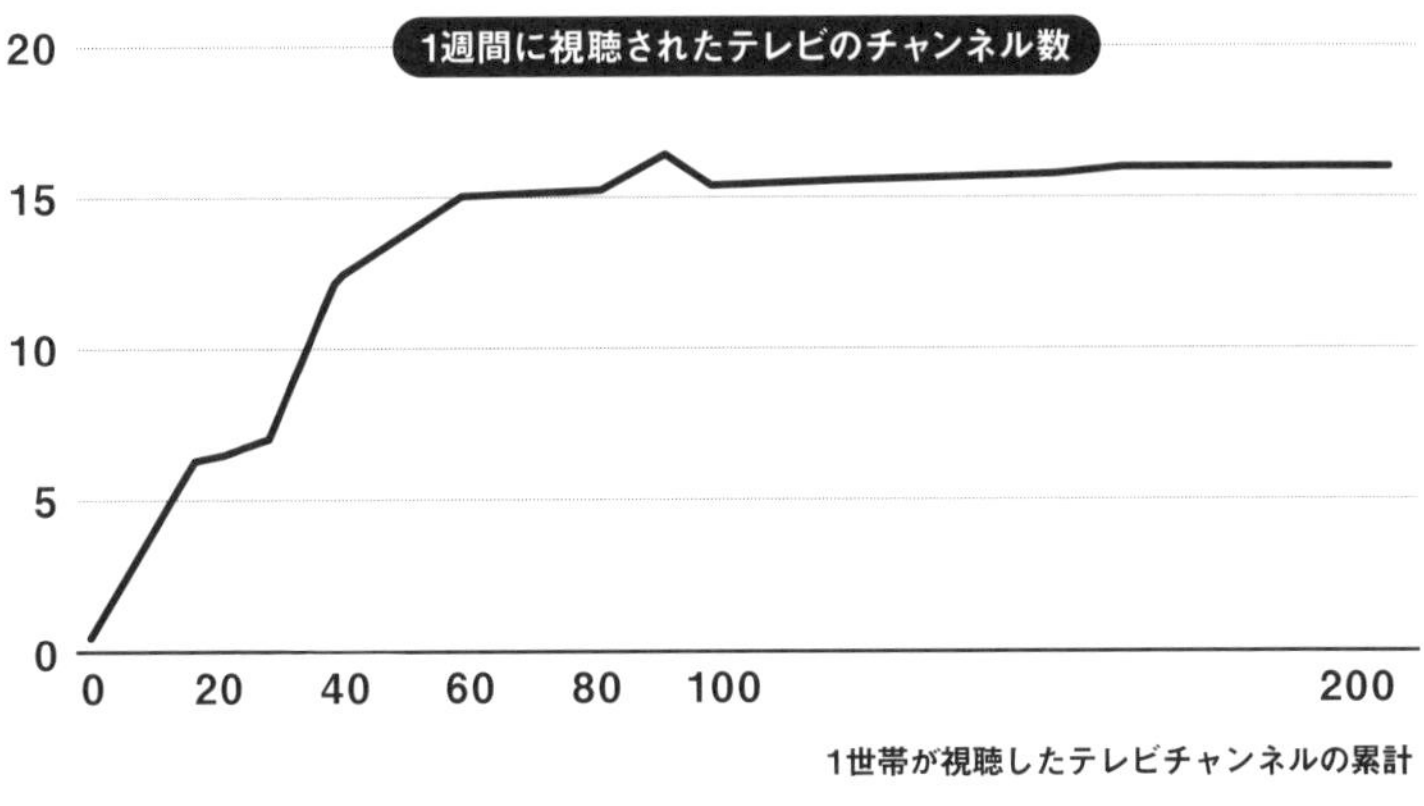

データソース:Virginia Beal, Nielsen

一般家庭に関するニールセンのデータに基づいてまとめたものである。この図は各家庭が契約しているテレビのチャンネル数と実際に視聴しているチャンネル数を表している。重要なポイントは、グラフが相当早い時点でフラットになっていることだ。40チャンネルにアクセスが可能な家庭で、毎週約12チャンネル程度の番組しか視聴していない。80チャンネルにアクセス可能な家庭でも、毎週12チャンネルを少し上回る程度の番組しか視聴していない。２００チャンネルにアクセス可能な家庭も、同様に毎週12チャンネルを少し上回る程度の番組しか視聴していない。

図7-1から、視聴者は最終的には自分の好みのテレビチャンネルに戻る傾向があることがわかる。ロイヤルティが存在していることは明らかだ。多くの視聴者が必要以上に多くのテレビ番組を見てから好きな番組に絞っている。**図7-1**は、人が何回の購買を行っていくつのブランドを購入したかをどのカテゴリーで調査したとしても、これとほぼ同じグラフになったのではないかと思われる。ロイヤルティは、例え石鹸であろうとテレビドラマであろうと、どこにでも存在している。

ロイヤルティの二面性

普遍的なロイヤルティを独占的に獲得することはできない。人は複数のブランドを購入することもある。購入機会が多ければ多いほど、人は多くのブランドを購入する。一度に複数のブランドロイヤルティを持つことはよくあることだ。どのようなブランドであれ、１００％のロイヤルティを期待することはできない。

表7-1は、ある年のあるブランドに独占的なロイヤルティを示した消費者の割合を表している。このブランドの平均購入率は13％である。このロイヤルティ指数から、ダブルジョパディの法則が成立しているこ

とがわかる。つまり小さいブランドほど１００％のロイヤルティを持つ顧客が少ない。これらのブランドはすべてそれぞれのカテゴリー内では比較的大きいブランドであるが、ロイヤルティ指数は小さいブランドほど低い。

購買頻度が低いカテゴリーでは１００％のロイヤルティを持つ消費者の割合が高くなっている点に注目していただきたい。鎮痛剤の年間購入回数は平均５回である。また傾斜分布の平均をとっているため（第４章を参照）、このカテゴリーでは全世帯の半数以上で購入回数は１回のみである。このような購入回数が１回のみの購入者は、定義によれば、１００％のロイヤルティを持つ購買客の中に含まれる。つまり購入回数が１回ならば、購入したブランドは１つということだ。時間の経過と共に購入回数が増えると、１００％のロイヤルティの割合が劇的に減少する。この現象は朝食のシリアルやヨーグルトなどのカテゴリーでも見られる。これらのカテゴリーの商品は頻繁に購入されるため、１００％のブランドロイヤルティを持つ消費者の数は少ない。

上記の表ではウォーカーズが目立っている。長年にわたって購買客の３分の１に完全なロイヤルティを維持しているポテトチップスブランドだ。しかしこの１００％というロイヤルティは極端に大きいマーケットシェアを持つブランドとしては普通である[5]。ウォーカーズはその桁外れの供給能力でイギリスのポテトチップス市場を独占しており、ウォーカーズの商品だけを購入する機会は購入回数が少ない消費者ほど多い。

自然独占の法則

ブランドは大きくなるほど顧客基盤にライトユーザーが占める割合が大きくなる傾向がある。ライトユー

表7-1：100%ロイヤルな購買客はごく少数

製品	カテゴリー内での年間購買率（平均）	ブランド規模（マーケットシェア）（%）	100%ロイヤルな購買者（%）
鎮痛剤	5.1		
	テスコ	22	37
	ニューロフェン	8	28
	ブーツ	3	26
	パナドール	2	29
デオドラント	5.6		
	リンクス	17	21
	ダブ	7	17
	テスコ	4	14
	ニベア	2	10
ポテトチップス	17.5		
	ウォーカーズ	68	37
	KP	7	6
	ケトルフーヅ	1	10
朝食用シリアル	21.5		
	ケロッグ	29	7
	シリアルパートナーズ	17	2
	ウィートビックス	9	2
ヨーグルト	29.7		
	ミュラー	24	7
	ミュラーライト	14	4
	スキー	4	2
	ダノン	3	2
平均		13	13

データソース：TNS社

ザーのように商品を頻繁に購入しない消費者はより大きなブランドを好む。これは統計学的考察の純然たる結果であり、大規模ブランドがライトユーザーを独占する「自然独占の法則」として知られている。たとえば、1年に1回だけソフトドリンクを購入するとしたら、コカ・コーラである確率が高い。イギリスでポテトチップスを1回だけ購入していれば、それはウォーカーズであろう。

言い換えれば、ウォーカーズのポテトチップスを食べるイギリス人を観察しても、その購買行動に関する発見は少ないだろう。ウォーカーズを購入する大勢の消費者の1人に過ぎないからだ。しかしレッドミル[6]（年間市場占有率は2％）を食べる人を観察すれば、その人が塩味スナックを定期的に購入している人とわかるかもしれない。

表7-2は、自然独占の法則のデータである。ハインツの購入者はトマトソースを年間に4回購入するのに対し、C&Bの購入者は8回である。つまり購入回数が2倍である[7]（しかしC&B自

表7-2：小さいブランドほどカテゴリー内のヘビーバイヤーが購入

トマトソース（ケチャップ）ブランド	市場占有率（%）	市場浸透率（%）	当該ブランドの購買頻度（個数／年）	他のトマトソースも含めた購買頻度（個数／年）
ハインツ	53	50	2.9	4
ダディズソース	4	5	2	6
C&B ソース	1	2	1.2	8

データソース：TNS社

体の購入回数は8回中平均1・2回)。

大きなブランドほどロイヤルティ100%の消費者をより多く獲得している一因は、分析期間中に購入回数の少ない消費者の数が多かったためであろう。

分析期間を長めに設定するとロイヤルティ100%の消費者の割合は必ず低くなる。購入を複数回行える期間を被験者に与えれば、購入するブランドの数は増えるだろう。

ロイヤルティはたしかに存在するが、購入回数に左右される。カテゴリー内の購入回数が少ないほど、ロイヤルティを失う可能性は低くなる。従って、小さな町の品揃えの少ない店で買い物をすると、ロイヤルティが高くなってしまうこともある。

平凡で情熱に欠けるロイヤルティ

人々の購買活動を長期間にわたって観察して得られた結果からわかる日常的なロイヤルティとはこういうものだ[8]。現実社会ではロイヤルティはどこにでも存在し、ある程度はすべてのブランドに存在するものである。しかしながら、ロイヤルティは購入機会に著しく左右されることがある。これは多くのマーケティングの書物で語られているイメージとは大きくかけ離れている。

COLUMN

はたしてラブマークか？

フルニエとヤオ（1997年）による下記の事例に、消費者とブランドの強いつながりが示されている。

パメラ：コーヒーに恋した女性

パメラは30代のシングルマザー。5年ほど買い続けているコーヒーブランドに強い愛着がある。恋愛感情と比較しても遜色のないくらい非常に強い愛着だ。パメラがコーヒーに抱いている感情は、少なくとも部分的にはパメラの価値観や自尊心を形成しているパメラの人間性に起因している。

パメラはコーヒーに対して深い愛情を注ぎ続けているが、どれほど強いコミットメントを抱いているかまでは明らかではなく、パメラが他のブランドを受け入れる可能性はある。パメラがこのコーヒーを今後も買い続けるかどうかは、ブランドに対する愛着の深さに左右され、決して表面的な忠誠や約束ではない。パメラはこのコーヒーと恋に落ちたのであって、結婚したわけではない。

サラ：思春期の親友

サラはアメリカ中西部出身の23歳の女性。大学院へ進学するためについ先日アメリカ東海岸に移住した。好きなコーヒーブランドに助けられ、人生で最も重要な人格形成の時期を前向きに生きることができた。精神的財産となった中西部の田舎を出るのをきっかけに、自身がレズビアンであることを公表した。ある意味では、自分を大切にするというこのコーヒー独特の存在に助けられて、サラは、セクシュアリティを公表することで被る社会的差別に向き合いながらも自尊心を維持できている。

（データソース：Fournier & Yao, 1997）

かわいそうなマーケティングディレクターたちに同情する。単に売り上げを生み出し、それを維持し、株主に利益を分配するだけでは不十分だ。自社のブランドに対する深い情熱的な忠誠心を消費者に持ってもらわなくてはならない。ブランドを買うためにお金を出すだけの消費者では不十分であり、そのブランドを愛してくれる消費者が必要とされている。

非常に厳しい課題だが、多くのマーケターが同じ思いを抱いている。単にものを売るだけの行為は愚かに思えるからだろう。マーケティングの書物の多くが、価値の創造や、顧客満足のためのサービスの提供、顧客との関係構築について解説している。マーケティングがこれほど人気の職業になったのもこれらが一因である。

現在のマーケティングの常識に従えば、自社のブランドが獲得しているロイヤルティが、消費者の習慣、製品の供給量、消費者への配慮の欠如などに起因していることをブランドマネージャーに提言することは、彼らの名誉を毀損する行為であろう。学者たちはこのような購買行為を「偽りのロイヤルティ」という悪意に満ちた用語を用いて長い間あざ笑ってきた[9]。マーケティングのコンサルタントや教授たちはブランドマネージャーに消費者と深い関係を構築することを熱心に勧め、市場調査の専門家たちは情熱的でロイヤルティにあふれる消費者を獲得する手段を提案している。

消費者は安価な日常消費財に深い愛着を抱いているように見えるかもしれない。1997年のある有名なジャーナルに、コーヒーを飲む8人を対象に長時間（2〜3・5時間）のインタビューを実施した事例が掲載された。この記事の筆者の意図は、消費者とコーヒーブランドとの間には複雑な深い関係があるということだ。研究から得られた結果はこれまでの研究者の主張と完全に一致していた。マーケティングコンサルタントが繰り返して提示してきた「消費者がブランドと関係を構築する」という考え方は古い。ケビン・ロバーツのラブマークのウェブサイト（www.lovemarks.com）には古典的でありながらもとても面白い例が引用されている。一文を引用すると、「ラブマークは感情に訴える親密な関係を構築するブランドであり、なくてはならない存在だ」（Roberts, 2004）[10]。

ブランドに強く引き寄せることができない限り、消費者は簡単に他のブランドへ離れて行ってしまう、と言ったほうが現実的かもしれない。もっともらしい常識に聞こえるかもしれないが、経験に基づいた仮定であり検証は行っていない。愛着の欠如に対処することがロイヤルティ構築の要であるという議論は、単にもっともらしく聞こえるだけだ。

ブランドとの絆

消費者は心変わりしやすい。その消費者の注意を引きつけるために何十万ものブランドが競い合っている。しかし今日の競争力のある経済と政府による規制のおかげで、ブランドの選択は概ね健全である。ブランドの選択は、車や家やその他のいくつかのカテゴリーは例外として、そのカテゴリーで買い物をすべきかどうかの判断と比較すれば、「何か食べる？　それともランチまで待つ？」といった程度のささいな判断である。ブランドは必要悪だ。購買決断に複雑さが加わるが、同時に習慣性が生じる（「これ、私の好きなブランド」とか「そのブランド、聞いたことがある」など）。このような習慣性が生まれてブランドの購買がより簡単により自動的に行われる。車であろうと缶詰スープであろうと、購買が習慣化すると愛情に欠けるロイヤルティが生じる[11]。また人は自分の習慣にはなかなか気づかないもので、いつも無意識に同じ食事をとり、同じ店で買い物をしている。そしてこれまで考察してきたとおり、ロイヤルティが限定的であることはまれである。この点がスポーツチームや国家に対するロイヤルティとは異なる。通常、消費者は定期的に多くのブランドを購入しており、100％の絶対的ロイヤルティが存在することはマーケターの想像以上に少ない。

マーケティングの教科書では、このような購入パターンが、複雑な現実社会において顧客の真の意向が逸れた単なる一例として片づけられていることがある。しかしその解釈は、消費者の態度、感じ方、考えなどを調査すれば、事実ではないことは明らかだ。消費者の思考や購買意図を観察すると、平凡でコミットメントに欠けるロイヤルティが存在していることがわかる。

消費者のブランド知識と態度と思考

一昔前のマーケティングの常識では、エイビスをレンタルする人はエイビスの車を買っている人であり、ハーツをレンタルする人はハーツの車を買っている人であった。ということは、ある国のハーツのマーケットシェアが23％であれば、その国のハーツの車のレンタルの割合は23％であると推測された。しかしマーケティングの研究者が実際の反復購買の記録を調査したところ、その推測には誤りがあることが判明した。利用者は複数人でブランドを共有しているのだ。ブランドが利用者を共有しているとも言える。23％のマーケットシェアを保有していれば、長期的にはそのカテゴリーの消費者の大半がハーツを利用していることになるが、現実的にはハーツの利用率は平均23％以下である。

人々のブランドに対する態度、考え方、思考は類似している。30％の人がハーツの車は魅力的で清潔であると答えたとすれば、30％の人がそう思っていて、70％がそう思わないと仮定するのが一般的だ。実際、多くの人がそう思っている（またはそう思ったと記憶している）。だが常にそうであるとは限らない。

説明しよう。人に同じ質問を繰り返して行うと、意見が気まぐれに変わるという人間の本質が見えてくる。しかし、市場調査や社会調査で観察されることはめったにない。調査はそれぞれ異なる人を対象としているため、経験豊かな市場調査員でさえもこのような現象に気づかないことが多い[12]。1回目の調査で、「ハーツの車は魅力的である」という意見に賛成する人の割合が30％だとすると、一般的には、その次の調査でもその割合は30％に近くなる。意見は非常に安定していることが示唆されるが、それは誤解だ。個々の回答を分析すると、驚くべきことがわかる。多くの場合、1回目の調査で賛成すると答えた人のうち、わずか半数が2回目の調査でも賛成すると回答し、同様に1回目に賛成できないと回答した者の半数が、2回目に賛成できると回答していたのだ。つまり全体の賛成の割合は変わらず30％であるが、回答の反復率（あるいは安定率：両方とも「はい」と答えた人の割合）は、わずか半分（50％）であった。スケール（段階的評価）を使って回答する質問でも同様の不安定さが観察された。

「金融機関は私を一人の人間として尊重し、単なる取引とは考えていない」という設問に対して、1回目に「はい」と答えた人のうち2回目も賛成できると答えた人はわずか半数（または半数以下）であった。だからといって、人は銀行の対応に次第に冷淡になっていくというわけではない。調査を繰り返しても、ほとんどのブランドが全体的に似たようなスコアに至った。なぜなら、2回目は「はい」と回答しなかった人がいても、それと同数の人が（1回目のインタビューでは「はい」と回答しなかったが）「はい」と回答していたからだ。回答にこのような不安定さが表れたからといって、1回目に「はい」、2回目では「いいえ」と回答した人がそのブランドに対する考えを根本的に変えたわけではない。単にその時々の考えがインタビューには表れたりそうでなかったりしただけである。

この現象はすべてのブランドに、またすべてのブランドイメージ、消費者態度、購入意向、ブランド認知の測定結果に表れる。**表7-4**に、消費者の態度とブランドイメージに関連する意見をカテゴリー別にまとめた。ブランドによって反復率が異なっていることがわかる。またカテゴリーに対して抱く印象も異なっている。その理由は、その時の考え方やブランドイメージに対する全体的反応率（賛成率）に左右されて、反復率が大きく

表7-3:企業イメージの一貫性を2回調査して比較（オーストラリアの金融サービスブランド）

設問：「金融機関は私を一人の人間として尊重し、単なる取引とは考えていない」

ブランド	最初に「はい」と回答した（%）	2回目も「はい」と回答した（%）	2回とも「はい」と回答した（%）
オーストラリア・ニュージーランド銀行	11	53	.53 × 11 = 6%
セントジョージ銀行	11	35	.35 × 11 = 4%
ナショナル・オーストラリア銀行	11	44	.44 × 11 = 5%
コロニアルファーストステート	6	33	.33 × 6 = 2%
平均反復率		37	

注：1回目に「はい」と回答した人が次も「はい」と回答する確率は低く、概ね50%を下回る。

データソース：Ehrenberg-Bass Institute

変化するからである。論理的には、たとえば「〝*How Brands Grow*〟はすばらしい本だ」という意見に対して各調査の回答者の１００％が同意したとすれば、反復率も必ず１００％になる。すべての回答者が同意すれば各調査の記録が１００％以外になることはない。しかし１００％に達しない考えに対しては、回答者の反復率は１００％またはそれ以下になる可能性がある（例：もし30％の解答者が調査に同意すれば、または全員が同意していてもそれが30％の時間枠だけに表れたのであれば、30％の反復率もあり得る）。現実社会では、反復率は１００％に程遠いことが大半であり、最初に得られた賛成の割合からこれを推測することができる。これがありのままの現実であり、反復率は回答者の考え方や他の要因とはほとんど関係がない[13]。

　だからといって、人の態度や考えに一貫性がないということではなく、たとえばブランドを買う時の個々のブランドに関する記憶が蓋然性に左右

表7-4：企業イメージの一貫性を2回調査して比較
（複数のカテゴリー間で複数のイメージを調査）

カテゴリー	ブランドイメージ	最初に「はい」と回答した（%）	2回目も「はい」と回答した（%）
ファストフード店	軽食に適している	29	56
銀行	進歩的	22	47
銀行	専門的	21	48
保険会社	サービスが早い	17	42
スーパーマーケット	果物の質が低い	14	36
アルコール類	ユニークだ	10	36

注：1回目に「はい」と回答した人が次も「はい」と回答する確率は低く、概ね50%を下回る。

されているということだ。私たちは何かを考えるとき、ある一定の連続的な思考を巡らす傾向があるが、多くの場合その傾向が100％起きているのではない。当然ながら、何か考えを思いつくかどうかはその時の状況に大きく左右されるし[14]、またその考えに帰着するきっかけにも影響される。もちろんその時に他に何を考えているかによっても変化する。

ブランドの購買行動の一例を挙げよう。私がエイビスを60％の確率で選びたいと思っているとしよう。60％だからといって、ハーツを2、3度続けて選ぶことがまったくないわけではない。でもいつかハーツを選ぶことは確かだ。このような行動には一貫性がたとえ存在していても存在していないように見える。エイビスとハーツのいずれかを選ぶとき、必ずそれなりの理由が存在する。しかしそのような理由は実に気まぐれなもので、他人には私がコインを投げて決めた（コイン投げの判断がエイビスに60％偏った）くらいにしか見えないだろう。

私たちの態度が単純に購買行動に影響を与えているのかもしれない。私たちの行動は私たちの態度に大きな影響を与えているが、気まぐれな思考（または想起）もまた私たちの蓋然的購入パターンの一要因である。部分的にかもしれないが、私たちの態度が心の中のコインの判断に影響を及ぼしているのであろう。

重視すべき発見は、ブランドに関する私たちの思考の大半は絶対的でないということだ。調査を受ける際に、「非常に満足した」という欄にチェックをつけ、1時間後には「いくらかは満足した」にチェックをつけることも決して珍しくない。実際、ブランドについて考えることの大半はささいなことであり、また短時間の思考であり、すぐに別の思考に移ってしまうものだ[15]。「思考が移る」という表現は誤解を招くかもしれない。むしろ「まだ決めていない」と言うべきかもしれない。あるいは、「ブランドを検討すること／好きになること／買うことを決めた」と言うべきであろう。

このように、ブランドまたはブランド購入に対する人々の態度的コミットメントは、マーケティング神話の力よりもずっと薄弱である。しかしたしかに存在している。たとえば、私が本書の執筆に使っているアップル製PCを個人的にはとても大切にしていることがそうだ。そこから、ブランドが感情やシンボルを基本とした並外れたロイヤルティを構築することは可能か、という疑問に至る。このような特別にコミットメントの高い顧客がブランドにとってどれほど重要であろうか。情熱的なユーザー基盤の構築に特に優れたブランドがあるだろうか？

ブランドを熱狂的に支持する人たち

熱狂的なブランド支持者を理想の消費者として獲得することがマーケティング上の戦略として長年にわたり流行している。ブランドに100％のロイヤルティを持つ消費者のほとんどがそのカテゴリーではライトユーザーであが、中には1つのブランドを定期的に購入するロイヤルティの高い顧客も少数ながら存在する。また1つのブランドを熱狂的に支持する人もいる。このような消費者は一体どのような人物で、マーケティングにおいてどれほど重要であろうか。またブランドの何が熱狂的支持者を引きつけているのだろうか。

ドン・ゴースクという人物が良い例である。アメリカ北部ウィスコンシン州市民である彼はこれまでに2万3000個以上ものビッグマックを消費し、体内に取り入れる固形食の90％以上はビッグマックであると発言している。彼が食べたビッグマックの総数は彼のノートに記録されており、2万3000個という数字はそこから確認できる。どうやら彼は強迫行動の持ち主らしい。このドン・ゴースクという人物は、控えめに表現しても少し変わった人間のようだ[16]。どのブランドにも忠実なヘビーユーザー以外に熱狂的な支持者が存在している。

ザ・ラブマークというウエブサイトには、サイトを訪れた人がラブマークとして推薦する数千ものブランドがリストアップされている。一部の人には熱狂的に支持されている（少なくとも支持されたことのある）ブランドだ。このラブマークのリストはよく管理されており、ブランドを新たにリスト入りさせる場合、リストに載せるほどの優良なブランドであることを論理立てて示す必要がある。しかしこのリストにはセブン-イレブンなどの平凡なブランドも含まれている。その他にもニュージーランド航空、コンチネンタル航空、デルタ航空、ジャマイカ航空、KLMオランダ航空、大韓航空、カンタス航空、スイス航空等々、多くの航空会社が推薦されている。自動車メーカーでは、ゼネラルモーターズ、フォード、ホンダ、マツダ、三菱、メルセデスベンツ、日産、トヨタ、サターンといったブランドはすべて推薦されている[17]。このウエブサイトの例から、どのブランドにも少数のドン・ゴースクのような狂信的な支持者が存在することがわかる。しかし例外的なブランドが存在することや、これらのファンの存在がマーケターにとって経済的かつ戦略的に重要であることは示されていない。だから楽しい話だけが生み出されている。消費者の購買行動をよく知らない広告代理店はこのような愉快話が大好きなのである。

ブランドロイヤルティ：ハーレーダビッドソンとアップルの場合

アップルマッキントッシュの顧客は恋に落ちている。多くの人が何も考えずにコンピューターを買っている（*New York Times*, 2 April 1998）。

マッキントッシュほど熱狂的支持を獲得した商品はこの地球上に存在しないだろう。多くのアップルファンにとってマックはすっかり生活の一部となった（*The Cult of the Mac by Leander Kahney, 2004*）。

スタンフォード大学経営大学院のババ・シブ教授は、アップルのファンを、高性能の日本製バイクに決して乗り替えようとしないハーレーダビッドソンのファンに例えている（アップルファンはｉＰｏｄ、ｉＰｈｏｎｅｓ３Ｇ発売時の苦境の際にもブランドを裏切らなかった）（CNN, 2008）[18]。

アップルやハーレーダビッドソンのようなブランドは、まさに感情ベースのブランドロイヤルティの見本といえる。両ブランドは熱狂的かつ忠実な購買客を獲得しているブランドとしてよく引用されるが、その主張の根拠まで示された例はほとんどない。また、ハーレーダビッドソンが日本ブランドに、アップルがその他大勢の類似ＰＣブランドにマーケットシェアを奪われた時に、なぜ両ブランドへのロイヤルティがシェア縮小を防ぐことができなかったのかと疑問を投じる人もいない。

「刺青彫師へのタトゥーの依頼はケロッグコーンフレークのタトゥーよりもハーレーダビッドソンのタトゥーが多いことに間違いはない」、これは１９９７年のパーカーとスチュアートの発言であり、少しばかげた例かもしれないが、消費者のブランド購買行動およびそれ以上にそれぞれのブランドカテゴリーを適切に表現している[19]。

アップルとハーレーダビッドソンのロイヤルティの背景に存在する購買の真実は何か。まず、他のブランドと同様、両ブランドの顧客は他の多くのブランドに対してもロイヤルティが高い。ハーレーダビッドソンのＳＣＲ（調査期間内にそのブランドを１回以上購入した家庭の割合）は約33％と報告されている。言い換えると、ハーレーダビッドソンの購買客はハーレーよりも他のブランドのバイクを2倍の頻度で購入するということだ。この値はブランドのロイヤルティ指数としては非常に平凡である。同様にアップル製品の反復購買率も１００％を大きく下回っており、競合他社と比べて大きな差はない（**表7-5**参照）。

ダブルジョパディの法則を考慮すると（第2章を参照）、アップルの反復購買率は少し高い。つまり、アップルのマーケットシェアを考えると、私たちが想像する以上に多くのアップル製品の所有者が次の購入の際にもアップルのコンピュータを選んでいることになる。このようなロイヤルティの現実的側面として、アップル製品から他社製品に買い替えると、アップルユーザーは既存のＯＳを捨ててソフトウェアを交換しなければならなくなる。対照的に、ゲートウェイのユーザーは、ＨＰやＤｅｌｌやその他の多くのブランドに変更

表7-5：アップル使用者のロイヤルティはやや高い

ブランド	リピート率
デル	71
アップル	55
ヒューレットパッカード／コンパック	52
ゲートウェイ	52

データソース：MetaFacts社（2002～2003年）

することができて、ＯＳやソフトウェアを交換する必要もない。この要因だけで、アップルブランドのロイヤルティの優位性を十分に説明することが可能であり、熱狂的コミットメントの影響はほとんど考えられない。ハーレーダビッドソンやアップルには熱狂的なブランド支持者がいないとまでは言わない。ただ、そのような顧客は少数派であり、その数は競合他社のブランドに比べて大きく勝っているわけではない。

米国内のハーレーダビッドソン所有者を対象にしてセグメンテーション分析を行ったところ（Swinyard, 1995）、最大のセグメント（40％の所有者が存在）に属するユーザーが乗車の際に心理的満足感をほとんど得ていないことがわかった。この層の多くのユーザーは他のハーレー所有者層と比べて次のような意見に同意している。

- 私のバイクはいつも車庫に入れっぱなしだ。
- 私はバイク乗車時はヘルメットを着用する。
- 私はバイク愛好家を他にあまり知らない。

これらのハーレーユーザーが「バイクは私のすべてだ」という意見に同意する可能性は非常に低い。しかしハーレーダビッドソンの売上高の約50％がこのようなユーザーによってもたらされている。

典型的な熱狂的ハーレーライダーは所得が非常に低いにもかかわらず、収入のほとんどを毎年バイクの部品に費やしている。また彼らはハーレー所有者の中でも最もタトゥーを好み、ビールを飲み、本はまったく読まない人々である。このような人はハーレーユーザーの中でも10％以下であり、新しくバイクを買い替えることは少なく、従って彼らのもたらす売り上げは全体のわずか３・５％でしかない。

一方、ホッグヘブン層（大型バイク愛好家）は、熱狂的ブランド支持者として分類される所有者層に含まれている。この層のハーレーユーザーは、「私はプラスチックのフェアリングやエンジンカバーが付いたバイクが好きだ」などの意見には同意せず、「私はバイクに乗っているとき、他人から崇拝されているように感じる」といった意見に同意する傾向がある。彼らは比較的に高収入を得ており、バイクの装飾部品はほとんど購入せず、また最も小型のモデルを購入している。彼らのもたらす売り上げは全体の10%以下である。

全体的には、ハーレーに対する熱中度が高い顧客[20]ほど企業にとっての顧客1人当たりの価値は低いといえる。これらの熱心な支持者層は小規模であるため、企業の全体の売り上げにもほとんど貢献していない。

ユーザーの口コミ宣伝効果

このような熱狂的なブランド支持者の情熱が売り上げにつながらなくても、彼らのことは費用のかからない口コミ広告塔だと考えればよいだろう。事実、そのようなブランドが存在する。とは言え、熱狂的なブランド支持者の人数は少ないこと、彼らの交友の範囲を考えると肯定的なブランドメッセージを伝達するための口コミ宣伝効果には限界があることを忘れてはならない。

ブランドに関する肯定的ブランドメッセージを口コミで広める手法は、メッセージに含まれる情報の鮮度という点においても制限される。古参の顧客に比べて新規の顧客ほど多くの人にブランドについて語る傾向が強いことが調査によって示されるのはそのためである（East & Hammond, 2009）。昔ながらの顧客にとってブランドはもはやニュースとはなり得ない。ブランドロイヤルティと口コミ宣伝を好む傾向との間には強い関連性は存在しないということだ。

結論

人は態度と行動を一致させようと試みる。ブランド自体は私たちにとってそれほど重要ではなく、ブランドの購買体験が〝自分で買ったものが好き〟という私たちの軟弱な態度に大きな影響を与えている。この態度はブランドロイヤルティの二面性を反映している。このような態度が人の購買行動を強化する効果は希薄であり、結果的に人は自分の買うブランドのレパートリーに満足している。どのブランドの顧客の中にも必ず、ブランドに対する態度では誰にも負けないと思っている人が存在している。そのような人は、自分が何者であるかの自己像を自分や他人に発信しているのかもしれない。しかしマーケティング的にはこのようなファンの重要性は極めて低い。ブランドを買う人のほとんどがブランドのことはあまり深く考えていないが、ブランドマネージャーが注目すべきはこれらの人だ。なぜなら彼らこそブランドの売り上げに大きく貢献してくれるからである。売り上げを伸ばしたいのであれば、ブランドが真に向き合うべきはこのような消費者である。

これらの消費者インサイトは、第2章、第3章、第4章で解説した購買行動とブランド成長に関連する考察と提言を理解するために役立つだろう。

第8章

差別化か、
それとも独自性か

Chapter 8

Differentiation versus Distinctiveness

マーケターは、意味を感じられる差別化よりも、意味は感じられなくても独自性を求めるべきだ。ブランディングはいったん構築されれば長続きするが、差別化は長く続くものではない。

COLUMN

差別化の要件

マーケティングの教科書は差別化がマーケティング戦略の中心でなければならないと大げさに説いている。たとえば、

- もしマーケティングが影響力を持つとすれば、それは差別化する力であり……すべてはそこから生まれ、それ以外の何ものでもない（Theodore Levitt）。
- すべての広告が理論に基づいていなければならない。買えばわかる、などといった大言壮語ではなく、競合他社にない何かが必要だ（Rosser Reeves）。
- 差別化はマーケティングを成功に導く要石だ（Philip Kotler）。
- 差別化は消費者にとって意味のある差別化でなくてはならない。ブランドに差別化のポイントがなければ、消費者は製品の選択に迷う。差別化できなければロイヤルティを育てることも維持することもできない（David Aaker）。

現実問題として、どこの大学でも『マーケティングマネージメント』や『マーケティング原理』や『消費者行動』といったタイトルのマーケティングの教科書が使われている。各章の見出しは驚くほど類似している。ほとんど同じといってよい。皮肉なことに、差別化を説いているはずの教科書が差別化されていない。執筆者自ら差別化を怠っているようだ。

どの教科書もマーケターに差別化を実践することを説いているが、現実世界の競合は、差別化を進めて競合製品を退けるというよりも、競合しながら融和する戦略に主眼を置いている。選りすぐりのケーススタディを紹介しているが、差別化がブランドの成長や利益をもたらすというエビデンスまでは載せていない。成長し利益をもたらす有意に差別化されたブランドがないという意味ではない。経験的事実に基づけば、カテゴリー内の主要ブランドの多くが極めて類似した競合ブランドと対峙しているということである。

どのカテゴリーにも高価格で高品質のブランドやその製品バリエーションが存在する。時には法外に高価なブランドもある。しかしそのようなブランドも高価格帯のサブカテゴリーの中で同様に高価格の競合ブランドと対峙することになる。そこには、少し速いもの、少し甘いもの、少しスタイリッシュなもの、少しトレンディなもの、少しサービスが優れているもの等々、さまざまなブランドが存在している。しかしそれほど大きな差はなく、同じ市場に多くの類似ブランドが存在していることに驚かされる。ここで次のような疑問を覚えるはずだ。

1. 広告でブランドに特別な価値を与えることは可能か？（マーケティングで類似ブランドを差別化できるか？）
2. 消費者がブランドを定期的に購入して好みやロイヤルティを示すようになるためには、有意差を認識させる必要があるか？[1]

これらの問いに対する答えは、最新のマーケティングの理論と実践の核心を突いており、現場のマーケター や常識のある評論家には興味深いだろう。このような問いに対してはそろそろ経験に基づいた科学を応用してもよいのではないかと思う。

特別な価値

多くの競合ブランドがひしめき合っている現状の一因として、それぞれのブランドにそれぞれ異なる差別化のポイントを広告で訴求し、それを消費者が受け入れていることが挙げられる。

マーケターはブランドのイメージを定期的に測定している。それは、土曜日に店舗が営業していることをどれだけの人が認知しているかや、男女間でブランドイメージに差はないかなど、実践的な理由で行われることもある。しかし今日では、ブランドがどのような人格を持っているかといった、より深いレベルでの消費者の認知を測定することが一般的だ。そしてそれを測定するために、ブランドマネジメントの時間の大部分が、極めて主観的かつ感覚的なヒントを収集するために費やされているのが現状だ[2]。

ブランドの健全性やエクイティなどのイメージ調査から得られるデータは、多変量解析法やそれより精度の劣る市場調査会社ご自慢の独自の分析法に左右されることが少なくない。これらの分析は主にブランド間の相違点に焦点を当てるように設計されているが、その違いがどれほど大きいか、また実際の購買行動がどのような影響を受けているかまで分析することはできない。第5章で考察したように、ブランドの購買客と競合ブランドの購買客との間にブランドの感じ方の差はないので（「ママが好き」的パターン）、読者の中には何か変だと感じておられる方もいるかもしれない。

大きいブランドほど多くの購買客が存在するので（第2章を参照）、ブランドイメージ調査に協力してくれる人は多くなる。結果的に大きいブランドほど、どのような問いの得点も高くなりやすい。アンケート回答者の中に多くの顧客が含まれるからだ。彼らはブランドに対して比較的大きなロイヤルティを持つため（購買頻度が高い）、ブランドについて考え、意見する傾向が強い。だから、ブランド購買客の感じ方のみを調査したデータであっても、市場規模の大きなブランドの得点が高くなるのであろう。

ブランドが市場で本当に際立った存在として受けとめられているかどうかを理解するためには、このような要因（例：購買客が多い）を除外して考えなければならない。しかし要因がいったん取り除かれるとブランド独自のイメージを示すものがなくなってしまうことは、市場調査の担当者もあまり知らないことであり、従って議論されることもない。たとえば、**表8-1**は、ブランド（たとえばFedEx）を特定のイメージ（たとえば信頼）に関連づける回答者（ブランドをよく知っている）の割合を示している。このデータは市場調査の専門誌で発表され（Whitlark & Smith, 2001）、ブランドイメージのデータがいかに複雑であるかを証明した。しかしその後、マーティン・コリンズ教授が、規則性に支配されるパターンを知っていれば全体像が見えるようになり、多変量解析の最中に迷子になることもなくなることを示した（２００２年）。**表8-1**のブランドは、単純にそれぞれのブランドをよく知っている回答者の数の順に並べられている。

表8-1のデータは利用度の代わりに親密度でランク付けされている。大ざっぱではあるが、各ブランドの使用者に特有の認識を測定すると、そこからある種のパターンが見えてくる。以下の2つが主なパターンである。

1. 他の属性よりも常に高いスコアを示す属性がある（例：「必要不可欠だ」がわずか30％であるのに対して、「信頼できる」は90％以上）[3]。

2. すべてのブランドが同様のスコアを獲得しており、ややダブルジョパディに近い傾向が見られる（小さいブランドほどスコアも低くなる）。

どのブランドもそのブランドをよく知っている人には同じように見えているのは、このような理由による。小規模ブランドでも同様である。いったんパターンがわかれば、わずかな例外でも発見することは容易だ。たとえばノキアとオラクル（ともにテクノロジー関連のブランド）は非常に革新的ブランドだと考えられている。これは想定内であり特に興味深くはない。

競合ブランドとの差別化が確立されていないブ

表8-1：ブランドと属性の関連性

企業	他のブランドも購入した購買者の割合							
	信頼できる	無駄がない	親しみやすい	相性が良い	問題を解決してくれる	革新的だ	必要不可欠だ	平均
フェデックス	95	94	84	79	69	60	39	74
A 社	96	95	85	81	72	63	37	76
ノキア	96	83	75	67	65	89	22	71
B 社	97	87	82	76	75	47	32	71
C 社	94	78	72	70	75	54	46	70
オラクル	93	83	73	53	60	85	19	67
D 社	94	90	85	58	81	66	23	71
平均	94	87	79	69	71	66	31	71

データソース：Collins（2002年）

ランドがあると言いたいのではない。明確に差別化されていれば、機能的に優れた側面があるはず、ということだ。たとえば、アメリカのブランドはアメリカらしく、フランスのブランドはフランスらしく、また高価なブランドは高価に認識されているはずだ。イメージ調査は現在でも行われているが、それほど決定力に長《た》けているわけでもまた不可解さが残るわけでもない。調査を行って広告が実際にブランディングに貢献したかを確認できるかどうかは、マーケターの腕次第だ（ブランドを知るためには、ブランドが市場でどのように理解されているかを知る必要がある）。

ブランドパーソナリティ

競合ブランドと大きく差別化が図れ、しかも機能特性とは無関係な、特殊なイメージ属性を見つけ出すことは非常に難しい。ブランドパーソナリティが注目されるようになったのは近年のことだ。それ以前はマーケティング調査の専門家が、消費者の個性がブランド選択に及ぼす影響を調査していた。しかしその非論理性が指摘されていた。フランクリン・エバンスが実施した有名な「フォードとシボレー購入者」研究がこの問題に初めて挑戦し、ブランド購入者の個性に差がないことを発見した（Evans, 1959）。

パーソナリティの専門家たちは研究を続けた。彼らの目標はブランドが映し出す人間の個性を突き止めることであった。ブランドのパーソナリティについての関心が高まったのは、ジェニファー・アーカーの『Brand personality scale』が出版されたとき（１９９７年）であり、それは魅力や信頼といった消費者がブランドに関連づける人間的特徴を測定するものであった。

結局、ブランドパーソナリティに対する認識も他のイメージ属性と同様であることがわかった（ブランドが異なっても消費者が各ブランドに対して抱く認識は同様である）。ブランドパーソナリティの認知度を示すスコアは低く、消費者はブランドを人として捉えることに消極的であることが判明した（わずか5％の人がブランドXは頼りになると考えていた）【4】。多くの人々の間で存在感の薄い認識は、個人レベルでもその存在感は薄い（インタビューで頼りになると回答した5％のうち、2回目のインタビューでも同様に回答した人は4分の1「約1％」であった）。それでも多くのマーケターが、経験に基づくエビデンスを求めることなく、ブランドパーソナリティという概念を採用しているのが現状だ。これではまるで中世の医者のようだ（第1章を参照）。

個性的な連想は必要か？

ブランドが消費者の心の中で真に差別化された存在であれば、成功しているブランドが持つイメージ属性は個性的である（つまり消費者がそのブランドについてのみ連想するイメージがある）と期待する。長きにわたって、ブランドエクイティは、消費者がブランドに抱く強力で個性的な連想上にあると考えられてきた。しかし、13種類の製品とサービスの130種類のブランドイメージを詳しく調査した結果、ブランドに特定のイメージを連想していたのはわずか3％だけだった（Gaillard & Romaniuk, 2007）。成功したブランドであるほど個性的な連想を持たず、またブランドに対する選好度が高い消費者ほど、そうでない消費者と比較すると、その連想は個性に欠けていた。逆に、ブランドの個性の強さ（1つのブランドに顧客が抱く連想の割合で示される）は、そのカテゴリー内のブランドの数と反比例の関係にあることがわかった。つまりブランドが特有の個性を持つ唯一のブランドとして認識されやすいのは、競合相手が少ない場合ということだ。

意味のある差別化

差別化はマーケティング戦略において必要不可欠な要素だと考えられている。ビジネスの現実論というよりも宗教か何かのように教えられている。差別化に成功したブランドだけが顧客と利益をすべて手に入れることができると。そして、オール・オア・ナッシングであり、差別化に成功しなければ死が待ち受けていると（Trout & Rivkin, 2000）。

多くのマーケティングの教科書が読者のやる気を刺激する解説を行っている。すなわち、意味のあるブランドの差別化を実践することで消費者の製品購入を促し、それがブランドロイヤルティ構築につながるのだと言う（Aaker, 2001;Kotler, 1994）。差別化されないまま市場に参入すれば、消費者を購買へ動機づけることができていないため失敗しやすいと言う（Davidson, 1976）。確立されたブランドが顧客にとって望ましい存在であり続けるためには、差別化のポイントを維持する必要があると考えられている。差別化の突破口は、アップル社の色鮮やかなｉＭａｃに見られるような製品特徴や、マルボロの広告に見られるようなイメージ戦略にあり、それがブランド成長への近道だと考えられている。

マーケティングの文献には、ブランドの差別化のポイントは、顧客によって認識されて評価されなければならないことが明記されている。この差別化は必ずしも製品特長でなくてもよく、象徴的または感情的なものであってもよい。マーケティングの教科書の中には、フォルジャーズのフレークド・コーヒー・クリスタルのように、消費者に注目され評価されている限り、ブランドの差別化は現実的には無意味な製品特徴に基づいていてもよいとすら説くものもある（Carpenter, Glazer & Nakamoto, 1994）。多くの評論家が指摘するとおり、消費者の認識こそが現実である。

ユニーク・セリング・プロポジション（USP）という広告の原則はこの理論を反映している（Reeves, 1961）。消費者に商品購入理由を提示できない広告は非効果的だと考えられている。しかし、USPや他の説得の手段がなくても広告は効果を発揮できるとして、この逆説的主張に異議が唱えられたケースもある（第9章を参照）。

このような強い信念にもかかわらず、あるいはこれらの信念のせいなのか、ブランドの差別化についてはほとんど解明されていない。以下の疑問について考えてみよう。

- ブランドの差別化のポイントはどの程度認識されているべきか？
- ブランドが反復購入されるためには、消費者が差別化のポイントを理解できなければならないか？
- 競合ブランドと比べて明快に差別化が確立されているブランドが存在するか？　そのブランドを買った人のロイヤルティは高いといえるか？　そのブランドは利益をもたらしているか？　そのブランドの成長は早いか？

すべてのマーケティングの教科書が差別化の重要性を説いてはいるが、これらの疑問に答えられるだけのエビデンスを提示できているものはない。

差別化の実際

多くのマーケティングの教科者が差別化のための戦略を提案しているが、それを疑うに十分な理由が存在している。本書で示した経験に基づくエビデンスは、それらの戦略とは異なる。

差別化のポイントは必ず存在する。ブランドがどれも同じ日用品であるという考え方は間違っている。そもそもブランド名が異なっており、それがロイヤルティを育み消費者に好まれるようになる[5]。さらに、さまざまなシーンでブランドの差別化を確立することもまた同様に重要だ。以下にその例を示そう。

- この店にはこのブランドはあるが、あのブランドはない。
- このパン屋の場所を知っている。
- このブランドは私に合うサイズが揃っている。
- 赤い色はこれしかない。
- チョコレートを食べたい気分だ。
- このブランドが目についた。
- このブランドを思い出した。

このようにさまざまなシーンでブランドの差別化が確立していることがブランドに良い影響を及ぼす。それは、どのようなブランドであろうとも、差別化を図ることで何らかの良い効果を享受できることを意味する。だがブランドの存在そのものが差別化にならないだろうか？　時間や購買シーンに関係なく、消費者が価値を認めるブランドの差別化は不可能だろうか？

差別化の重要性について考えるとき、最初に疑問を投げかけるべき点は、競合ブランド間のロイヤルティに大差はない、ということだ（第2章）。ロイヤルティはたしかに存在する。しかしそれはブランドの差別化によって生まれるのではなく、消費者の行動特性の1つに過ぎない。これはすべてのブランドがロイヤルティの恩恵を受けられるはずであることを意味する。しかし、ブランド自体に差異が存在するのであれば、なぜブランド間のロイヤルティに大差はないのか？　なぜニッチなブランドは、少数とはいえ極めて高いロイヤルティを持つ顧客層を維持し、陳腐化しないのか？

次に、ブランド自体が大きく差別化されているとすれば、そのブランドは、その差別化のポイントに価値を感じるもっと多くの消費者の心をつかんでもいいはずだ。しかし第5章で考察したとおり、どのブランドのユーザープロファイルにも大差はなく、同カテゴリー内で競合するブランドはどれも同じ消費者を相手にしているのが現状だ（Kennedy & Ehrenberg, 2000; Kennedy & Ehrenberg,2001）。価格や品質が他と大きく異なるブランドはそのユーザープロファイルも特殊だ。高価なブランドほど裕福な人が買う傾向にある。しかし競合関係にあるブランドのユーザープロファイルは類似している。たとえばヴェルサーチの顧客はグッチの顧客に、ナイキの顧客はアディダスの顧客に似ている。

差別化の理論から、非常に多くのサブマーケット（想像以上に多くのまたは少数の顧客をブランド間で共有している）が存在していることが示唆される。差別化が高度になるほどブランドが他ブランドと共有する顧客は少なくなる。逆に、他ブランドとポジショニングが類似しているブランドほど多くの顧客を共有している。しかし、広く浸透している購買重複の法則が、ブランドがマーケットシェアの相対的割合に従ってお互いの顧客を共有し合うこと、市場の細分化はそれほど大きくないことを示している（第6章を参照）。

もしブランドの差別化の程度に違いがあれば、価格弾力性にも相違があってもいいはずだ。差別化の進んだブランドを好む顧客は価格に対してそれほど敏感ではないからだ。しかし価格弾力性は価格の変動の影響を受けて変化するようだ（第10章を参照）。この事実からも同じカテゴリー内のブランドの差別化のレベルは同程度であることがわかる。

最後に、経験に基づいた強力な数学的指標であるＮＢＤ（負の二項分布）ディリクレモデル（Goodhardt, Ehrenberg & Chatfield, 1984）を考慮しなければならない。このモデルから、消費者は多様化しているにもかかわらず、ブランドは差別化が進まないまま競合していることが容易に推測される。現実世界はこのモデルに従っており、ＮＢＤディリクレモデルを使って世界中の多くの製品カテゴリー内のさまざまなブランドパフォーマンス指数をいつでも予測することが可能だ（Ehrenberg, Uncles & Goodhardt, 2004）[6]。

どのカテゴリーにも価格と品質が異なるブランドは存在する（経済学者はこれを垂直的差別化という）。あるブランドが同じカテゴリー内の他のブランドよりも極めて高価なこともある。この価格差は、より安価または高価な他ブランドの顧客層の相違点として現れる。またこの価格差は、高価格ブランドが購買重複の法則とＮＢＤディリクレモデルから外れるときにも見られる。この現象が他のブランドではそれほど頻繁に見られないという事実が、差別化のレベルが極めて小さいことを示唆している[7]。

このような理論体系や経験的に得られたエビデンスは、多くのマーケティング文献に報告されているような差別化の伝統的役割も、生活必需品の完全競争モデルも支持しない。差別化はたしかに存在している。しかし経験に基づいた理論が、差別化はブランドの問題ではなくカテゴリーの問題であることを示している。要約すると、差別化の理論は新古典的な経済学的完全競争モデルであり、そこで描かれている世界は現実のブランドが競合し合う世界ではなく、抽象的な理想の世界である。

アイコンとしてのブランド

前述のパターンが現れるのは日用品ブランドを買うときだけではない。これらの法則は、優れたマーケティング戦略および消費者との絆を象徴する、いわゆるアイコン・ブランドにも当てはまる。たとえばナイキは、サーチ・アンド・サーチCEOのケビン・ロバート氏（2004, pp78-9）によって理由を超越したロイヤルティを構築するラブマーク・ブランドであると称賛されている。それでもジョン・ドーズ教授による分析では、ナイキがダブルジョパディと重複購買の法則に従っていることが明らかになった。つまりナイキの顧客のロイヤルティは100％ではないということだ。ナイキのマーケットシェアを考慮すると、これは極めて妥当な数字だ（アディダスよりもロイヤルティが低い市場もある）。ナイキは、他のスポーツブランドと同じ人口統計学的特徴、社会的地位、精神的特徴、地理的特徴をもつ人々をターゲットにしている。現実の購買行動に見られるこれらのパターンから、消費者が競合ブランドをどの程度差別化されていると認識しているか、という重大な問題が浮かび上がる。

差別化はどのように認識されているか

消費者はブランドの選択をどのように行っているのだろうか。自分が買うブランドと他ブランドとの差異を認識する必要があるのだろうか？　カテゴリーベネフィット以外に、ブランドを買う理由が必要だろうか（たとえば「アイスクリームの味がする」や「クレジットカード機能付き」）。製品、サービスカテゴリー、国、調査方法、質問形式などを系統的に研究した結果、信頼性の高い2つのパターンが特定された。

1. 消費者はブランドの非常に小さな差異でも認識している。といっても、高いロイヤルティを抱いているブランドを買うことを止めるほどではない。
2. 消費者がブランドと競合ブランドとの間に認識する差異はほぼ同等である。

表8-2は、ブランドを定期的に購入し、そのブランドが他のブランドと差別化されている、または他のブランドには見られないユニークさがあると回答した消費者の割合を示している。

すべての調査対象市場において、私たちのデータを使っても別のデータを使っても、類似したパターンが観察された。どのブランドでも約10%の消費者が自分のブランドは差別化されていると考えている。アンケートを回答する際の無関心さの表れかもしれない。しかしそれを否定する事実が三つある。第一に、市場には明らかに機能的に異なる例外的なブランドが存在する。たとえば、アルディ・スーパーマーケットは国産ブランドを仕入れておらず、67%が「異なる」と回答している。ファストフードのカテゴリーでは、サンドイッチのみを提供するサブウェイが、マクドナルド、ドミノピザ、KFCと比較して、50%の「他には見られない」を獲得していた。回答から、消費者がブランドの差別化に気づいていたことが示唆される。しかし、このように差別化を認識できるブランドは少ない。第二に、カテゴリー間の相違点が回答に表れている。第三に、市場間での相違点が予想どおり結果に表れている。たとえば、ソフトドリンクはミネラルウォーターよりも差別化されやすい。酒類とスキンケアの2つのカテゴリーは私たちが意図的に選んだ。なぜなら、この2つのカテゴリーはブランドイメージに大きく左右されやすく、大量のブランド広告に支えられているためだ。両者の差別化は進んでいる方ではあるが、それでもまだ低い。

表8-2：英国のソフトドリンクと豪州の銀行カテゴリーのユーザー認識比較

ブランド	他のブランドと差別化されている（%）	他のブランドよりユニーク（%）	そのいずれか（%）
コカ・コーラ	8	13	19
ダイエットコーク	9	8	15
ペプシコーラ	7	10	15
ファンタ	8	5	12
ペプシマックス	9	10	19
シュウェップス	6	9	13
カナダドライ	10	9	17
平均	9	9	16

注：「他のブランドと異なる」のスコアが特に低い

ブランド	他のブランドと差別化されている（%）	他のブランドよりユニーク（%）	そのいずれか（%）
ANZ	12	4	15
CBA	12	12	19
NAB	8	12	12
Westpac	9	6	11
STG	26	16	32
平均	13	10	18

データソース：Ehrenberg-Bas Institute.

得られた結果の信憑性をさらに確認するために、5段階評価の調査も行った（1：特徴をまったく表していない、5：特徴をよく表している）。全体の平均は2・5ポイントだった。3ポイントを超えるブランドはほとんどなく、また平均が4ポイント（4ポイント獲得はブランドの差別化にいくらか同意したことを示唆する）に達するブランドもなかった。消費者はブランドの差別化にほとんど気づいていないという私たちの研究結果が、選択法でも5段階評価法でも証明された[8]。

ブランドが一貫して高い回答率を示すという、一般的なパターンからはやや逸脱した傾向が全体的に観察された。それは小規模で高価格帯のブランドであったが、差別化が進むほどブランドは小規模になるという概念に一致している。人気のないブランドほど存在が異なって見えるとも言える。特異的な偏向は他のブランドにも見られたが、大きな機能的差異に関連していることが多く、イメージによる差別化に関連していることは少なかった。そのため、ブランドの差別化を認識していたかどうかを消費者自身が明確に述べることはない。従って、差別化を認識することで消費者が購買行動に駆り立てられているのかどうか疑わしい。消費者がブランドを購入する、または購入し続けるために差別化は不要なのである。

表8−4は、**表8−3**の情報技術カテゴリーのデータをブランド別に示したものだ。ブランドの差別化と顧客ロイヤルティのシンボルともいえるアップルが例証されている（第7章を参照）。アップルの差別化の認知度は他のコンピューターブランドよりも優れているが、それほど高くはない。アップルユーザーの大半（77％）が、アップルが他のブランドと異なる、またはユニークであることを認識していない。アップルコンピューターは見るからに特徴的であり、また特別なオペレーションシステムを使っていることを考えると、これは意外な結果だった[9]。しかしユーザーの多くが技術的な知識をほとんど持たず、またオペレーションシステムさえ知らない。アップルマッキントッシュとは、マウスやキーボードにグラフィカルなユーザーイ

ンターフェースを持ち、ソフトウエア（例：マイクロソフト・オフィス）を起動させてメールの送受信、インターネットの利用、ファイルの保存、印刷などができるパーソナルコンピューターである。これらをユーザーが他のコンピューターとまったく同じと認識していても不思議はない。実際、他のコンピューターと同じ作業をするためにマッキントッシュを購入している。他とは異なるコンピューターが欲しくてマッキントッシュを購入したユーザーはごくわずかだ。また役立つコンピューターが欲しくて買ったのであり、他のコンピューターブランドのユーザーと何も変わらない[10]。

多くのマーケティングの教科書が、ブランドの差別化のポイントを消費者が理解できるように提示することをマーケターに求めている。しかし、大成功を収めているブランドのマーケターであっても達成できていないようだ。このことから、ブランドの成功と差別化はほとんど関係ないという結論に至る。「差別化か、それとも死か」などという状況ではない。もしそれが事実なら、私たちが購入しているブランドはすでに市場から消えているかもしれない。

消費者行動に関する文献では、ブランドの特徴に対する消費者の認識が、ブランドが選好される主な理由として数十年にわたり重要視されてきた。しかしこれは見当違いであった。購買客が、自分の買ったブランドが特に差別化されているともユニークであるとも感じることがあまりないのであれば、おそらく差別化やユニークさはブランド購入の主な理由ではないだろう。消費者がそのブランドを選択した理由を知るためには他に要因を探る必要がある。

他ブランドとは異なる機能性を持つブランドも中には存在することを考えれば、消費者が自分の使っているブランドと他ブランドとの相違点をあまり認識していないという事実は直感的にはわかりにくい。この事実は、ブランドの選択がその製品カテゴリーから商品を買うか否かの選択と同様にささいなことであること

表8-3：カテゴリー間の消費者意識の比較

	差別化が図られていると思う（%）	ユニーク性があると思う（%）	そのいずれかを感じている（%）	そのいずれかを感じるブランドが少なくとも1つある（%）
酒類	20	27	36	71
スーパーマーケット	25	21	31	72
スキンケア製品	17	21	30	66
アイスクリーム	14	11	20	43
ファストフード	16	13	20	64
銀行	13	10	18	73
ソフトドリンク	11	9	18	76
調味料	10	9	17	67
果物／野菜ジュース	11	8	16	51
ソース	9	7	14	53
情報技術	9	10	14	44
スープ	8	5	12	35
ヨーグルト	8	5	11	43
車	9	6	11	66
水	6	6	10	32
電気	4	6	8	47
平均	11	10	17	54

データソース：Romaniuk, Sharp & Ehrenberg（2007年）

表8-4：コンピューターブランド利用者の認識の差

使用ブランド	差別化が図られていると思う（%）	ユニーク性があると思う（%）	そのいずれかを感じている（%）
ヒューレットパッカード	4	8	11
東芝	11	5	13
コンパック	10	10	18
IBM	16	13	18
アップル	15	25	23
デル	5	5	5
平均	9	10	14

注：アップルはユーザーのわずか4分の1がブランドの差別化が図られていると考えている
データソース：Romaniuk, Sharp & Ehrenberg（2007年）

を示唆している。つまり消費者はブランドの比較にそれほど時間をかけていない。そのため他のブランドとの差別化が認知されない。この理解は多くの情報処理モデルと異なっている。通常、消費者はブランド特性を比較してそのベネフィットを判断した後にブランドを選択する、と考えられている（Alpert, 1971; Fishbein & Ajzen, 1975; Green, Goldberg & Montemayor, 1981）。この理論は消費者がブランドの差を認識していることを意味している。しかし、経験に基づいたエビデンスから、消費者は自分が使用するブランドについては多少の知識はあるものの、使用しないブランドについてはまったく知らないことがわかっている。結果的に、ユーザーと比較してノンユーザーの反応のレベルは極めて低い。

つまり、マーケティングの現場においては、もはやマーケターは製品の差を消費者が買い物をする前に納得させる必要はないということだ。そう聞くと、マーケターは肩の荷が少なからず下りるのではないだろうか。実際、私たちのデータから、製品の差を認知させることは不可能に近いことが分かっている。むしろマーケターは、消費者の商品購入を促進するシステム構築に目を向けるべきである。

たしかにブランドはそれぞれ差別化されており、事実そのように認識されているが、差別化がブランドの競争に果たす役割は小さい。機能的に異なる三つのブランド、ピザハット、マクドナルド、KFCについて考えてみよう。これらのブランドは、それぞれピザ、バーガー、フライドチキンを販売している。私たちは、マクドナルドは主に他のバーガーメーカー（ウィンピーズ、バーガーキング、ハングリージャックス、カールズ・ジュニアなど）と、ピザハットは他のピザチェーン（ドミノピザ、ピッツァ・ピッツァ、リトル・シーザーズ、パパ・ジョンズ、ピッツァ・ヘブンなど）と、KFCは他のフライドチキンアウトレット（ハーロード・チキンスナック、ボージャングズ、オポルト、チェスターズ、レッド・ルースターなど）と競合していると思っているのではないだろうか[11]。教科書的論理によると、これらの3つのブランドが直接的にも間接的にも競合し合うことはないという。もちろん馬鹿げた理論だ。これら3つのブランドは、同じ大きなファストフードのカテゴリーの中でお互い直接的に競合している。差別化が進みファストフードカテゴリーが分割されるどころか、現実的には差別化は減少に向かっている。たとえば、マクドナルドはチキンバーガーを、KFCもチキンバーガーを、ピザハットがチキンピザを販売していることをそれぞれが宣伝している。

近年は、現在の差別化理論の教えよりも、ブランドの認知度とセイリエンス（卓越したブランド特性を有していること）が、消費者の購買行動やブランドの競合に大きな影響を及ぼすと考えられている（**Ehrenberg, Barnard & Scriven**, 1997; **Romaniuk**, 2004 a&b）。アレンバーグ・バス研究所の差別化認識に関する研究がこれを証明している。どの消費者にもよく知っているブランドとそうでないブランドがあるという点において、すべてのブランドが差別化されている（つまり完全代替財として競合しない）と言える。どの消費者にもまったく購入を検討しないブランドは多い。消費者が一部のブランドにしか有意義な差別化を感じないとすれば、それはブランドによる差別化ではない。

独自性：もうひとつの視点

逆説的だが、有意義な差別化の重要度が低くなれば、ブランディングがより重要になる。ロイヤルティは、消費者の好き嫌いではなく、セイリエンスに支えられている。ブランドロイヤルティが育つためには、ブランドは消費者が容易に認識できるように目立たなければならない。マーケティングの教科書が有意義な差別化の確立を重視しているため、ブランディング実践の伝統的な側面がおろそかにされている。

ブランディングの基本目的は、商品やサービスが誰のために存在するのかを見極めることである。そのようにしてブランディングは発展してきた。ブランディングにはブランドと他の競合ブランドを明確に区別する力が必要だ。その1つがブランド名であり、その唯一無二の存在が法で保護されている。他にもブランドアイデンティティの一部として機能してブランド名を補うまたはその代わりとなり得る要素がある。これらの要素は、消費者がブランドの広告に触れたときや製品を購入するときにブランドを認識し、理解し、想起するきっかけとなっている。以下にその例を示す。

- 色（例：コカ・コーラやボーダフォンの赤色）
- ロゴ（例：マクドナルドの金色のアーチ）
- キャッチフレーズ（例：ナイキのJust do it.）
- シンボル／キャラクター（例：ミッキーマウスの耳）
- セレブリティ（例：ナイキのタイガー・ウッズ）
- 広告手法（例：マスターカードのプライスレスキャンペーン）

独自性のある要素とは、その製品がどのようなブランドであるかを示す要素のことだ。これらの要素は、マーケターが消費者にブランドを識別してほしい状況であれば、パッケージ、広告、店内ディスプレイ、スポンサーシップなど、どのようなマーケティング活動にでも使われる。ブランドを認知しやすくすることで、消費者の記憶構造を構築し、刷新し、強固にし、購買を促進しているのである。これらの要素とブランド名との関連性が強固かつ斬新であるほど、消費者はブランドを識別しやすい。

独自性を持つブランドのベネフィット

独自性を持つブランド資産は、マーケターにも消費者にもベネフィットを提供する。ブランドは潜在顧客を見つけられなければ顧客基盤を損なうことになる。また、消費者とのコミュニケーションは、ブランディングが正しいときにより効果的である。混沌とした状況、つまり過剰な選択肢が原因で情報過多に陥っているという報告も多い。ブランドが独自性を持てば、消費者は商品について考える必要も、商品を探し回る必要もなくなる。知らず知らずのうちに生活が快適になる。この消費者ベネフィットは差別化によってもたらされた消費者ベネフィットとは大きく異なる、消費者にとって本質的な価値である。たとえば私は、サービスに重きを置いているので、すばらしいサービスを提供してくれるブランドを求めている。消費者がアメリカンエキスプレスを使うのも、青色を評価しているからではない。あの青色を見ただけで人はその広告、ダイレクトメール、スポンサーシップがアメックスのものだと認識できるからだ（Gaillard, Romaniuk & Sharp, 2005）。

また独自のブランド資産はブランドに競合上の優位を与える。「意味のある差別化」とは異なり、独自性は商品登録が可能であり法律で守られている（Johnson, 1997）。仮に他のブランドが同じ要素を広告に利用したとしても、その広告が元のブランドのものだと誤解されるだけであり、まったく無駄に終わるだけだ。

差別化と独自性は、単に言葉の問題ではなく、法の尊重を受けるかどうかにおいても異なる。

独自のブランド資産とは

独自のブランド資産の強さを判断するときに、考慮すべき2つの重要な基準が存在する。

1. ユニークか？
2. 広く認知されているか？

評価を行うためには消費者調査が必要である。しかしマーケターや広告代理店はリサーチをあまり好まない。しかも独自のブランド資産の強さを過大に評価している。その結果、現実に、広告コピーに見られるブランディングの過大評価や、商品棚に置けばブランドは目立つという過信が起きている。

強固で独自のブランド資産を構築することの目的は、ブランド識別の誘因として機能する要因の数を増やすことだ。独自のブランド資産が構築されると広告効果が高まり、視聴者はその広告がどのブランドの広告であるかを識別することが容易になる。買い物という状況においては、独自のブランド資産があれば、消費者はより簡単にブランドを認識、購入することができる。

重要なことは、各要素とブランドとの関連が唯一無二でなくてはならないことだ。もし消費者が要素の刺激を受けて競合ブランドまで想起したら、その要素はブランド名の代替としての機能を果たしていないことになる。たとえ独自性の要素がブランド名の代替として機能していても、消費者が自社ブランドよりも他ブランドを想起するかもしれないというリスクは存在する。各要素が独自の資産であるための第一の基準は、広く認知されていることだ。これは、大多数の消費者がブランドと独自性を持つ要素とのつながりを認識していることを意味する。ユニークであっても認知されていない独自性であれば、大半の人がそのブランド名を思い出せないので、ブランド名の代替としては機能しないだろう。

独自のブランド資産の形成

独自の資産はブランドに本来備わっているものではない。消費者がブランド体験から学び取っていくものである。独自の要素とブランドとの関連が確立されなければ、独自の資産がブランドの代替として機能することはできない。関連性の確立には長い年月、時には数十年もの年月を要することがある。たとえば、ナイキのロゴマークは1970年代に導入され、単独で使用されるようになるまでの長い間ブランド名と共に用いられた。今日、ナイキのロゴマークが広く認知されるようになったのは、何十年もの間、投資を着実に行ってきた結果だ。

強固で独自の要素を形成するためには、ブランドはあらゆるメディアを使って長い時間をかけて継続的に消費者に情報を発信しなければならない。その重要性は多くのブランディング評論家、特に統合マーケティングコミュニケーションの提唱者によって強調されてきた。しかしそれは、ビジュアルやサウンドやスタイルなどのブランディング要素というよりも、ブランドのメッセージやポジショニングに関わることが多かった。多くのブランド戦略がブランドアイデンティティの一貫性に欠けている。特にキャンペーン広告では顕著だ。たとえば、新たなキャンペーンを実施すると、新しい情報に注目が集まる。それと同程度の注意がブランディング要素の類似性と一貫性にも向けられるだろう。前回のキャンペーンを見た人は、今回のキャンペーンが前回の延長線上にあることを認識できなければならない。独自のブランド資産が構築されるのは、このように一貫性がきちんと維持されているときだけである。

第4章で、どのブランドにも極端に購入頻度が低い、いわゆるロングテールの消費者が存在することを学んだ。消費者の大半はブランド購入の機会もブランドについて考える機会も極めて少ないため、一貫性のない情報発信やパッケージ変更は消費者の困惑を招きやすい。

これからの研究の焦点

独自のブランド資産となり得るさまざまな要素について多くの文献が論じているが、多くの調査が誤ったところに焦点を当てている。潜在的な独自のブランド資産の価値を、差別化の方法論的観点から、消費者の中に確立しようとしている。たとえば、ブランドに関連する色の調査では、その色が消費者にとってどのような意味を持つか、あるいはブランドにとって最もふさわしい色は何か、などといった点に焦点を当てている（Bellizzi, Crowley & Hasty, 1983; Grimes & Doole, 1998）。しかし、特定の色などのブランド要素と強固な関係を構築することの真の価値は、消費者の好みに迎合することではない。たとえば、黄色よりも青色を好む消費者が多いからという理由でパッケージやその他の消費者コミュニケーションに青色を使用すべきではない。本当の価値は、パッケージやその他の消費者コミュニケーションに一貫して青色を使用し、かつ他に青色を使用しているブランドがなければ、消費者は青色とブランドとの関連性を素早く簡単に認識できることにある。うまくいけば、状況次第では色がブランドの代わりに機能するかもしれないし、ブランディングにおける消費者コミュニケーションの質が単にブランド名を提唱したり提示したりする以上に向上するかもしれない。

結論

科学的な法則や理論、および直接的経験に基づくエビデンスは、有意義で感覚的な差別化に重きを置くことに挑んでいる。たしかに差別化されているが、その度合いは弱く、競合ブランドとの差はほとんどない。また文献に報告されているよりも重要性はずいぶん低い。同じカテゴリー内のブランドは、認識されているかどうかにかかわらず、差別化の程度に著しい差はない。ピザハット、マクドナルド、KFCは異なる商品（それぞれピザ、バーガー、フライドチキン）を販売している一方で、現実的にはファストフードのブランドとして競合し合っている。

このような結果から戦略的に重視すべき方策の転換が示された。マーケティングは競争環境の中にあってブランドの存在感を向上させる独自性を構築する必要があるということだ。つまりブランディングが重要である。独自のブランド資産は消費者のブランド認知／認識／想起を容易にする。重要なことには購買が促されることだ。独自性を重視するということは、USP（ユニーク・セリング・プロポジション）の発見よりもUIC（ユニーク識別特性）の発見に注力するということだ。独自のブランド資産は消費者にブランドの購入を促すものではない。ブランドがどこに存在しているのか、購入したブランドはどのようなブランドかを消費者に教えてくれる。このようにしてロイヤルティが構築される。

次の3つの章では、広告や価格販促などのマーケティング戦術がどのように機能するのかを経験に基づくエビデンスによって示し、次に、長期間にわたってマーケットシェアを拡大するためにブランドはどのような競争を展開すべきか、またマーケターは何を達成すべきか、という点を再び議論する。

第9章

広告の機能

Chapter 9

How Advertising
Really Works

COLUMN

昔々、フランスのある小さな村に、ジョージアナとジュンという姉妹が住んでいました。ある日ふたりは、両親の所有する果樹園のレモンからレモネードを作ろうと思い立ちます。やがてふたりはレモネード作りを学び、毎年、夏休みになると友達や近所の人たち相手にレモネードを販売するようになりました。

ジョージアナとジュンは大人になって結婚すると都会に移り住みました。ふたりはそれぞれ町の反対側に住んでいたため、あまり会うことはありませんでしたが、レモネード作りと販売は続けていました。

ジョージアナは新聞社のオーナーと（ジュンは弁護士と）結婚しました。ある年、夫の会社の新聞にレモネードの広告を載せることにしました。広告には「ジョージアナのレモネード∴本物のレモンの風味を召し上がれ」と載せました。売り上げは徐々に伸び、やがてレモンを追加調達しなければならないほどになりました。その後数年にわたって売り上げは伸び続け、近所に新しい商店が開店してジョージアナのレモネードを仕入れるようになると、売り上げはさらに倍増しました。

一方、ジュンのレモネードも同じように売れていましたが、しばらく安定した後に売り上げは少しずつ落ちていきました。あるクリスマスの日、ジュンはジョージアナに相談します。助言をもらったジュンは広告を掲載してみることにしました。ジュンの広告には「ジュンのレモネード∴レモンの女神」という気の利いたメッセージが使われました。

現在、ジョージアナのブランドは60％のマーケットシェアを持つ大きなブランドに成長し、卸し先の店舗数が増えて知名度も上がりました。顧客は増え、多くの人に好まれるブランドになりました。ジュンのレモネードもよく売れ、利益は増えました。相対的マーケットシェアは40%近くまで拡大し、売り上げの低下は止まりました。ジュンのレモネードがおいしいと言う顧客の割合と、ジョージアナのレモネードの味が好きと言う顧客の割合は同等になりました。

ジョージアナとジュンの逸話に現実味を感じるなら、それは広告の力を信じているということだ。広告費に数十億ドルが費やされていることを考えると、当然かもしれない。驚いたことに、世界のGDPの2%が毎年広告に費やされている。しかし現実は、ジョージアナとジュンの逸話のように単純ではない。現実社会は謎と矛盾に満ちている。巨額の広告費を持つ大規模ブランドの売り上げは、広告を開始しても上がらず、終了しても下がらない[1]。また多くの消費者が自分は広告に影響されないと言う。広告代理店でさえも広告で売り上げが伸びるとは決して言わず、むしろブランドエクイティや、感情的関与、付加価値の構築について語りがちだ。これとは対照的に、広告に否定的立場の者が、広告には消費者を誘導する強い影響力があると言う。広告活動は、社会学者や財務部長にとっては悩みの種である。前者は広告が機能すると信じているからであり、後者は機能しないと信じているからだ（Bullmore, 1999）。

一体何が起きているのか。誰が正しいのか。広告が売り上げの要因となる根拠は何か。広告は本当に機能するのか。マーケターはどのように広告を活用し、その効果をどう評価すればよいのか。本章ではこれらの疑問に答え、ブランド購買行為とブランド記憶に関する私たちの見識と一致するブランド広告のモデルを提案する。**表9-1**に消費者の考え方の変化をまとめた。

神経科学と心理学の発展により、近年、記憶と脳の機能に関する理解が深まっている。そしてその研究が広告に大きな影響を与えている。広告は記憶を刷新しながら構築することで機能している。今では思考や意思決定は無意識のうちに行われ感情に支配されていることが分かっている。にもかかわらず、従来の広告理論は、人は完璧に近い記憶力を持ち、理性的（時には感情的）な意思決定を行うという古い考えに基づいている。

広告の機能を論じる前に、まず広告が売り上げに及ぼす効果について（つまり広告がどのように購買を促進するのか）、そのエビデンスを考察しよう。この考察が学問としてのマーケティングの観点から上記の視点を補足してくれる。未発表の知見ではあるが、広告はどのように機能するのか、そしてなぜ売り上げ効果を正確に評価することが難しいのかについて深い見識を与えてくれる。

ブランド広告に対する売り上げの反応

表 9-1：広告の過去と現在の比較

従来の広告の考え方	将来の広告の考え方
理性的か感情的か	感情的かつ理性的
メッセージを理解させる	気づかせる
ユニーク・セリング・プロポジション	身近な関連性の構築
説得する	記憶構造を刷新／構築する
教える	届ける
ポジショニング	セイリエンス

ブランド広告の目的は消費者の購買行動に影響を与えることだ。それ以外の何ものでもない。広告費に数十億ドルを投じるのは売り上げを確保し伸ばすためである。論理的には、この目的は購買行為に影響を与えて、購買率を向上／回復させることでしか達成できない。

広告の制作に携わる人の多くがこの考えにひどく神経質になっている。この奇妙な行動の原因は、売り上げ効果をごく限られた広告手法と関連づけていることだ（例：「今週の木曜日からセール開催」「驚きの値引き、今がお買いどき！」など）。この手の広告は売り上げを増加させる。しかしブランド広告はというと、そのほとんどが売り上げに実質的な貢献をしていない。この事実から、広告には、購買に影響を与える以外に何か別の機能があるのではないかと思われている。そこでマーケターたちは広告の正当性を証明するために、時には不自然なまでに躍起になって、ブランドエクイティ、コミットメント、ロイヤルティなどについて議論を重ねている。財務部長や現実を重んじるCEOから広告費が無駄に使われているのではないかと疑われるのも無理はない。

ブランド広告が売り上げを生み出すことを裏づける経験に基づく確かなエビデンスは存在する。しかし、広告効果が売り上げにどのような形で表れているのかを確認することは困難だ。その原因はあまりよくわかっていないが、売り上げ効果の研究に携わる研究者（例：計量経済学モデルのコンサルタントや学者）たちの推測に誤りがあることがよくあるからだ。

広告が毎月毎週の売上高に及ぼす影響は見えにくい。売り上げは広告を開始／増量しても伸びないし、減少させても低下しない。広告が売り上げに及ぼす影響が正しく理解されていないからだ。2つの理由が考えられる。

1. 広告の目的はマーケットシェアを維持することにある。マーケットシェアの拡大または上昇傾向を加速させるために十分な広告費を投資し、優れた広告を制作している企業は少ない。多くの企業が、広告を実施しなければ生じる非常に緩やかな売り上げの低下を防ぐために広告を実施している。多くの広告が、競合他社の広告によって自社の売り上げが横取りされることを防ぐことを目的にしている。阻止することで、広告を実施しなければ得られなかった売り上げを長期間にわたって獲得できる。つまり、ブランドの売上高が伸びなくても、広告は売り上げに貢献しているということだ。

2. 広告の売り上げ効果が表れるまでには時間がかかる。広告を今日実施しても、その効果がわずかでも売り上げとなって表れるのはずいぶん時間が経過した後のことだ。だから1週間の売り上げをはっきりと上昇さ

図9-1：ブランド製品を購入している家庭（ドル／1000世帯）

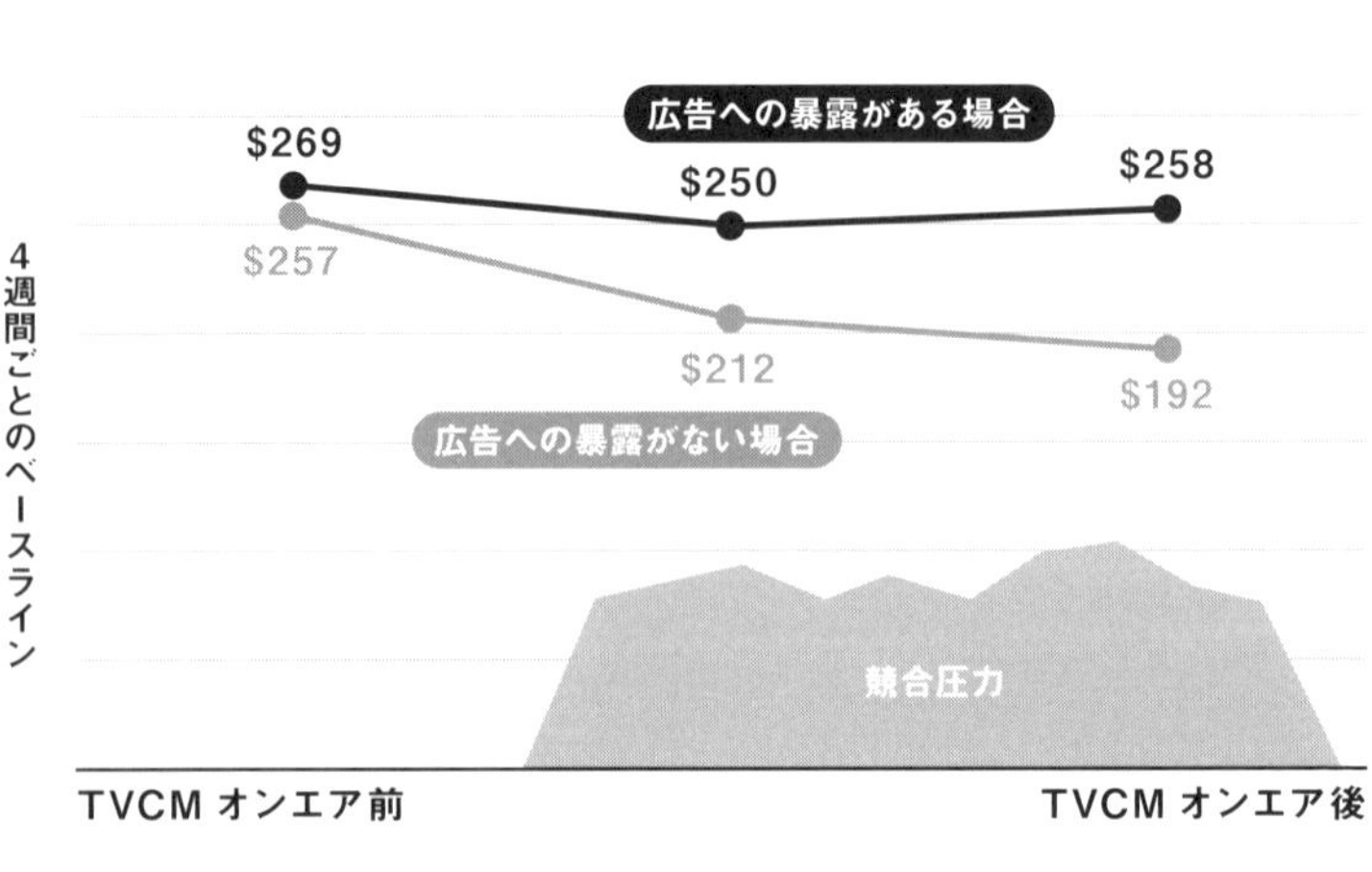

データソース：Flaherty（2007年）

せるためには、通常ならば巨額の出費が伴う[2]。特に大規模ブランドについていえることだ。なぜなら、大規模ブランドの広告費は、他のマーケティング活動費（たとえば口コミ広告の実施、商品陳列〈棚スペースも一種の広告だ〉、消費者の中ですでに確立しているセイリエンス）と比較すると小さいからだ。広告の出稿量を変化させると、小規模のブランドほど週間売り上げは上下しやすい。なぜなら、小規模ブランドは、市場に基盤を持つ資産によって支えられた、大規模な売り上げ基盤を持たないからである。

結局、広告費の変化と全体売り上げの変化の統計学的関連性は低い。しかし、広告を目にした消費者と目にしなかった消費者を分けて表面下を深く考察すれば、これまで隠れていた売り上げ効果が見えてくる。**図9-1**は個人レベルのデータである。競争圧力による売り上げの低下はあるものの、ブランドの広告が実際に広告を見た消費者に購買を促していることがわかる。

売り上げに及ぼされる他の偶発的影響を厳密にコントロールできれば、広告効果は予想どおり大きいだろう（Danaher, Bonfrer & Dhar, 2008）。しかし、集計データを扱う上ではそれが非常に困難であり、広告の売り上げ効果は極めて見えにくい。

たとえ売上額に変動がなくても広告が売り上げに貢献しているという考え方は、直感的にはわかりにくく、理解し難い。売上高が変化した場合の、広告が売り上げに及ぼす本当の影響を正しく理解できない。売上高の毎月毎週の変動は、広告が売り上げに及ぼす影響をすべて反映しているわけではない。それは氷山の一角に過ぎず、全体に対してどの程度の割合を占めているのかまではわからない。

上記の考察がすべての事例に該当するわけではない。中には売り上げ効果が直ちに表れる広告もある。たとえば、「セールは今週の木曜日に終了します」などの時間依存的イベントの告知などだ[3]。しかし大半の広告は数週間に1回しかブランドを買わない消費者にも影響を与えるため、売り上げ効果は長く継続する。そのため、1週間の売上高に及ぼされる効果は非常に弱くなり、広告の影響力に変化が生じても売り上げに明らかな変化が見られることはない。これをブロードベントは適切な比喩を用いて次のように表現している。「ブランドの売上高は飛行高度のようなものだ。広告費はエンジンであり、すべてを正常に機能させている。しかしエンジンが停止すれば、やがて降下し始める」(1989)。

広告と価格販促では売り上げに差が生じるか？

第4章では、たとえ大規模ブランドであっても、多くのブランドの顧客が極端に購買頻度の低いライトバイヤーであることを考察した(**表4-1**、**4-2**、**4-3**を参照)。また、コカ・コーラの購入者の大半が1、2年に1回しかコークを買わないことを学んだ。逆に、毎朝、昼、晩にコークを購入する消費者がごくわずかながら存在することも学んだ。1日にコークを複数回購入する消費者の購買行動がコカ・コーラの広告を見た後にどのように変化するのかというと、何も起こらない。ではコークの広告は誰をターゲットにしているのか？ それは、コカ・コーラをたまにしか購入しない、または想起/購入することがほとんどない数百万人もの消費者だ。このような消費者は広告を忘れやすく、年に2回も購買することがない。だから確立したブランドであっても広告が必要となる。その目的は、競合ブランドの大量の広告に触れる顧客を逃さず維持して自社製品の顧客としての成長の機会を与えることである。コークの広告は、消費者のわずかな意識の隙間に入り込んで、コークが楽しいこと、これまでのコーク体験、そしてコークが好きであることを想起させようとしている。コークの広告の目的は、私たちがすでに知っていることを思い出させることである。そうすることで、明日のコーク購買の可能性を高めようとしている。これが機能すれば、明日の購買率は、ほとんどゼロの状態（300分の1）から、それを少し上回る状態（300分の2）へと変化する。この変化は非常に小さく、気づきにくい。微妙すぎて認識できない。広告の影響力は小さいと言われる所以《ゆえん》である。しかし、広告を見たすべての消費者の購買傾向を300分の1から2に増大したとすると、コカコーラの売上高は2倍になる[4]。だからこそ、説得力に欠け、購買理由を伝達できない広告であっても、売り上げに劇的な影響を与えるのである。消費者がブランドのイメージを考え直すことも、まして彼らに気づかれることもなく。

確立したブランドでも多額の費用を広告に投資しなければならない理由がここにある。老舗の知名度の高いブランドであっても、大規模なブランドほど巨費を投じなければならない。消費者が自分は広告に影響されていないと思う理由もわかる。また、広告と価格販促の売り上げ効果がなぜそれぞれ異なるのかも納得できる。簡単に言うと、価格販促の全体的な効果は毎週の売上高に見ることができるが、広告の場合はその効果は非常に小さく長期間にわたって継続する。このような理由で、広告の影響の変化は非常に捉えにくく、正確に評価することが極めて困難である。

どのようなマーケティング施策であっても、それが成功すれば消費者の購買率が高まり、施策は機能する。成功する広告は多くの消費者に届き影響を与える。到達が容易な消費者（ブランドのヘビーユーザーや定期的購入者であり、ブランドを受け入れやすい精神的構造が構築されているためにそのブランドの広告に気付きやすく、広告を拒否する可能性は低い）だけではなくすべての消費者に到達する。成功する広告は、特に翌週や翌月にそのブランドを購入する確率の低い数百万人の消費者に届く。ブランドの広告が届き、消費者がそれを認識すれば、記憶構造が刷新されて強固に再構築されることで、ブランドはより目立ちやすくなり、購買を行う状況でより想起されやすくなり、ブランドのセイリエンス（卓越したブランド特性を有していること）とメンタル・アベイラビリティ（ブランド想起の高さ）が向上する。結果的にブランドの購買が促進される。これが売り上げ効果である。しかし、売り上げの多くが毎週の売上高として反映されるものではない。なぜなら消費者が今週ブランドを購入するとは限らないからだ。購買意欲が増したからといっても、そう簡単に買うものではない。実際、多くの場合、売り上げ効果は見られない。その原因は、消費者がそのカテゴリーでブランドを購入する前に競合ブランドの広告やマーケティング活動に触れて、自社の広告効果が効力を失ったことにある。しかし、だからといって広告の売り上げ効果が生じなかったわけではなく、購買意欲が刺激され、自社ブランドの売り上げが競合他社の広告からわずかながらでも守られている。競合ブランドは広告で売り上げを伸ばすことができず、現状を維持するに留まっている。

コークの広告に触れた後、その翌日のコークを買いたい気持ちが300分の1から2に増加した消費者について考えてみよう。これらの消費者はコークを買いたい気持ちが300日に1回から150日に1回に高まっている。このような売り上げの増加が生じるまでには長い期間を要する。これが、広告の売り上げ効果は表れるまで時間がかかるという意味である。

価格販促の効果が届く範囲は広告とはまったく異なる。購買頻度の高い定期的購入者への限定的な偏りが見られ、その売り上げ効果が表れるまでにそれほど時間はかからない。店内での販売促進は、販促期間内にそのカテゴリー内の買い物をする消費者のみにしか影響を与えない。そのため、販売促進の効果は販促を実施した週の売上高に直ちに反映される。これが価格販促の効果が明確である理由だ。価格販促が始まれば売り上げは上昇し、終われば低下する[5]。この効果が長期間にわたる場合もある。それは値引きされたブランドを購入／使用することで、そのブランドのセイリエンスが上昇した場合だ。しかし現実は、価格販促の長期的効果はごくわずかである（第10章を参照）。広告が購買率に影響を及ぼすのは、消費者の記憶が影響を受け、その記憶が持続している場合だ[6]。消費者はより有利な取引を好むため、値引きは購買率に影響を及ぼす。もし普段から使用／認識しているブランドが特価で出されると、普段から買いたいと思っていたブランドよりもそのブランドを選択する可能性は増大する。しかしその後直ちに購買率は通常に戻るだろう。そのため値引きが効果を発揮するのはその場限りだ。

これは、価格販促の売り上げ効果（すべての効果が1週間の売上高に反映されること）を測定する者にとっては朗報であるだろう。しかし、広告の売り上げ効果を測定する者にとっては非常に厳しい現実だ。つまり、広告効果と価格変動の相対的関係を数値で表すためには、販促効果と広告効果を1つの計量経済学モデルの中で測定してはならないということだ。

市場が安定してブランドの売り上げに大きな変化がない場合でも、広告の売り上げ効果が見られることがある。しかしそれには、いわゆるシングルソースデータが必要だ。つまり、個々の消費者が何を購入しているか、どの広告と接触しているかを長期間にわたり継続的に記録した個人レベルのデータである。このデータのメリットを説明するために、仮に、無作為に選んだシカゴの家庭を対象にダイレクトメール（DM）キャンペーンの効果を評価する試験が実施されたとしよう。ダイレクトマーケターは全国売り上げデータを利用するだろうか？　シカゴの売り上げデータはどうだろうか？　彼らはどちらも利用しないだろう。彼らが利用するのはDM送付先の家庭の購買パターンである。メールが送付されなかった家庭の売り上げが変化するとは誰も思っていない。またマーケターは、実際の売り上げ効果を正確に予測するために、DM送付先家庭の購買パターンを、同じ家庭の送付前の購買履歴と比較し、DM未送付の同じような世帯との売り上げ比較を行うだろう。シングルソースデータを用いることで、同じ論理的アプローチを用いることが可能になり、テレビ広告、プリント広告、その他の広告の影響力を評価できるようになった（Kennedy, McDonald & Sharp, 2008; McDonald & Sharp, 2005）。

シングルソースデータ分析を40年間にわたって続けた結果、広告に触れた消費者が売り上げを伸ばすこと、広告により大きな差が生じることを裏づける経験に基づくたしかなエビデンスが得られた。ブランド、カテゴリー、国、データセットに関係なく同じ結果が得られた（Jones, 1995 a & b; McDonald, 1969; Roberts, 1994; Roberts, 1996; Roberts, 1998）。これは、広告活動を行う者にとっても、また自社の広告の売り上げ効果を測定してどのようなクリエイティブな広告とメディア戦略が有効かを知りたい広告主にとっても朗報だ。

ジョンズは、シングルソースデータを用いて売り上げ効率の高い広告を分析し、レビューの中で次のようにコメントしている（１９９７年）。

「欧州の広告スタイルは……控えめで、柔軟で、奇抜で、間接的で、独特な視覚効果があり、風変わりなユーモアを持ち……驚くほど効果的だ……最大の効果を持つ広告は、従来の説得型広告ではなく、言葉よりも視覚に訴える……好感度の高い広告だ」

次に、シングルソース研究を行って広告の売り上げ効果を深く掘り下げるよりも、実験などの他の信頼できる方法によって証明されている重要な研究結果を要約する。

- 広告は売り上げを伸ばす。

●非常に売り上げ効果の高い広告コピーがある一方で、ほとんど機能しないものもある。
●クリエイティブなコピーは説得力に欠けても売り上げ効果が高い。
●より広くリーチするメディア戦略が特に効果的である。リーチは広告に接触する頻度よりも重要だ。集中的な広告を実施してその後しばらく中断するよりも、継続的に広告活動を行う方が、記憶の低下を防げるので効果的だ。

これらすべてが購買率の負の二項分布と一致する（第4章を参照）。特に、広告に中断期間を設けることなく全カテゴリーの消費者に十分な時間をかけて隈《くま》なくリーチすることの重要性と一致する。広告はメッセージが消費者に届いて行動を促して初めて機能する。多くの場合、それは誰に気づかれることもなく起きる。広告が「この商品を買いたい」という消費者の気持ちを誘発することもあるが、それだけでは購入意向を促進する力としては弱い。なぜなら、人は忘れたり、広告側の意図から逸れたりすることが多いからである。いかに広告が人の記憶に影響を及ぼすことで機能しているかがわかる。

認識された情報が処理されてはじめて広告が機能する

広告の情報が処理されなければ、記憶構造は構築されない。また、広告のブランドに基づいた記憶構造が構築されなければ、売り上げは生まれない。広告の大半がこれら2つの問題を解決できず、広告費が無駄に使われている。ひどい場合は、競合ブランドの記憶構造を刷新してしまうことがある。第1章で考察したとおり、消費者に認知されブランディングに貢献しているテレビコマーシャルは20％に満たず、80％が無駄に終わっている。これは衝撃的な事実だ。大企業がこの問題克服のためにマーケティング部門に対策本部を設立したくなるのも無理はない。対策本部が研究開発を主導し、ガイドラインを作成し、広告を制作／評価する技術を開発して、すべてのブランド広告が前述の2つの問題を克服できるように努めることも可能だ。しかし現実的には、このような基準を測定さえしない企業が大半を占めている。担当部署もなければ、問題解決の責任者もいない。まして問題解決のための研究開発が行われることもない。仮にこれが工場廃棄物や欠陥製品などの問題だったら、どのような対策が取られているだろうか？

たしかに広告は意識的に注意を払わなくても機能する。私たちはさまざまな物事をほとんど無意識のうちに感じ取っている。たとえば、混み合って騒々しいパーティーで会話中であっても、自分の名前が呼ばれれば聞こえる。無意識に脳が周囲を観察しているといっても、その情報が長期間にわたって記憶に大きな影響を及ぼすわけではない。広告の力で消費者からより多くの意識的注意を引きつけて、情報処理を行わせることが望ましい。

人は非常に多くの広告をスクリーニングしているので、問題は、いかにして情報を脳のスクリーニング機構を無事に通過させ、「この商品が気になる」といった少しでも感情的な反応を引き起こし、それを受容の方向に向かわせるかだ。従って広告代理店の主要な役割は、消費者の注目を集めるクリエイティブな発想を生み出し、それを消費者に認識させ何度でもその情報処理を行わせることである。この情報処理はブランドを主役にして行われなければならない。つまり、ブランドに関連する記憶構造が刷新されなければならない。これは難しい課題であり、多くの広告が失敗している。だからこそ、神経科学や心理学の新しい知見が重要なのであり、注意と記憶がどのように機能するのかを理解する必要がある。

完全に合理的といえる思考はほとんど存在しない。感情が人間を動機づける主たる源泉であり、注目、記憶、行動に大きな影響を与える。多くの広告が感情に訴える手法を取り入れているのも不思議ではない。たとえば、ガン研究の広告を見て涙を流したり、ビールの広告の登場人物に笑ったり、保険の広告を見て動揺や恐怖や安堵を感じたりするとき、人はその広告に感動を覚えている。また人が映画を見たり、音楽を聴いたり、本を読んだりするのも、感情的な高まりを得たいからだ。広告も同様で、視聴者は感情を刺激されるとより多くの注意を払う。

記憶がすべて

ごくわずかのダイレクトレスポンス広告（インターネット検索エンジン上の広告を含む）は別として、広告は記憶を介して機能する。マーケターや学者は記憶の本質的な役割を忘れてしまうことがあると言っても過言ではないだろう。それどころか、広告の多くが説得力ある主張またはブランドに関連した情動的感情を作り出すことで機能する、と彼らは考えている。

記憶は広告とブランド選択の橋渡し役を務めている。マーガリンなどの頻繁に購入される商品でさえも購入頻度は平均して年に8回ほどで、ほとんどのブランドが年に1、2回しか購入されていない（Nielsen, 2007）。広告によって差はあるが、広告に触れてから実際に買い物に出かけてそのブランドを想起するまでには何カ月もの時差がある。消費者の行動に影響を与えるためには、広告は人の記憶に作用しなくてはならない。

ブランドセイリエンスの構築

広告は主に記憶構造を刷新、ときには構築することで機能する。記憶構造が刷新／構築されることで、買い物に行ってブランドを想起したり認識したりする可能性が高まり、結果的に高い購買率につながる。ブランドに関連する記憶構造とは、ブランドの機能や外観、またどこで入手可能か、いつ誰がどこで誰と消費するのかといった情報である。記憶はブランドを想起させる要因と密接に関連している。また、消費者がブランドを食品庫から取り出して食べるよう働きかけるのも記憶だ。

消費者を説得する

広告の中には、「ぜひ買ってみたい」や「面白そうだ。調べてみよう」といった反応を引き出すことで、購買意欲をあおっている広告がある。簡潔で合理的で説得力のあるメッセージを持つ広告もある。例をあげると、求人広告、名簿広告、新製品広告、新聞広告、チラシ広告などである。通常、名簿広告や求人広告は情報が多いので、簡潔で、読者の興味に沿うように編集されている。たとえば、給湯器の修理の広告には、「水道業者X社はその日のうちに修理に来てくれる」という情報さえあれば十分だろう。しかし製品の買い替えを促すためには、どのような製品が売りに出されているかを知らせる必要がある。新しい製品への強い興味が好機を生む。もともと人間には合理的な情報を提供する広告を受け入れる本質的な感情が備わっている。

しかし率直な感情表現をすれば、説得力のある主張がより強くなる。たとえば、以下の2つを比較してみよう。

a．グッドイヤー社のタイヤは地面をしっかり捉えて停止距離を短くします。

b．あなたの子供の命はあなたのブレーキ操作にかかっています。グッドイヤー社のタイヤは停止距離を短くし、愛する人を守ります。

広告コピーや登場人物が訴求するベネフィットを実際に有している説得力あふれる広告は少ない。また、売り上げ効果が大きい広告は説得する必要はない。我々は英国で広告の形態について一連の研究を実施し、一般人、代理店担当者、学生らにテレビ広告と雑誌広告を評価してもらった（**Mills**, 2002）。広告が他のブランドよりも優れた点を主張し有益な情報を提供していると回答した人はわずか40～50％であった。この結果から、これらの広告が消費者を説得できるかどうかは簡単には立証できないことが示唆された。ブランドに関する言語情報や視覚情報を提供している広告はほとんど存在しないと指摘する学者も多い（**Morgan**, **Appiah-Adu & Ling**, 1995）。

説得のメカニズムだけで世の中の多くの広告を説明することは不可能だ。成功を収めているブランドは多いが、市場についても、競合ブランドについても、消費者が求めていることについても、まだわからないことが多い。それでも、説得重視の広告がより売り上げ効果が高いと一般的には考えられている。しかしこれは間違っている。記憶を構築することで、たとえ購入意向を刺激できなくても、売り上げは伸びる。数十年間の研究により、売り上げのほとんどが購入意向を持たない消費者によるものであることが分かっている（**Juster**, 1960）。購入意向も記憶に左右されるが、不完全な想起の影響を受けるので、動機づけの力としては弱い。ブランドに対する好みや態度についても同じことがいえる。たとえば、広告の中には、「それは良い」や「あれなら自分に似合う」といった類の消費者の態度を引き出す広告もある。このような説得型の広告の売り上げ効果は非常に大きいはずだと一般的には考えられている[7]。しかし通常、この類の態度は動機づけの力としては非常に弱い。その一因として、このような態度が買い物をする状況で想起されることが少ないこと、また人には好きで買いたいブランドがすでに多数存在していることが挙げられる。

以上から、購入意向や態度に影響を与える広告が優れていると結論づけるのはまったくの見当違いだ。広告の学術的調査の多くが説得力に欠けるのは、有効性の法則を導き出すために、あらかじめ購入意向を規定してから広告の影響力を調査しているからだ。またその多くが、非現実的な長時間をかけて意図的な注意喚起を行う人工的ラボ環境下で実施される。同様に、購入意向やその変化を測定する広告事前テスト（コピー調査）は、特定の広告内容に偏向する傾向があり、特定のコマーシャルによってもたらされた売り上げ効果が報告され、誤った結論が導かれることになる。

企業の多くが購入意向／嗜好の枠組みに捕らわれている。代理店に指示を与え、その指示の範囲内で自社の広告を評価している（そのことさえ気づいていない場合もある）。結果的に、消費者に拒否され、誤解され、無視されるささいなベネフィットを詰め込んだ広告ができ上がることが多い。経営側の販売メッセージが重視され、適切な精神構造を構築／刷新することに失敗している広告もある。このような広告は一貫性を失うことなくブランドの特異性を発信することはできない。その結果、企業の多くが、まるで毎回違うブランドの広告を製作し、見た目も雰囲気もさまざまなキャンペーンを何度も繰り返して行うことになる。

少し皮肉を込めて言うと、このような機能型広告モデルを使っている企業が「イメージ広告」や「アウェアネス広告」なるものを製作することがあるが、必ずしも売り上げを伸ばすことを期待しているわけではない。もちろん売り上げは期待できるはずだ。広告はそのためにある。

要約すると、多くの場合、広告は記憶構造を刷新することで機能している。必要に応じて記憶構造を構築し、嗜好や購入意向を創出することもある。広告は独創的なメッセージを発信してブランドセイリエンスを維持／構築している。ブランドが説得力のあるメッセージを持っているかどうかを悩む必要はない。たとえ説得力のあるメッセージを持っていても、ブランドの連想や、連想のきっかけ、セイリエンス、長期的独自性などの枠組みの中に、そのメッセージを組み込まなければならない。

マーケターはすでに構築された自社ブランドの記憶構造を理解しなければならない。そしてそれらを利用して、広告の力で記憶構造を刷新する必要がある。次に、他にどのような記憶構造が役立ちそうかを探し(例：カテゴリー内の購買促進要因)、それを構築するよう努めなくてはならない。一流ブランドはすばらしい記憶構造の構築に数十年もの時間をかけて努力を続けている。コークが良い例だ。以前アメリカではコークはドラッグストアで販売されており、10代の若者がドラッグストアにやって来る夏のシーンとともに連想されていた。今日では、コークはさまざまな記憶と結びついている。たとえば、砂浜とコーラ、ナイトクラブとコーラ、ピザとコーラ、パーティーとコーラ、カフェとコーラ(オリジナルのロングブラック瓶)、コークの瓶、コークの赤、コークの渦巻きロゴ、などがそうである。このような記憶があるからコークを連想しやすい。つまり消費者がコーラを認識しやすくなり、広告の情報を処理しやすくなるということだ。

広告を機能させるその他の方法

これまで考察してきたように、広告が機能するためには、説得(消費者の考えを変えること)とセイリエンス（記憶を刷新し構築すること）、主にこの二つの要素が重要だ。その他にもいくつかのメカニズムが働いているが、それらの影響力は小さく、説得とセイリエンスほど重要ではない。その他のメカニズムとは、消費者との絆、ステータスのシグナル発信、プライミングなどである。以下に、それらについて考察してみる。

消費者との絆

広告を出稿することで企業が財政的に安定しており商品も優れていることを示すことは、サービスを提供する企業にとっては特に重要である。企業広告がその最たる例だ。なぜ多額の費用を費やしてまで広告にトップセレブを起用するのか、またオリンピックなどの大規模なイベントのスポンサーになるのかは、このメカニズムによって説明が可能だ。消費者はおそらく無意識に「自社製品に自信がなければ広告主が無駄に多額の費用を費やすわけがないし、また長期間にわたって広告を出稿するはずもない」と思うはずだ。また消費者は、頻繁に広告されている商品やサービスは高品質であることを経験的に知っている。

経済学者はこの考えを支持しており、広告の結果を決定づけるのは広告メッセージよりも広告費であると主張している（Nelson, 1974; Telser, 1964）。だからと言って、広告に経済的機能がないとか、視聴者は論理性に欠けるという意味ではない。視聴者が発信されたメッセージを超越して広告に反応しているということだ。

経済学者ジョン・ケイは、そもそも多くの人が広告を疑っており、製品の質を客観的に評価できない広告クレームは無意識のうちに軽視されると主張している（１９９３年）。続けてケイは、少しばかり誇張して、広告が伝達できるものは広告の質と量のみであると論じた。

ステータスのシグナル発信

人はブランドを使うとき、他者にも自分にも、自分は何者かというシグナルを送っている。そして広告がそれを支えている。メルセデスベンツに乗る人は少ないが、誰もが高級車ブランドであることを知っている。人は広告からこの情報を得ている。メルセデスに乗っている人はメルセデスに乗ることで自分が豊かであるというシグナルを送っているということだ。もし人がメルセデスを知らなければ、高級ブランドであることを伝達しても広告は機能しないだろう。

しかし、マーケターはこのシグナル効果をしばしば過大評価する。例外的なカテゴリーもあるが、ブランドを使うことで自分の印象を変えられると考える人は少なくないだろう。また、ブランドの象徴的特徴の多くが、広告からではなく、消費者の使用体験、観察、口コミから生まれている。

ここから示唆されることは、ブランドをクールに見せる広告を製作しても大きな利益が得られるとは限らないということだ。さらに言えることは、象徴的なブランドや超一流の高級ブランドでさえも広範囲な広告活動を要することがあるということだ。高級腕時計の広告は億万長者だけに向けたものではない。実際、億万長者は少ないし、また高級腕時計を購入する人もその多くが億万長者ではない。

プライミング

よく知られた心理学的現象であるが、人は頻繁に目にする物やブランドほど好む傾向がある。これは接触効果と呼ばれている。最近の研究によれば、無意識の接触にもこの効果が認められるという。また、新しい連想のきっかけに接触しても購買率が高まることが研究によって明らかになっている。たとえば、ハロウィーンの後にキャンパスに戻った学生はオレンジ色のブランドをより高く評価し、また犬の写真を何枚も見た後は、それが猫を連想するきっかけになり、スポーツシューズブランドのプーマを選ぶ可能性が高くなる（Berger & Fitzsimons, 2008）。この驚くべき効果が実験条件外でも起きるかどうかは実証されていないので、現実的にはどれほどの効果が生じるのかは明らかではない。また、連想のきっかけが反発し合う場合、どのような相互作用があるのか、それとも打ち消し合うのかも明らかにはなっていない。この接触効果が他ならぬセイリエンス効果であろう。これは、売り込みをしなくても広告で売り上げを伸ばすことができることをさらに裏づけている。

効果的な広告

効果的な広告の作り方を簡潔にまとめた。

- すべてのカテゴリーの消費者にリーチすること。
- 広告活動を長期間休止しないこと。
- 消費者に認識されること。無視されないこと。
- ブランド連想を明確にすること――ブランド独自の資産でブランド広告を後押しする。言葉で、または視覚的にブランド名に言及することが極めて重要。製品と製品使用シーンを提示することも重要。
- 記憶構造を刷新／構築することで、ブランドの想起／認識が容易になる。

●説得力のある情報が1つでもあれば、本来の達成目標を邪魔しない限り、伝達すること。

第10章

価格販促の役割

Chapter 10

What Price Promotions Really Do

価格販促は即座にプラスの売り上げ効果をもたらす。しかしその効果は長くは続かず、値引きの終了と同時に消えてしまう。なぜなら、価格販促の顧客の大半は、その値引き対象ブランドを過去に購入したことがあり、幸運にもセール中に再びそのブランドを見つけた人たちだからだ。価格販促を行っても消費者の将来の購買性向を根本から変えることはできない。消費者へのリーチには限界があり、通常、新しい顧客を獲得することはできない。

マーケティングと購買行動の法則を語るには、価格について論じる必要がある。本章では価格の変化に消費者がどのような反応を示すのか、特に一時的な値引きが購買、売り上げ、利益にどのような影響を与えるのか、その法則性を明らかにする。

価格が最重要ではない

マーケティングミックスにおいて価格は極めて影響力のある変数である。おそらく、製品の持つ要素の中でも最も変化しやすい要素であり、売り上げに最も大きな直接的影響を与えていることに間違いはないだろう。価格が消費者にとって重要であることは明らかであり、最も重要な要因であると考えられていることが多い。しかしトップブランドの価格が下がることはめったにない。高価なブランドが安くなったとしても、すべての消費者がブランドをスイッチするわけではない。ゆえに、価格がすべてではないと言える。では消費者は価格と価格変動にどのような反応を示すのだろうか。また、なぜそのような反応を示すのだろうか。

本章では、確立されたブランドの価格が価格販促などで一時的に変化するときに何が起きるのかを解説する。価格設定については考察しない。しかし、ブランドにはそれぞれの質を反映した標準価格があることを忘れてはならない。多くのカテゴリーに価格と品質の階層が存在する。安価でシンプルで余分なサービスを省いた階層、主流の階層、そしてぜいたくで機能性に富む高価な商品の階層だ。消費者はこの階層の仕組みを認識している。消費者に負担にならない価格を設定するためには、この階層をよく考慮する必要がある。消費者が品質の対価としてお金を払っていることは明らかだ。高品質のブランドの価格は低品質のブランドの価格よりも高く、また高品質のブランドは毎年よく売れている。一般的に、一流ブランドは極めて高額で、低価格なブランドほど低品質であることが多い。品質を求めるなら、それ相応の金額を払わなければならない。

次に以下の疑問について考えてみよう。価格に対して消費者はどのような行動をとるか？　特売品を好む消費者や高級品を好む消費者は存在するのだろうか？　本章では価格販促を実施する経営上の動機の概要を解説し、価格販促が実施された際に何が起きるのかを明らかにする。長期的効果（プラスにせよマイナスにせよ）についても触れる。そして最後に、価格販促の実際の消費者到達力について論じる。

消費者は幅広い価格帯から製品を選んでいる

マーケターや研究者は消費者が支払う価格を基準にして消費者を分類しようとする。たとえば、低価格志向の消費者、中価格帯の商品を好む消費者、高価格帯の商品を好む消費者が存在すると考えられている。この考えは、バーゲン好きな消費者が存在するという概念によって強化されている。しかし、実際の購買行動を研究してみると、消費者は1つの価格帯にこだわってはいないことがわかる。多くの消費者がさまざまな価格帯で購買活動を行っている。同じブランドを異なる価格で購入することもあれば、異なる価格の別のブランドを購入することもあるだろう。その理由として、入手しやすい、販促活動に引かれた、目立っていた、ニーズを感じた、買う気になった、変化が欲しかった、叔母が来るので等々、さまざまな要因があげられる。このようなさまざまな要因が相まって、異なる価格帯でクロスバイイングする規則的パターンが生じている。たとえば、**表10-1**はイギリスのインスタントコーヒー市場における消費者の購買行動を示している。低価格帯（−−で示した）の購買客の約半分（51％）が高価格帯（＋＋で示した）の商品も購入している。同様に、平均以下の価格帯（−で示した）の購買客の57％が高価格帯の商品も購入している。これらのパターンは概ね各価格帯の購買客数によって決まる。このようなブランドの買い方は第2章で考察したダブルジョパディの法則によく似ている。つまり、価格帯をあまり気にせずに商品を購入している消費者は別の価格帯からも商品を購入する傾向があり、その購買行動の大きさは対象の価格

表 10-1：インスタントコーヒー市場の 1 年間の価格帯別購買行動

購買者		シェア	他の価格帯のブランド購入者の割合（%）			
			−	−−	++	+
平均以下	−	35		64	57	36
安価	−−	31	69		51	30
高価	++	27	66	55	−	39
平均以上	+	7	78	61	73	−
平均		25	71	60	60	35

注：行と列は人気の価格帯の順に配列。
どの価格帯の購買者も他の価格帯のブランドを購入している。
またそれはマーケットシェアの大きさにおおよそ準じている。

データソース：TNS社

帯の規模に準じている。

あなたが低価格ブランドのブランドマネージャーならば、低価格ブランドの購買客は低価格ブランドだけを購入しているのではないということを理解しておくべきだ。現実的には、あなたの売り上げの大半は中価格帯と高価格帯のブランドを日常的に購入し、たまに低価格の商品を購入する消費者によるものである。同じことが高級ブランドにも言える。その売り上げの多くが、たまに高価格商品も購入する低価格商品購買客によるものだ。どの市場にも、日常的に広範囲にブランドを買い、さまざまな値段を支払っている消費者がいる。従って、低価格帯購買客だけをターゲットにした価格販促を実施することは困難だ。そのような消費者分類は通常は存在しないからだ。

なぜブランドマネージャーは価格販促を実施するのか？

マーケティングの教科書では、ブランドマネージャーは以下の手順に従ってブランドを構築／管理する必要があるとされている。

1. 顧客のニーズと競合状況を評価する。
2. 消費者の心に響く商品とブランドポジショニングを創出する。
3. ブランドの価値を反映した価格を消費者に提供する。

実際には、多くのブランドが通常価格を定期的に下げて、短期的な売り上げ増を狙っている。時には、売り上げの半分以上が値引きによってもたらされることもある。一体、通常価格と値引き価格のどちらがブランドの通常の価格と言えるのだろうか？

このような短期的な売り上げ増を生み出すことの目的は何か？ 多くの場合、想定を上回る利益は得られない。なぜなら、値引きによる利益は、仮に正価で販売したとしても得られているからだ。

価格販促は効果が見えやすいため、ブランドマネージャーは頻繁にこれを実施する。多くの在庫を一掃することができる。小売業者を介して販売している場合、売り上げは急上昇するだろう。この即時効果は魅力的である。在庫を現金化したい企業にとっては重要であろう。売り上げ予算の立案に追われるブランドマネージャーたちにとっても同様だ。価格販促を実施して結果が得られた後も、ブランドマネージャーは新しい売り上げ目標を設定して再び値引きを行わなければならない。価格販促は企業にとって日常業務の1つとなりつつある。今さら元に戻っても売り上げ目標を逸するからだ。だから価格販促はマーケターにとってなくてはならないものになっている。また小売業者などの流通がこれを望んでいることも、値引きが盛んに行われるもう1つの理由だ。小売業者としては、値引きを提供することで消費者に良い印象を与えることができるし、競合企業に対しても競争力を維持することができる。つまり、メーカーにとって価格販促は小売業者と良好な関係を維持するための1つの代償といえる。ただ残念ではあるが、店頭プロモーションを実施するためには流通に権限を委ねなければならない。ブランドのマーケットシェアは流通業者の判断に左右されるからだ。また、価格販促を実施することでブランドの「時間を稼ぐ」ことも可能だ。つまり、短期的に売り上げを伸ばしてブランドを「市場撤退」の危機から救うことが可能だ。その間に何らかの対策を講じればよい。価格販促に力を入れ過ぎるとイノベーションがおろそかになるというエビデンスがある（Pauwels, 2004）。最後に、独創的なブランド戦略を立案することが困難であることも、価格販促がこれほど頻繁に実施されている理由の1つと考えられる。

価格販促で新規顧客は獲得できない

値下げを行えば新規顧客にブランドの購入を促すことができると考えているマーケターがいる。しかし後日、顧客が正価でもっと多くの買い物をするかもしれない。だがこれを立証できるエビデンスはない。アレンバーグ、ハモンド、グッドハルトらは、価格販促で商品を購入した消費者のほとんどがそのブランドをそれ以前に購入した経験があることを発見した（1994年）。また他の学術研究では、価格販促は将来の売り上げを先取りしているようなものなので、売り上げは、たとえ販促期間中に急上昇しても、販促後に低迷するので相殺されると発表されている。幸いなことに、価格販促の効果はブランドスイッチを起こすことであって、ブランドの先行買いではないことは明らかだ。

価格販促で新規客を獲得できないとしても、せめて購入頻度の低い非得意客だけでも取り込めないだろうか？　製品の購買行動や使用体験で非得意客の購買率を再び強化することはできないだろうか。この可能性は〝購買増強効果〟と位置づけられ、研究が行われてきた。その結果、価格販促で購買意欲の低い非得意客の大部分を引き寄せられることがわかった。彼らは販促期間中に商品を買い、その後はまるで何事も起きなかったように購買意欲が極端に低下する。なぜこのようなことになるのか？　まず、長期的視点から消費者の購買行動について考えてみよう。非得意客はこれまでにも同じカテゴリーで何十回も何百回も商品を購入しているだろうから、そのブランドを値引き価格で購入することは特別なことではない。これまでにも、特別価格であろうと通常価格であろうと、競合ブランド同様に買った経験はあるだろう。次に、この非得意客が同じカテゴリーから再度購買をするまでの状況について考えてみよう。アレンバーグの数十年間の研究によれば、カテゴリー内の購買率は、負の二項分布（非得意客が多く得意客が少ない）に従う（Ehrenberg, 1959; Goodhardt, Ehrenberg & Chatfield, 1984）。従って、同じカテゴリーで再び製品を買うまでに長い時間が経過する消費者が多い。ミルクやパンなどであれば次の購入までの時間が1、2週間かもしれないし、インスタントコーヒーや歯磨き粉などは数カ月、もっと購買頻度の低い商品では半年から1年かかることもある。再び同じカテゴリーで商品を買う機会が来た時には、すでに他のカテゴリーで多くの商品を買っていることもあり得る。その中には特別価格のものもあれば通常価格のものもある。つまり、どのカテゴリーであれ、価格販促で何のブランドを買ったかは、次回の購買時には忘れていることが多いということだ。短期的な価格販促でブランドを買うことは、消費者にとっては日常的であり、頻繁にみられる行動だ。永久的にも半永久的にもこの行動が変化することはない。要約すると、確立したブランドの価格販促は、短期的には主にブランドを安価で購入する非得意客の購買行動に影響を与え、その後は、通常の購買行動に戻す（つまり幅広いレパートリーの1つとして購入する）。パウウェル、ハンセン、シッダルタ（2002, p.437）が述べているように、「価格販促は確立されたブランドにとっては一時的な効果しかもたらさない」、ということだ。

価格販促のマイナス面

多くのマーケターが価格販促の後の悪影響を危惧するのももっともだ。たとえば、値引き商品を購入後は、消費者は通常価格で商品を買うことに抵抗を感じる。これは〝参照価格効果〟が表面化したものだ。多くの研究が食料品市場の参照価格効果を発表している（Hardie, Johnson & Fader, 1993; Lattin & Bucklin, 1989）。しかし、別の側面から価格意識を研究した報告によると、商品に支払った金額を想起することは多くの消費者にとって困難であることがわかった（Vanhuele & Dreze, 2002）。もし消費者が支払った金額を想起する力が低く、また特別価格でブランドを購入することが日常的であるならば、なぜ参照価格効果が存在していると言えるだろうか。参照価格と価格想起に関する研究を振り返りながら、この矛盾について、また2つの研究の流れの共通点を考えてみよう。

参照価格

価格を調査した学術研究は、消費者参照価格、中でも内部参照価格、すなわち理想的価格の記憶や期待に重点を置いている（注：外部参照価格とは代替商品の価格情報）。価格に対する期待は、商品を買ったり広告などのブランドコミュニケーションに接触したりして、過去の価格を思い出すことで生まれると考えられている。参照価格という概念は、〝過去の価格が重要〟という考え方であり、もし消費者が参照価格を超える価格に直面すれば、購買率が下がるというものである。消費者パネルのデータ分析が行われ、値引きされた商品を過去に購入した経験があれば、それ以降は通常価格での購買率が下がることが判明した。

価格知識

前述の参照価格効果、消費者の乏しい価格知識、および日常的購買行動、これらを調和させる方法について考えてみよう。多くの研究が行われ、消費者の価格想起力は低いことがわかっている。米国では、商品を選んだ直後の買い物客を対象に大規模な研究が行われた（Dickson & Sawyer, 1990）。その結果、自分が選んだ商品の値段を覚えていた買い物客はわずか半数であった。フランスでも同じ試験が行われたが、約3分の1の買い物客しか自分の選んだ商品の値段を覚えていなかった（Vanhuele & Dreze, 2002）。消費者は商品の値段を一時的にしか記憶していないのか、それとも値段にそもそも無頓着なのか、そのいずれかのようだ。ディクソンとソーヤーの研究では、買った商品も買わなかった商品も値段を確認しなかった買い物客が多かった。

消費者の価格知識に関する初期の研究は、ディクソンとソーヤーが実施したような価格想起に関する研究が中心であった。近年では、認識とディールスポッティング（お買い得商品を見つける力）が測定尺度としてより適切であると研究者は主張している。認識研究では、買い物客に3種類の価格（たとえば、通常価格、通常価格の10％増、通常価格の10％減）を提示する。バンヘールとドレーズはこの方法を用いて、正しい値段を認識している買い物客はわずか13％であることを発見した（2002年）。価格認識は相当低いということだ。ディールスポッティングについては、買い物客の約50％が提示された価格を〝安い買い物〟と判断する力に優れていることがわかった。残りの半数にとっては、提示された値段が適切かどうかを判断することはやや困難であった。

結論としては、消費者の価格に関する知識はあいまいではあるが、多くの消費者が実際の価格帯の適切な範囲を理解している。また消費者は、価格の絶対的水準よりもブランド間の関係（通常ブランドXはブランドYよりも高い）を意識しているようであり、また購入可能なブランドを比較することをより重視していると思われる。

では、一時的な価格販促はブランドに悪影響を与えるのだろうか？　答えは否であるが、何度も繰り返して実施すれば悪影響を及ぼすだろう。低価格と値引きの情報に日常的に接することで、消費者がそのブランドに抱く参照価格が低くなるからだ。また、消費者が価格関連の情報に慣れてしまうと、価格のセイリエンスが上昇し、他の重要なブランド特性のセイリエンスが低下するかもしれない。米国で実施された研究によると、頻繁にプロモーションを行うことで結果的に消費者が価格に過敏になり、購買間隔が長くなり、また購買量が多くなることがわかった（Mela, Gupta & Lehmann, 1997; Mela, Jedidi & Bowman, 1998）。つまり消費者は、特売でないと買わなくなるだけでなく、販促期間中に多く買うようになる。すると結果的に購買頻度が減ることになる。

長期的なリスクとしては競合ブランドの対抗策に気をつけなければならない。経営者はライバル企業の値下げに過剰に反応しがちだ（Brodie, Bonfrer & Cutler, 1996）。広い意味では、価格に対する他社の反応は決して理性的ではなく、利益を求めるよりも「低価格で他社を打ち負かす」ことに躍起になっているブランドもある。このような企業は自社の利益を圧迫するだけだ（Armstrong & Collopy, 1996）。この「他社を打ち負かす」の興味深い一例として、グレイハウンドとピーターパン鉄道の価格競争がある（Heil & Helsen, 2001 p.86）。路線バスの運賃が25ドルから9・95ドル、7ドル、6・95ドルへと引き下げられ、最後にグレイハウンドが4ドルの運賃（当時のさらに40年前の料金よりも低い値段）を発売した。この急激な価格破壊合戦は3週間という短期間で起きた。限界を超えた価格競争が企業の連鎖的経営破綻を招くこともある。従って、値引き競争を開始するかどうか、そして激化させるかどうかは、ライバル企業が同様の対応策を講じる可能性があることを考慮に入れて判断しなければならない。その結果、どちらの企業も、収益の減少、いやそれ以上の極めて厳しい状況に追い込まれることがある。

値下げによって出荷はどの程度伸びるか？

短期的には価格販促で売り上げは伸びる。しかしどの程度の伸びであろうか？　この点を論じるにあたり〝価格弾力性〟という用語が使われる。これは価格が1％変化したときの売上高の変化の割合を示す。たとえば、価格が10％値下げされ、売上高が20％増加したとする。このときの価格弾力性はマイナス2である（20／10＝2、マイナスは価格と売上高が逆方向に動いていることを示す）。

研究により、一時的な価格販促の平均的価格弾力性には理にかなった一貫性があることがわかった。ダナハーとブロンディは、価格販促活動中の26種類のカテゴリーの価格変動を調査して、価格弾力性の平均値がマイナス2・3であり、価格変動は価格販促によるものであると発表した（2000, p. 923）。スクライヴェンとアレンバーグは、値上げと値下げの両方を徹底的に検証し、価格弾力性の平均値がマイナス2・6であったと報告した（2004年）。スティンカンプらは、442の製品カテゴリーを調査し、価格弾力性の平均値がマイナス4・0であったと報告した（2005年）。さまざまな市場調査の結果を分析した研究によると、価格弾力性の平均値はマイナス2・5であった（Bijmolt, van Heerde & Pieters, 2005; Tellis, 1988）。

これらの結果から、10％の値引きを行えば平均して約25％の売り上げの増加を期待できることが示唆される。多くの研究者が個々の価格弾力性に0からマイナス20かそれ以上の大きな差異があることを指摘したが、大多数（約70％）がマイナス4からマイナス1の範囲内であった。スクライヴェンとアレンバーグがこの変化を解明し、価格弾力性はブランドの不動の特性ではなく、商品選択が行われる状況下で規則的に変動することを発見した。また彼らは、より高い価格弾力性を導く5つの要素を特定した。以下に各要素を解説する。

より高い価格弾力性を導く要素とは

1. ブランドの価格が参照価格より低いとき

従来はブランドAよりも高い価格を設定していたブランドBがブランドAよりも価格を下げると、消費者はブランドAよりもブランドBを買うようになる。相対的な価格位置を変化させることは、単に価格差を埋めることよりも大きな効果がある。すでに存在している価格差を拡大させることは、相対的価格位置を変化させることよりも効果は小さい。また、競合ブランドBの規模が大きいほど、効果も大きくなる。よって、同じカテゴリー内の最大ブランドを少し下回る価格を設定することが賢明な戦術だ。それよりも大幅な値下げも同等の値段も得策とは言えないだろう。

2. 価格の変更をはっきりと伝達するとき

価格変更を伝達することの効果は大きい。伝達することで、価格に関連する情報が消費者に不足していることがわかる。だから、消費者の意識を「54ドルから30ドルに値下げ」などの値引き情報に引き寄せることができれば、消費者はそれを意識して行動を起こすはずだ。また、言うまでもなく、消費者はバーゲンセールを好む。店内に看板やディスプレイで価格を表示することの効果を調査する多くの研究が行われ、売り上げが短期間で大きく伸びることがわかっている。値引きを店内で広告すると、売り上げが400%も増大する可能性もある（Woodside & Waddle, 1975）。イギリスのハミルトンでは、イーストとカラファティスの報告（1997年）によると、値引きにプロモーションを追加して売り上げが約200～500%増加した。トッテンとブロックは、45%の大幅な値下げを店内広告でサポートすると、売り上げは約280%に、場合によっては400％に増大し得ると発表した（1994, p. 70）。

3．ブランドのシェアが低いとき

価格弾力性は、大規模ブランドほど低く、小規模ブランドでは高い。割合を用いて算術的に弾力性を計算するとこうなる。ブランドのマーケットシェアが2％から6％に変動することは想像に難くない（たとえば50％の値引きの価格弾力性はマイナス4）。マーケットシェアが30％のブランドに同じ価格弾力性と値引き額を適用すると、マーケットシェアは90％に増加することになるが、これは非現実的だ。この価格弾力性の差は、小規模ブランドほど価格販促で得られる売り上げは大きいが、後日価格を上げた際の損害も大きいことを示唆している。逆に、大規模ブランドであるほど価格販促で売り上げを伸ばすことは難しく、また値上げをした後の損害も小規模ブランドほど大きくはない。

4．ブランドの価格が通常よりも高いとき

値上げしても値下げしても価格弾力性は同じだと考えられることが多いが、確かな理由があるわけではない。経験的実験を繰り返した結果、店内のディスプレイや広告による効果は別にして、純粋に価格変動の影響だけを考慮すれば、値上げが値下げよりも売り上げに大きな影響を与えることがわかった（Scriven & Ehrenberg, 2004）。

値上げで価格弾力性が高くなるのは、消費者心理学的に言えば損失回避だ。実験的研究が行われて、損失回避の存在は証明されている。つまり、多くの消費者にとって、五分五分の賭けは受け入れ難い。たとえば、20ドルの利益を得る可能性に賭けるよりも、20ドルの損失のリスクを避けたいと思うだろう（Kahneman &

Tversky, 1979）。消費者がブランドに対しておおよその参照価格を設定している場合、実際の価格がそれを上回れば損失と見なされ、購買の可能性は落ちるだろう。

値上げによる差別化効果はプライベートブランドでも多く見られる。プライベートブランドはすでに低価格である場合が多いので、下向きの価格弾力性は極めて低い傾向を示す。もし価格が上がれば、売り上げの損失は極めて顕著である。

5. ブランドの価格が他ブランドの平均に近いとき

ブランドの価格が競合ブランドの平均価格に近い場合、価格弾力性は高くなる。これには2つの理由が考えられる。まず、ブランド間の価格が大きく分散している場合、あるブランドの価格が変動すれば、そのブランドと競合ブランドとの価格差は少しだが埋まることになる。

次に、ブランドの価格が他の競合ブランドの平均価格に近い場合、その価格を値上げまたは値下げすると、競合ブランドより高くまたは低くなる可能性がある。実験による価格の調査が行われた。すべてのブランドの初期価格を等しく設定していたが、あるブランドの価格を他のすべてのブランドの価格を下回るように設定したところ、平均価格弾力性は2桁になった。消費者のブランド選択の判断が大きく変化したからだ。都市部のガソリンが好例であろう。都市部では利用するガソリンスタンドを変更しやすい。

一方、ブランドの価格がカテゴリー内の平均価格から大きく離れている場合、価格弾力性は低くなる。この効果は、特に競合ブランドの価格が相互に近く設定されていると顕著である。

他にも、高い価格弾力性をもたらす可能性のある3つの特徴的なカテゴリーがある。それは①ブランド数が少ないカテゴリー、②消費者が定期的に購入する日用品、③備蓄可能な製品のカテゴリーである

（Narasimhan, Neslin & Sen, 1996）。

値引きで利益を生み出せるのか

重要なことは、売り上げが大きく伸びても、大きな利益がもたらされるわけではないということだ。その理由は、値引きを行えば、それ以上に貢献利益[1]が下がるからだ。たとえば、通常貢献利益が50%の商品は10%の値引きで貢献利益が20%削られてしまう。すでに考察したトッテムとブロックの例では、通常の包装商品ブランドは、45%の値引きを実施すると実質的にすべての貢献利益を失うと報告されている（1994年）。だからそのブランドは製造コストに近い価格で販売されていた。販売されている商品に貢献利益はほとんど存在しないので、売り上げが4倍に伸びても利益は上がらないだろう。

価格販促の短期的利益は以下の3点に依存している。

1. 通常価格のブランドの貢献利益
2. 値引き額の大きさ
3. ブランドの価格弾力性

これら3つの要素を用いれば、値引きを行っても収支を合わせるためには売り上げをあとどの程度伸ばせばよいのか、つまり損益分岐点のシナリオを簡単に描くことができる。そもそも貢献利益が低ければ、損益分岐点に達するためには売り上げを大きく伸ばす必要がある。もし貢献利益が高ければ、少ない売り上げの中からでも、値下げによる利益を生み出すことは可能だ。売り上げの1つひとつが値引きした分を補うほどの貢献を生み出しているからである。**表10-2**に3つの例を示した。最初の例は、通常価格で販売して30%の貢献利益のあるブランドが10%の値引きを行った場合、値引きを埋め合わせるためには売り上げを50%増加させる必要があることを示している。もし価格販促で売り上げの増加が40%しかなければ、ブランドは損失を被るということだ。

これほど大幅に売り上げを伸ばさなければならない理由は、値下げを行うと、定価で商品を購入するはずの消費者までも値引き価格で購入してしまうからである。従って、値引きによってもたらされる売上高は、ベースラインの売上高の損失を補えるほど大きくなければならない。**図10-1**がこれを説明している。明らかに売り上げが急増しているが、これは1週間だけの特別価格セールだ。濃いグレーの線は、価格販促を実施していなく

表10-2：損益分岐のシナリオ

	通常価格で販売して30%の貢献利益のあるブランド	通常価格で販売して40%の貢献利益のあるブランド	通常価格で販売して50%の貢献利益のあるブランド
値引き率（%）	値引き埋め合わせに必要な売り上げ増加率（%）		
1	3	2	2
5	20	10	11
10	50	33	25
20	200	100	66

ても得られていたと思われるベースラインすなわち通常の売上高を示している。この通常の売り上げは値引きではなく定価での販売を想定している。

貢献利益は値引き率が急激に増大することで低下するので、価格販促の責任者は値引き額を可能な限り小さくする（例：20％オフよりも10％オフ）必要があることが示唆される。たとえ売り上げが思うほど伸びなくても、少なくともその売り上げは利益に貢献しているだろう。

価格販促の短期的な利益に悪影響を与える要因がもう1つ存在する。それは価格販促直後の売上数量の減少だ。これは価格販促によって消費者の購買行動が促進されるために起きる。価格販促の終了後に売り上げがトラフ（最低値）に陥ることは経験的エビデンスからもわかっている（Mace & Neslin, 2004;van Heerde, Leeflang & Wittink, 2000）。この場合、価格販促を実施したブランドは、将来的に正価で得られる利益を前借りしていることになる。将来の利益性を浪費しているわけだ。経営者

図10-1：ある一流シリアルブランドの売上高

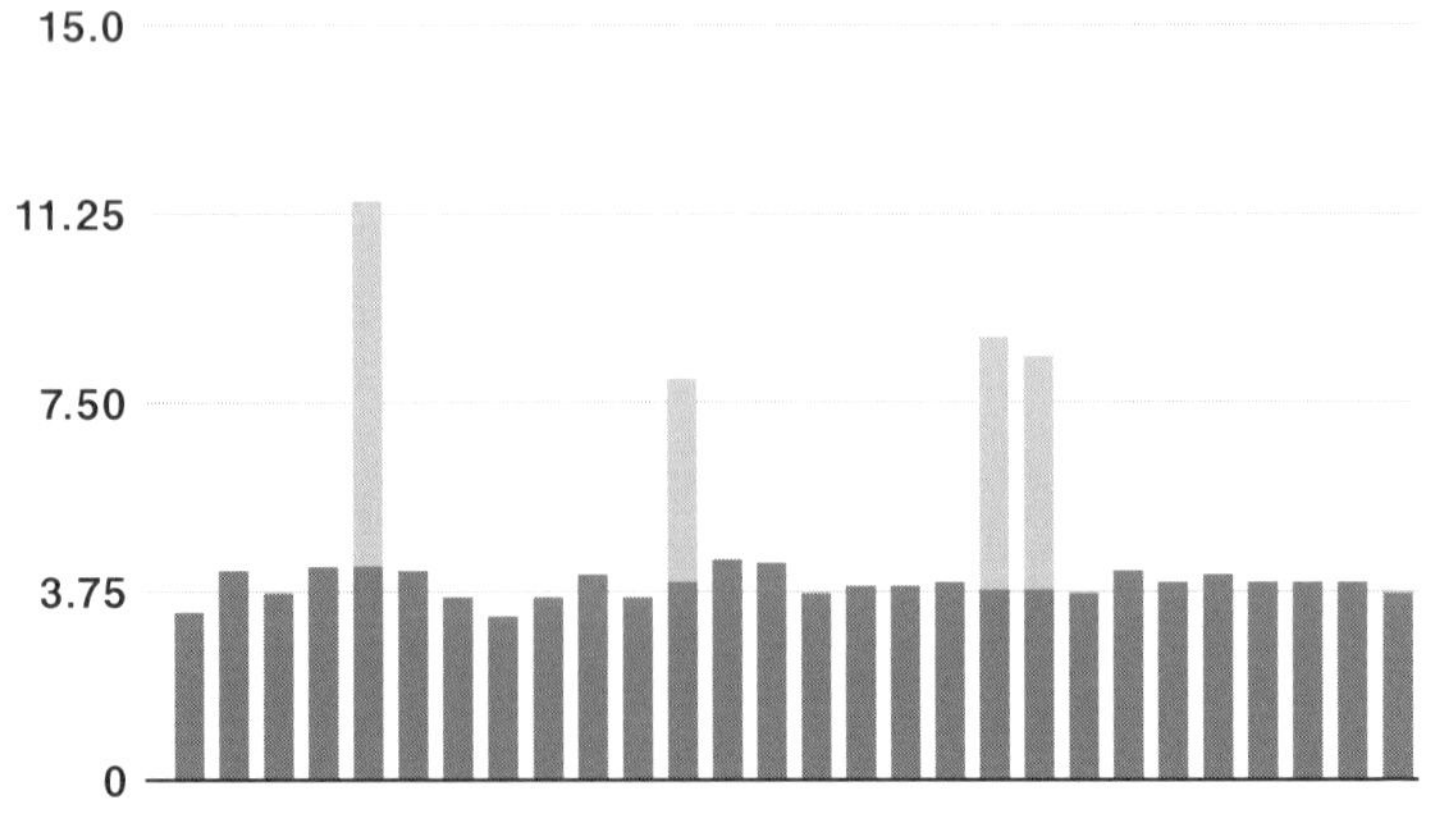

データソース：Synovate Aztec社

はこの点を考慮して価格販促を計画すべきである。

次に、需要を促し市場でのポジショニングを維持する手段としての広告と価格設定を比較検討してみよう。

広告と価格設定の比較

値引きの効果は大きく直接的であるが、その影響の及ぶ範囲は非常に狭い。広告のメッセージは広範囲に届き、その効果は小さく間接的であるが、1人ひとりの個人に到達する。異論もあるかもしれないが、広告は潜在的な消費者性向に影響を与えるので、その効果は長期的に持続する。一方、価格販促は、潜在的な消費者性向には影響を与えず、良好で長期的な効果はない。

店頭での価格販促が注目されているのはたしかだ。なにしろ、販促期間中のそのカテゴリーの買い物客だけにリーチできる。だから非常に効果的であるかのように思える。しかし価格販促を介したターゲティングは高い出費を伴う。販売対象の全商品に10%や20%の値引きを行うからだ。値引きをすることで、いずれその商品を買うはずだった購買客から得られる多くの利益を失っているのである。

流通チャネルを使って商品を販売するメーカーの価格販促には、役割がそれぞれ異なる複数の小売業者のサポートが介在している。最も基本的なサポートは、店内の商品棚によく見かける「特売」タグを付けた値引きだ。店内での値引き表示は、偶然その店に入ってその商品を見た消費者のみが認識することになるので、メッセージの到達範囲は非常に狭い。通常、このような消費者の数は市場全体から見ると極めて限られている。たとえば、食料品売り場で通常の価格販促を2週間実施した場合、約60%の家庭がパンを購入し、20%がスープ、10%がシャンプーなどのカテゴリーで買い物をする。しかしこれらの数字はすべての小売業者から得られたデータを合算したものだ。１社の小売業者が価格販促を実施して到達できる消費者はこの一部分にしかすぎない。１社の小売業者のマーケットシェアが10％とすると、その小売業者の価格販促の到達範囲は、パンの購入者では10％×60％＝６％、スープが10％×20％＝２％、シャンプーが10％×10％＝１％となる。このような価格販促の到達範囲は非常に狭い。

次に基本的なサポートは「通路沿いのエンドディスプレイ」だ。販促期間中の店内の客のほとんどがこのディスプレイに気づくだろう。しかし、販促期間中の来店客は全体のほんの一部であり、到達範囲には限界がある。

３つ目のサポートは、カタログ広告やマスメディアによる広告だ。これらの広告により、価格販促およびブランドのメッセージをさらに広範囲に到達させることが可能だ。このサポートの到達範囲は本格的な広告に匹敵する。しかし、広告到達範囲を広げると多くの消費者の参照価格を下げてしまう可能性があるので、値引きをしないで商品棚ディスプレイや小売り広告を実施することが望ましい。とはいえ、通常は値引きが必要だ。

本章で考察したことを要約する。


a．リーチはブランドが成長するための重要な要因である。

b．店内プロモーションの到達範囲は狭いが、小売業者による広告の到達範囲はそれよりも広い。

c．大幅な値下げを行えば、価格販促の利益が上がらないことがある。

d．大幅な値下げを行って参照価格が損なわれる可能性がある。

しかし、

e．メーカーは価格販促に参加することに抵抗を感じることが多い。

これらの結果から、メーカーが、大幅な値下げを強調するプロモーションとブランド広告中心のプロモーションのいずれかを選択しなければならないとしたら、後者を選ぶべきだろう。なぜならば、ブランドが小売業者の広告で知られるようになり、それが通常の広告と同じように機能して、ブランドのコミュニケーションの到達度は高くなる。値下げを行ったことも伝達すべきであろう。しかし、価格のみが強調され広告コミュニケーションがおろそかにされている場合は、必要以上に価格を下げてはならない。

結論

価格販促で売り上げが伸びることは多い。しかしどの程度伸びるのか、またそのようなプロモーションが利益を生むのかは、ブランドの規模や値下げをする前後の競合ブランドの価格との比較などの要因に左右される。現在のエビデンスから、価格販促による短期的売り上げ増加は長期的売り上げ増加につながらないことが示唆される。買い物客の購買行動も売上高も販促実施前に戻るからだ。だとすると、価格販促が売り上げと利益に及ぼす効果を評価することは簡単だ。データ分析担当者は、販促期間中の売り上げの急増と販促直後に予想される売り上げの下落だけを検討すればよい。

多くの場合、経営者は短期間の売り上げの急増を求めて価格販促を行うわけではない。メーカーが価格販促を行う最も一般的な理由は、小売業者に満足してもらう、または喜んでもらうためだ。長期的視点に立てば、価格販促を実施する理由としては理にかなっているが、小売業者との関係を維持させることが価格販促の目的であるならば、この点を評価尺度とすべきだ。しかしそのような評価が行われたとは聞いたことがない。

結論として、値下げの多くが非常に大きな犠牲を伴う。小売業者や消費者の利益を守るために、ブランドの利益を犠牲にしなければならない。ブランド経営の責任者には、どのような値下げを行えば長期的利益を創出できるかを、また本来ブランド構築に費やすべきマーケティング資本を商品の値下げに費やしている伝統的悪癖を正すことを真剣に考えるべきである、と助言したい。

第11章

ロイヤルティプログラムが失敗する理由

Chapter 11

Why Loyalty Programs Don't Work

ロイヤルティプログラムとは、ロイヤルティの高い購買行動に特典を与えて誘導する体系的なマーケティング活動だ。購買のたびにポイントを与えるプログラムが最も典型的な例だ。購買を重ねていくと次第にポイントが蓄積し、特典を得る機会を与えられる。このポイント制がインセンティブとなり、もっと多くの特典をより短期間で獲得しようとして、消費者のブランド購入頻度はさらに向上する（ロイヤルティの向上）。いったんポイントが蓄積されると、消費者の心がブランドから離れていくことをこのようなロイヤルティプログラムが防いでくれる。ロイヤルティプログラムの価値が認められると、消費者が他のブランドにスイッチする可能性は低くなる。

この数十年間、ロイヤルティプログラムに莫大な資金が投資されてきた。はやっているからという理由でロイヤルティプログラムを導入したマーケターもいれば、技術的に導入が可能になったからという理由でロイヤルティプログラムを開始したマーケターもいる。しかし多くのマーケターが、ロイヤルティを向上させたいと願ってロイヤルティプログラムを導入している。彼らはビジネスを大きく飛躍させて売り上げも利益も大きく伸ばしたいと考えている[1]。

しかし、第1章で考察したように、誤った前提に基づいたマーケティング戦略では、いかに巧みに実行したとしても高収益は期待できない。ロイヤルティプログラムには巨額の投資が必要であるという前提は間違っている。ロイヤルティは劇的に改善することが可能だと考えている人が多い。つまり、消費者離れをゼロレベルまで抑え、既存客のブランド購買を1つのブランドに集中させること（ロイヤルティ100％）ができるのではないかと考えている。また、最もロイヤルティの高い顧客に注力することで最大の収益が得られるとも考えられているが、これも誤解だ。ロイヤルティプログラムに対する熱意は今や過ぎ去り、ロイヤルティプログラムを終了させようとしている企業もある。ロイヤルティプログラムによって目覚ましいビジネスの結果が得られるというエビデンスはない。

ロイヤルティプログラムは現在でも大仕事だ。企業にとって大規模な消費者向けロイヤルティプログラムの問題点の1つは、そこから抜け出すことができないことである。消費者は貯まったポイントを使うことに消極的で、もしポイントを失うことを知らされれば、たとえポイントを取り戻せなくても、ポイントを非現実的なほど過大評価するようになる。これが合法的な障害となりロイヤルティプログラム契約を終了したくても終了できなくなり、経営者のエゴも含めて莫大な埋没資産が形成されている。企業はロイヤルティプログラムに極めて忠実であり、合理的な経済学的観点では理解できないほどの長きにわたってプログラムを継続させようとする。

ロイヤルティプログラムは効果的か？

ロイヤルティプログラムはロイヤルティ構築に影響を及ぼすであろうか？　影響すると聞けば誰でも驚くに違いない。しかしその影響力は極めて小さい。アレンバーグ・バス研究所は、小売業を対象にオーストラリアで実施された世界最大級のロイヤルティプログラムを分析した大規模実証研究の結果を初めて発表した（Sharp & Sharp, 1997a）。その研究では1週間の効果が確認された。

ロイヤルティプログラムがロイヤルティに及ぼす効果を評価する際の技術的問題は、比較を行うための基準が必要であるということだ。ロイヤルティプログラム対象者の行動と非対象者の行動を単純に比較することは適切ではない。ロイヤルティの高い顧客ほどより多くのプログラムに参加するからだ（選択効果。ロイヤルティの高い人ほどより多くの利益を得られるので、そもそも参加率自体が高くなる）。ロイヤルティプログラムの導入以降の消費者の行動の変化を観察することは困難だ。そのためにはプログラム導入前後の長期間の継続的購買行動データが必要だからだ[2]。幸いなことに、本書で紹介した科学的法則は、ベンチマークをロイヤルティ指標として使用することが可能である。このベンチマークを用いれば、ロイヤルティプログラムを実践しているブランドがマーケットシェアに不相応なロイヤルティを獲得しているかどうかを確認することができる。

表11-1に、アレンバーグ・バス研究所がカテゴリー横断的ロイヤルティプログラム　フライバイズ[3]（オーストラリアとニュージーランドの2カ国で別々に実施）を調査した結果を示した。ロイヤルティプログラムの使命はブランドをニッチに見せること、つまり、市場浸透率は低くてもロイヤルティが非常に高いマーケットシェアを維持することだ[4]。というのも、ロイヤルティプログラムが到達でき、頻繁な購買を促すことのできる顧客基盤には限界があるからだ。**表11-1**に、フライバイズ・ロイヤルティプログラムを実施したブランドのマーケットシェア維持に必要な市場浸透率とロイヤルティ指標を示した。予測マーケットシェアと実際のマーケットシェアを比較すると、ロイヤルティ効果はたしかに存在しているようだ。しかし、その効果は極めて小さく、しかも一貫性に欠ける。ブランドによっては一貫性を示さないものもある。おそらく、マーケティングミックスの各要素がその脆弱な効果を無力化しているからだと思われる。

ラーズ・メイヤー・ワーデン教授とクリストファー・ベナバント教授は（2006年）、フランスで実施されたAGB消費者行動分析の消費者パネルを利用してアレンバーグ・バスのフライバイズ分析を再現した。両教授もまた、4店のスーパーマーケットのロイヤルティプログラムの効果を調査してその効果が脆弱で一貫性に欠けることを確認した。リーンヒアら（2007年）は、ブランドロイヤルティの極めて高い消費者がロイヤルティプログラムに参加するという選択効果を抑えるために、別の方法（単発の統計モデル）を用

表11-1：フライバイズ・ロイヤルティプログラム

ブランド	顧客ベースの規模 市場浸透率(%)		ロイヤルティ関連 平均購買頻度		SOR 同じカテゴリー内で自社ブランドが選ばれる場合(%)		購買独占率(%)	
	測定値	予測値	測定値	予測値	測定値	予測値	測定値	予測値
百貨店（オーストラリア）								
Kマート	48	52	3.7	3.4	34	31	10	7
ターゲット	43	42	2.9	3.0	27	27	5	6
マイヤー	35	34	2.8	2.8	23	25	5	5
スーパーマーケット（オーストラリア）								
コールズ	61	64	9.8	9.4	31	29	5	3
バイロ	58	60	9.1	8.9	29	27	3	3
ガソリン小売業（オーストラリア）								
シェル	46	51	6.3	5.8	42	35	11	10
銀行クレジットカード（ニュージーランド）								
ナショナル・オーストラリア銀行	20	25	9.6	7.2	87	70	79	63
ニュージーランド銀行	27	28	8.1	7.9	88	84	79	80
電話（ニュージーランド）								
テレコム	86	85	24.8	24.7	94	93	88	87
ガソリン小売業（ニュージーランド）								
シェル	54	57	6.9	6.5	52	47	22	16
平均	48	50	8.4	8.0	51	47	31	28

データソース：Ehrenberg-Bass Institute

いた。リーンヒアらはドイツのスーパーマーケットを対象にしたロイヤルティプログラムを調査して、同様に効果は極めて小さいことを発見した。ドイツのスーパーマーケットを対象にした別の調査（バーホフ、2003年）が行われ、金融サービス市場ではリテンションとシェアにわずかではあるがプラスの効果があることがわかった。しかしバーホフは、この研究が縦断的研究であったため選択効果を十分に捉えることができなかったことを認めている。ロイヤルティプログラムのロイヤルティ効果は非常に希薄であり、ブランドの成長に実質上何の貢献もしないことは明白だ。おそらく利益に及ぼされる効果はマイナスであろう。

ロイヤルティプログラムが効果を発揮しない理由は何か？

この問いに対する答えは、マーケティング戦略的観点に立つと、ロイヤルティプログラには欠陥があるという事実に他ならない。他のマーケティング介入と比較して、より購買頻度が多くロイヤルティの高い顧客により大きな偏向が見られる。この選択効果は以下の2つの理由により生じている。最初の理由は、フィジカル・アベイラビリティとメンタル・アベイラビリティの高い消費者ほどロイヤルティプログラムを認識しやすく、またプログラムに参加しやすい。特に、店頭参加型の小売業者のロイヤルティプログラムがそうだ。偶然にプログラムを知ったときの参加率は統計学的には常連の顧客であるほど高い。2番目の理由は、経済的インセンティブによる参加だ。自分の行動が特典に値することを理解している既存ロイヤルユーザーほどこの傾向が高い。「ただでもらえる」のはとても魅力的だ。

そもそも、めったにブランドを買わない、または特定の店で買い物をしない消費者は、ロイヤルティプログラムを認識していない。かりに認識しているとしても、プログラムに参加するメリットを理解していない。

これがロイヤルティプログラムのリーチを大きく狭め、その結果、ブランドの成長が阻まれている理由だ。また、ロイヤルティプログラムがこれらの消費者（すなわちプログラムに加入し、参加していることを覚えている消費者）にどのような効果を及ぼしているかも疑問だ。理論的には、ロイヤルティプログラムの効果はそのプログラムの堅牢さだけでなく、そのプログラムがどの消費者を対象にしているかにも依存している。**表11-2**は、ロイヤルティプログラムの候補となり影響を与える消費者、つまりロイヤルティプログラムの対象となりロイヤルティを発揮する可能性のある消費者には、4つのタイプが存在することを示している。

ほとんどの消費者が左上の範疇に該当する。ある特定のカテゴリーの製品群の中では、多くの購買客が平均以下のライトユーザーであり、他のブランドも購入している[5]。ライトユーザー層は厚いので、ロイヤルティプログラムはどうしてもこ

表11-2：ロイヤルティプログラムの対象となり得る消費者のタイプ

		ロイヤルティのレベル	
		低い	高い
カテゴリー購買率	低い	プログラムに参加する可能性は低い（最大の顧客基盤であり、参加する者もいる）。特に望ましい顧客層ではない。	プログラムに参加する可能性は高い。しかし望ましい顧客層ではない。
	高い	プログラムに参加する可能性は非常に低い。しかし非常に望ましい顧客層である。	プログラムに参加する可能性は高い。しかし望ましい顧客層ではない。

のようなライトユーザーを対象にせざるを得ない。しかし多くの人が特典獲得のためのポイントをためなくなり、そのうちプログラムのことを忘れたり、メンバーカードを紛失しても無視したりするようになり、やがて資格を失ってしまう。このような消費者のうちごくわずかでもヘビーバイヤーに育ってもらいたい[6]。

もしロイヤルティプログラムがロイヤルティの高い消費者（表の右側）だけを対象にしていたら成功する見込みは少ない。まず、この範疇の人々は購買行動を変えてまで特典を獲得する必要がない。また、すでに高いロイヤルティを有しているので購買行動を変えることもない。ロイヤルティプログラムが成功しないのはこのような消費者が存在しているからだ。彼らに特典を与えても購買行動の変化を期待することは難しい。

表の左下の範疇に該当する消費者は、ロイヤルティプログラムで獲得するには最もふさわしい消費者だ。もしロイヤルティプログラムが、あるカテゴリーのヘビーバイヤーではあるもののそのブランドに対して100％のロイヤルティを有していない消費者にリーチした場合、ロイヤルティを育成し売り上げを伸ばせる可能性は非常に高い。これらのヘビーバイヤーが高いロイヤルティを示す可能性は高いからだ。彼らは、必ずしもモチベーションは高くはないが、特典は獲得したいと思っている。どのようなモチベーションを有しているかは、競合他社のロイヤルティプログラムや販促活動から容易に推測することが可能だ。彼らは競合ブランドの提供するプログラムをよく知っているからだ。

このような市場構造とロイヤルティプログラムの特性がわかれば、理論的にはロイヤルティプログラムが売り上げと利益を伸ばすことは有り得ないこともわかる。ロイヤルティプログラムの成功は、表左側の範疇に該当する消費者にどれだけリーチできるか次第だが、これがそう簡単ではない。理想的には、費用の観点から、すでにロイヤルティを有している消費者をできるだけ排除しなければならないが、それは不可能に近い。現実世界ではどのようなことが起きているのだろうか？　お察しのとおり、ロイヤルティプログラムは、ヘビーバイヤーもライトバイヤーも含め、既存のブランド購買客の取り込みには効果的ではあるものの、そのブランドの現在の購買客ではないヘビーバイヤーの取り込みにはあまり効果的ではない。

表11-3に、カテゴリー別にロイヤルティプログラムの会員と非会員の購買率を示した[7]。ロイヤルティプログラムは多くのヘビーバイヤーの取り込みに失敗していることがわかる。

これまで考察してきたにもかかわらず、この結果にはやや驚かされる。定期的にブランドを購入している人もまったく買わない人も含めて、どのカテゴリーでも、ヘビーバイヤーほどロイヤルティプログラムから多くの特典を得られるようになっているからだ。ロイヤルティプログラムの会員はそのカテゴリー内のヘビーバイヤーであると考えてよいだろう。

この表は、特典がいかに魅力的であるか以前に、メンタル・アベイラビリティとフィジカル・アベイラビリティがロイヤルティプログラム参加の主

表11-3：ロイヤルティプログラムの会員と非会員の購買率の比較

カテゴリー	平均購買頻度	
	プログラムに参加した顧客	プログラムに参加しなかった顧客
スーパーマーケット	27	28
ガソリン小売業	13	14
百貨店	10	9
クレジットカード	10	9
通信業者	26	26
石油	12	13
クレジットカード	9	9
平均	15	15

データソース：Ehrenberg-Bass Institute

要因であることを示している。プログラムに参加しているのは、ヘビーバイヤーもライトバイヤーも含めてカテゴリー内の既存のブランド購買客だ。ロイヤルティプログラムを促進し会員を募る最善の方法は、そのブランドのショップ、ウェブサイト、メーリングリストを使用しないことが示唆される。可能なら競合他社のショップで会員を探したいところだ。しかし残念ながら、ロイヤルティプログラムに内在する特性——ブランドの既存購買客に偏向する傾向——を克服することは極めて困難だ。このような理由がありロイヤルティプログラムはそれほど効果的ではない。結局、既存の購買客をそのまま受け入れて特典を与えている。

ロイヤルティプログラムを用いてロイヤルティに影響を与えることは難しい。むしろロイヤルティプログラムは、消費者データベースを構築してそれを消費者と対話する新しいチャネルの開設や店内での消費者の購買行動のモニタリングに利用することに適している。それには莫大な費用と労力が伴うが、それだけの価値を感じるマーケターは少なくない[8]。もし投資を回収したいのであれば、多くのロイヤルティプログラムはこのようなデータを収集し活用する必要がある。

結論

本章ではロイヤルティプログラムがほとんど効果を発揮しないことを示した。また科学的法則の知識があれば、消費者インサイトの開発や、将来の予測と理解が可能であることもわかった。もしブランドマネージャーたちがそのような法則の知識を持っていたら、ロイヤルティプログラムなどのような投資に何十億ドルもの資金を費やさずにすんだであろう。

第12章

メンタル・アベイラビリティとフィジカル・アベイラビリティ

Chapter 12

Mental and Physical Availability

マーケターの主たる仕事はブランドを買い求めやすくすることだ。そのためには他の何よりも、メンタル・アベイラビリティとフィジカル・アベイラビリティが重要だ。ブランドは、このメンタル・アベイラビリティ（ブランド想起の高さ）とフィジカル・アベイラビリティ（ブランド・セイリエンス：購買機会の高さ）の構築を競い合っているようなものだ。もちろん製品の技術革新も重要であり、それが機能するためにも顕著なブランド・セイリエンスと流通の拡充が必要だ。メンタル・アベイラビリティを獲得するためには、ブランドの独自性とブランディングの確立が必要で、フィジカル・アベイラビリティを獲得するためには、地域や時間を問わず、広く深く流通していることが必須である。メンタル・アベイラビリティとフィジカル・アベイラビリティの両方を確立して初めて、ブランドは多くの人にとって買い求めやすい存在となる。

競合に勝つための新しい理論

マーケティングには多くの科学的法則が応用されている。ある条件下で成立する規則的なパターンとでもいうべきであろうか（8〜10ページにマーケティングの法則の一覧を示した）。これらの法則を用いることでマーケティングのパターンを予測し説明することが可能だ。また、消費者の記憶に残るストーリーを紡ぎながらマーケティング戦略を正しい方向に導き統率する理論を手に入れることも可能になる。

この理論が新しい理論となって、20世紀のマーケティングを支配したコトラー派の理論にとって代わるべきである。コトラーによれば、売り上げを争うということは、差別化されたブランドを創造し、独自性を求める声に対処して市場を開拓していくことに他ならない。このようにして競合し合うブランドがそれぞれ異なるタイプの消費者に買われていく。本来ブランドはお互いに大きく異なるイメージを持っており、ブラン

表 12-1：新しい消費者行動モデル

従来の価値観	将来の価値観
態度が行動を促す	行動が態度を促す
ブランドロイヤルティが高い	ロイヤルティスイッチャー
ブランドスイッチャー	ロイヤルティスイッチャー
購買者のコミットメントが高い	認知的倹約家
関与する	経験に基づいて判断する
消費者の理性に訴える	消費者の感情に訴える

表 12-2：新しいブランドパフォーマンスモデル

従来のモデル	将来のモデル
ロイヤルティの高い 消費者がターゲット	市場に浸透して成長する
予測不可能で混乱を招く ブランド指数	予測可能で 意味のあるブランド指数
価格販促で新規顧客を獲得	価格販促でロイヤルティの高い 既存客を獲得
ターゲットマーケティング	洗練されたマスマーケティング
ポジショニングを競う	カテゴリー内の全てのブランドと競う
差別化	独自性

表 12-3：新しい広告モデル

従来の価値観	将来の価値観
ポジショニング	セイリエンス
メッセージを理解させる	気づきを与え、 感情的な反応を引き出す
ユニーク・セリング・プロポジション	身近な関連性の構築
説得する	記憶構造を刷新／構築する
教える	届ける
キャンペーンで盛り上げる	存在を継続させる

ドロイヤルティにも大きな差がある。この考え方に従えば、多くのブランドが実はニッチなブランドであり、よりニッチなブランドになることで、ブランドに最も高いロイヤルティを持つ顧客層にさらに多く売れ、いっそう大きく成長することが可能である。

20世紀末頃に盛んに行われたロイヤルティプログラムおよびカスタマー・リレーションシップ・マネージメント（CRM）への大規模かつ低回収率の投資は、このような世界観が一因である[1]。それほど目立ってはいなかったが、この世界観は、マーケターを誤った方向に導き生産性を低下させた無数のマーケティングプランの原因でもある。そのようなプランを導入したにもかかわらず、プランの導入ミスや競合ブランドの成績の悪化が原因で幸運にも成功したマーケターもいた[2]。しかし誤ったマーケティングプランを導入したブランドの多くが顧客基盤を失った。

だからといって、この20世紀のマーケティングが完全なる間違いであったというわけではない。ただ、売り上げ競争の限られた一部しか見ていない。また同じカテゴリー内のブランド間の競争よりも異なるカテゴリー間の競争に焦点を当てている（その上、誇張も多い）。コトラー派の理論はブランド間の競合には適合しない。科学的理論に基づく最も基本的な検証を怠っている。法則にも従っていない。場合によってはこれらの法則に真っ向から対立し、異なるパターンを予測している。たとえば、ブランドのユーザープロファイルが大きく異なっていれば、ダブルジョパディの法則と二重購買の法則は成立しないはずだ。それでも現実世界ではこれらの法則からの逸脱がごくわずかに観察される。コトラー派には現実の逆が見えているのではなく、現実が見えていないのだ。彼らには世界がフラットに見えている。もちろん、オーストラリアのようなフラットな市場も一部にはあるが。

ブランド間の売り上げ競争の新しい理論を理解するためには、現実世界の消費者は非常に複雑であることを知る必要がある。

消費者にメッセージを届けることの難しさ

第4章で解説したように、多くの消費者は、どのようなブランドであれ、そのブランドのライトユーザーであり購買頻度は低い。1つのブランドがそれを購入した人の生活の中で占める割合はごくわずかである。人は、たとえ自分が購入しているブランドであっても、それほどこだわって購入しているわけではない。そもそもブランドが多すぎる。だからブランドは、消費者に忘れ去られないように広告を実施している。

消費者は忙しく日々を過ごしており、彼らにメッセージを届けることは難しい。その昔、機械は「労力節約装置」と呼ばれていた。余暇が増えると期待されていたからだ。しかし新しい技術が導入されると、人々の生活はいっそう忙しくなった。たとえば、携帯電話の出現は劇的な影響力を持っていた。それまでは、人と会うことに多くの時間を費やしていたが、それが電話で済むようになり、相手が到着する前に電話やメールで相手の居場所を確認できるようにもなった。議題や資料の変更もあっという間だ。時間は貴重であり人生は一回しかない。限られた時間で多くのことを実現したいのが人間である。

このような状況下にあって、消費者の注意を引きつけるというマーケターの仕事は困難になりつつある。さらに人は、仕事を離れるとブランドよりももっと楽しいことに囲まれている。といっても、家族、友人、政治、趣味、スポーツ、自然環境などであり、人生における本当の重要事ではない。米国のヤフーの報告によれば、2008年の上位検索キーワードは、次のようであった。

現実的には人はこのようなことを考えている。このうち6項目は前年と同じであった。ブリトニー・スピアーズ（Britney Spears）はこの10年間で非常に人気の高い検索用語であった。実際、特にこの8年間に7回も最も人気の高い検索用語になっている。グーグルは、現在ではトップの検索用語を公表しなくなったが、今でもブリトニーがトップではないかと思われる（グーグルのすばらしい点の1つはユーザーの検索ワードのスペルミスを指摘してくれることだ[3]）。企業が有名人をブランド広告に起用するのも無理はない。

1位	Britney Spears
2位	WWE (world wrestling entertainment)
3位	Barack Obama
4位	Miley Cyrus
5位	RuneScape
6位	Jessica Alba
7位	Naruto
8位	Lindsay Lohan
9位	Angelina Jolie
10位	American Idol

消費者は情報に埋もれている

コマーシャルメディアが次第に私たちの生活に入り込んできている。広告も例外ではない。人はテレビを見なくなったという報告が多いが、エビデンスがあるわけではなく、実際とは反している。人がテレビを犠牲にしてインターネットを見るようになったわけではない。インターネットをこれまで見ていたメディアに加えた、という理解が正しい。人がメディアに費やす時間は多くなってきている。２００５年、ボール州立大学のメディアデザインセンターが米国の消費者を対象に大規模な観察研究を実施したところ、人は覚醒している時間の約30％を商業的および非商業的メディアを見る、聞く、読むことに費やしていた。もちろんテレビが浸透率と露出時間においては依然としてトップであった（ここでもダブルジョパディの法則が成立している)。

典型的なテレビ好き人間——といっても1日にテレビを見る時間はわずか1時間30分だが[4]——は、1日に60本以上の広告を見ている。また同じ典型的なテレビ好き人間が雑誌や新聞を読めば、1日に数十から数百の広告を見ることになる。ラジオやインターネットも広告があふれ、街を歩けば多くの広告にさらされる[5]。現実的には、人は1日に数百の広告を見ているといえる。この数字は一般的に考えられている数字よりも随分低い。しかし、人はそれほど積極的に広告を見ているわけではないことを考えると、この数字でも高いと考えられる。これらの広告をすべて注意して見るためには3時間もかかるからだ。

ゆえにどの広告も人の注意を引きつけることに必死だ。人は今朝見た広告を何件思い出すことができるだろうか? 広告を積極的に見ている人は少なく、またどのような広告を見たか覚えているほどインパクトのある広告も少ない。第1章のテレビ視聴研究を思い出してほしい。特定のコマーシャルをブランド名まで正しく想起できたのはわずか16%であった。

消費者の戦略

通常のスーパーマーケットには約3万種類（SKU）の製品が置かれている。スーパーマーケットに入って閉店前までに買い物を済ませて店を出るのは至難の業だ。消費者はどのようにしてブランドを選択しているのだろうか? 実は彼らは賢明な戦略に基づいてブランドを選んでいる。非常に重要な戦略の1つが、「最適を求める」のではなく「必要最小限を求める（satisfice）」[6]ことだ。つまり、消費者は自分にとって最適の製品を探し求めているのではなく、そこそこ満足できる製品を選んで購入している。経済学者の中には、より良い買い物に必要な情報を得るために払うすべての代償を考慮するとこのような購買行動が最も理にかなっている、と指摘する学者もいる[7]。

ブランドロイヤルティは、消費者の満足戦略に基づいた自然な行動である。人はいろいろな理由をつけて――といっても「習慣」や「利便性」といった理由が多いが――同じ製品を何度も繰り返し購入して購買行動を簡素化し、結局、いつも同じブランドを買ってしまっている。時には時間がない、疲れている、面倒だなどの理由で選択をすることが煩わしいときもある。選択肢が広いのも、選択が困難になるだけで望ましいことではない。このようにして人は限られたお気に入りのブランドの中から買ってしまうのである。

マーケティング理論はこのような対処行動をそれほど重視していない。消費者行動に関する理論は、もっぱらブランドを評価することに捕らわれすぎている。〝捕らわれすぎている〟とは強い表現であるが、以下のことからも適切な表現とも言える。マーケティングの教科書は、顧客ニーズを満たすどのブランドよりも優れた製品やサービスを消費者に届けることを説いている。コンサルタントはブランドマネージャーに、消費者の気持ちをブランドに引き寄せる努力をするようにとアドバイスを与えている。選択モデルの設定からフォーカスグループインタビューに至るまで、ほとんどの市場調査がブランドの特徴を顧客がベストと考えているかどうかを問うことになる。

しかし消費者の購買プロセスの最も重要な部分、すなわちマーケターが最も興味を持つべきことは、誰にも気づかれることなく起きている。それは消費者がどの商品を選ぶべきかを意識的に評価する前に起きている。すなわち消費者は、現実的には市場の大半のブランドを考慮に入れないことを決断している。その結果、消費者はごくわずかの、時にはほんの1つの、ブランドにしか気づかないのである。

ほとんどのブランドが効果的に無視されている。ブランド間の評価が行われないこともある。たとえば、人は担保が必要なら銀行から借り、法律的な助言が欲しければ弁護士に尋ね、歯磨き粉が欲しければ商品棚からお気に入りのブランドを探す。このような、評価を行わない、あるいは代替案を探さない行為は、選択肢にあふれているスーパーマーケットの商品棚の前に立っているときにも起きている。

不要なものを遮断するという行為はきわめて自然だ。人は常にこの行為を無意識のうちに行っている。たとえば、部屋の中で他人の話し声を無視したり[8]、親のアドバイスに耳を塞いだりしている。消費者としては購入を検討しないブランドが多く存在していても構わない。なぜなら、購入の検討に値するブランドこそが優れたブランドだからだ。しかしこれはマーケターにとっては大きな問題だ。消費者が自分のブランドに気づいてもらわなければ困る。消費者の目に留まり検討してもらえるかどうかは、そのブランドの購入を左右する重大な要因だ。消費者の選択肢の幅がいかに狭いかを考えると、ブランドが消費者の目に留まり検討してもらえることは少なくとも一か八かのチャンスよりはましだ。つまりブランドの売り上げは、基本的には、消費者の選択肢の1つとして生き残れるかどうかによって決まる。

また消費者は、マーケティングコミュニケーションの洪水にさらされると、多くの場合、広告情報を処理しなくても済むような非常に都合の良いフィルター機能が働く。広告を何度見てもブランド名を正しく想起できないのはこのような理由による。

消費者のブランド評価は重要ではない

私たちは自分が気づいていないことに気づきようがない。これは潜在意識の問題だ。だからマーケターや学者たちは、この消費者行動を無視しているのであろう。学者も市場調査担当者も、まずは消費者行動の評価を行うことから始める。何十億ドルという費用を投じて消費者がブランド特性をどのように理解しているかを調査する。ブランド特性こそが消費者の購買行動を決定する最大の要因だと考えられているからだ。しかしそれも、以下のような事実から確かな根拠はないことがわかる。

1. 消費者がブランドについて覚えていること（またはどのブランドを覚えているか）は、購買の機会によって異なる。人は忙しく、1回の買い物（または1回の市場調査の参加）に割くことのできる時間は限られている。記憶は不完全であり、変化するものである。
2. 消費者は自分の知っている限られたブランドから買い物をする。商品棚の特売品には目もくれないことも多い。通常、消費者が少しでも知識を持っているブランドはごくわずかであり、ほとんどのブランドについてあまり詳しい知識を持っていない。自分がよく知らないブランドについて消費者が考えをめぐらすことは少ない。まして買うことなどあり得ない。
3. 消費者がその日たまたま思いついたブランドの中からどのブランドを選択するかについては、そのときの状況に関わるさまざまな要因が関与している。ぜいたくな気分のときもあれば、倹約したいときもあれば、国産品にこだわりたいときもあるだろう。消費者の評価基準はきまぐれに変化するので、消費者が実際に行うブランド評価は買い物の度に大きく変わり得る。

以上のようなことから、消費者のブランド評価はそれほど重要ではなく、市場調査で測定できると思われているほど予測可能でもない。

ではなぜ、あるブランドが他のブランドよりも人気がある、ということが起こり得るのか？　なぜ米国ではルノーよりもフォードが売れるのか？　フォードもルノーもどちらも前向きに検討しているとき人はフォードを選ぶ、という答えも考えられる。フォードの方が優れているのだろうか？　そうではないようだ。市場が変われば、たとえばフランスでは、ルノーがフォードよりも多く売れている。またルノーの所有者は、世界中どこへいってもフォードの所有者と同等の満足感を抱いている。先ほどの質問の答えは、車を購入するとき人はルノーよりもフォードを想起することが多いということだ。実際どこの市場でも、ルノーについて知ろうとする消費者は少ない。これは、ルノーを嫌いだからでも、ルノーが好みの特徴を搭載していないからでもない。単にフランス国外ではルノーが人々の思考の外にあるだけのことだ[9]。ゆえに、購買シーンでどのようにして人々にルノーをより頻繁に想起してもらえるかがマーケティング上の課題である。

どの市場にもブランドを選択的に購入している人は多い。しかしこの購買行動は、ブランド間で消費者認識に差が生じているという、直感的で概ね間違った結論に至ることが多い。ブランドイメージやポジショニングなどのブランド特徴の認識の差で、ブランド間の選択の差を説明することはほとんど不可能だ。非常に類似したブランド間でさえも大きく広がっているマーケットシェアの差は、消費者の選別行為とフィジカル・アベイラビリティで説明することが可能だ。

ここで簡単な処方箋が示唆される。「消費者にブランドのことを考えてもらう」ということだ。といっても、これはそれほど簡単なことではない。マーケターなら誰でも直面する最も困難な問題の1つが、いかにしてライトユーザーやまれにしか買わない人やノンユーザーに振り向いてもらうかだ。消費者の頭の中は他のことで一杯で、ブランドのことにかまっている暇はない。すでに多くの顧客を持つブランドであっても、注意を引きつけるための努力を怠ってはならない。消費者は毎日さまざまな雑事に追われており、どのカテゴリーのどのブランドを買うかといった判断は大した問題ではない。すべてのブランドが消費者の目に留まるための大きな努力を強いられている[10]。そしてそれが、どうすればブランドは消費者獲得の競争に勝てるのか大きなヒントを与えてくれる。

ブランドの現実的な戦い方

消費者の購買行動パターンを何十年間にもわたって調査した結果、ブランドは主にメンタル・アベイラビリティとフィジカル・アベイラビリティの観点から顧客獲得を競い合っているという驚くべき結論に達した。より多くの消費者により多くの購入機会を提供しているブランドほど頻繁に買われている。マーケットシェアが大きいブランドほど、多くの人に認知され、広く使用されている。言い換えると、マーケットシェアの大きいブランドほど、メンタル・アベイラビリティとフィジカル・アベイラビリティが大きく、またブランド資産を維持するためのマーケティング予算も大きいということだ。

驚くべきは、その他のブランド特性の違いはほとんど影響力を持たないということだ。第8章で考察したように、マクドナルド、ピザハット、KFCは多くの点で差別化されている。販売している製品が異なるだけではなく（それぞれバーガー、ピザ、フライドチキンを販売）、ファストフードブランドとしても競合している（メンタル・アベイラビリティとフィジカル・アベイラビリティという点ではマクドナルドが一歩リード）。しかしそれぞれのファストフードブランドの顧客には、好みのブランドはみな同等に扱うという共通した特性が見られる。結局それぞれのファストフードブランドは同じ顧客を共有しており、相互に代替商品を販売しあっているかのようだ。実際、ファストフードブランドは、膨大な時間を費やしてお互いの類似点を訴求している。たとえば、マクドナルドはバーガーチキンを提供していることを、KFCはチキンバーガーを提供していることを強調している。

メンタル・アベイラビリティとフィジカル・アベイラビリティの構築の競争は、どの製品カテゴリーにも観察される経験的事実と一致する（マーケティングの法則のリストについては8〜10ページを参照）。

●ブランドは、同じ製品カテゴリー内では、他のブランドの同じ特徴を有する消費者層にも売れる。各ブランドのユーザー層の違いは規模（購買客の数）の違いであり、デモグラフィック（統計学的特徴）や、サイコグラフィック（心理学的特徴）、パーソナリティ、価値観、態度などの違いではない（第5章を参照）。

●ブランドを買う側としては、買ったブランドが競合ブランドと異なっているとはまったく考えていない。そこには客観的理由も、主観的理由も、平凡な理由もない。消費者は他ブランドを受け入れ難いとはまったく思っていない。他ブランドの消費者も同様であり、その購入理由も類似している。消費者は、新しいブランドを買うと、その新しいブランドを好きになる傾向がある。消費者は自分が買ったブランドのことはよく知っており、好きであり、他ブランドよりも目に入りやすく、買いたい気持ちが強い。ブランドの差およびブランドの付加価値の差の有無に関係なく、ブランドにはその市場を基盤にしたブランド資産があり、ロイヤルユーザーがいる。

●消費者はさまざまなブランドを好きになる。何回も繰り返して購入するブランドもある。しかし100％のロイヤルティを有しているわけではなく、長期間にわたってロイヤルティを維持することは少ない。従って、競合するブランドと消費者を共有することになる。カテゴリー内では多くのブランドに同様の現象が起きており、すべてのソフトドリンクブランドが、ファンタよりもコカ・コーラとの間で多くの消費者を共有している。また、ソフトドリンクブランドの売り上げが上がるとき、他ブランドの売り上げをそのマーケットシェアの割合に応じて奪う。ブランドとブランド間にある消費者を分け隔てている壁は薄い。同じカテゴリー内では、ブランドの特徴や認識に差があっても、すべてのブランドが密接な代替財であるかのように競合している。ダイエットペプシとダイエットコークは予想以上に消費者を共有している。しかし両ブランドとも、それ以上に多くの消費者をコカ・コーラや他の大ブランドと共有しているのである。

経験的に得られたこれらのパターンから、多くのブランドが、機能面や、イメージ、価格などの差別化のポイントの重要性が驚くほど低く置かれたまま、その製品カテゴリー内では確立されたブランドとして存在していることが示唆される。

メンタル・アベイラビリティ

メンタル・アベイラビリティやブランド・セイリエンスは、ブランドが購買シーンにおいて想起されやすいことを意味する[11]。ブランド・セイリエンスという用語は、真っ先に想起されるブランド認知の尺度と同義に扱われることがある（たとえば「知っている金融機関名を何か挙げて下さい」と言われたときに最初に思い出す金融機関名）。しかし、ブランド・セイリエンスという用語はそれ以上の意味を持つ。ブランド認知の測定には大きな問題がある。それは、製品カテゴリー名との関連性を測定するだけでよいと考えられていることだ。

メンタル・アベイラビリティは、製品を買う人の頭の中にある記憶のネットワークの影響を受けている。たとえば、銀行ブランドに関する記憶の連想については、

- 職場の近くの銀行の支店
- 住宅ローン
- インターネット銀行
- 友人が利用している
- 大通りに面した銀行
- 知人が働いている
- 現金が引き出せる
- ビザカード
- 最初にクレジットカードを作った（そしてバイクを買った）
- 色、ロゴ、スタッフの制服、等々

記憶は情報と情報をつなぐ結節の集合という説明が、記憶の仕組みを最も端的に言い表している。つまり、2つの情報の間に関連性があれば（たとえばコカ・コーラと赤色）、情報が結節と結節のように連結しているということだ。消費者の頭の中には、ブランド名とリンクする情報のネットワーク（ブランド連想）が構築されている。たとえば、マクドナルドは、ハンバーガー、黄色のアーチ、ファストフードなどの情報とリンクしている。これらの情報のリンクは、ブランドを購入したり使用したり、または広告などのマーケティ

ング活動に触れる、あるいは他者の経験を聞くという経験を重ねるたびに強化され更新される。

記憶にはその他にもさまざまな側面がある。たとえば、嗅覚や味覚などの感覚の記憶や、喜びや痛みを伴う感情の記憶だ。だがこれらは、ブランドがいったん記憶されてから呼び戻されることが多い。たとえば、マクドナルドの記憶をたどると、子供の誕生日の楽しい思い出が想起されるだろう。一方、マクドナルドのブランド・セイリエンスについては、何がきっかけとなってマクドナルドが想起／認知されるのかが最も興味深い。

ブランドに関する記憶のネットワークがより広範囲で新鮮であるほど、消費者が経験するさまざまな購買シーンにおいてブランドが想起される機会が拡大する。このような記憶のネットワークの存在により、複数の選択肢があってもそのブランドが選択される可能性は高くなる。

すなわち、メンタル・アベイラビリティを構築することは、人々の記憶の中にブランドに関連する記憶のネットワークを育み、そのネットワークの幅、すなわちブランドのシェア・オブ・マインドを広げることである。

認知度より重要なもの

従来、ブランド認知といえばブランドの理解と想起のことであり、その調査方法が重視されていた[12]。想起についてはは必ずといっていいほど製品カテゴリーでの想起を測定しており、ほとんどの場合が「電気工具のブランドで知っているブランドがありますか？」的な単調な質問や、「ブラック&デッカーというブランド名を聞いたことがありますか？」的なブランドの認知度を問う質問であった。違いがあるにしても、最初に思い浮かぶブランドや想起の速さを問うものであり、ワンパターンな質問の域を出ていない。もちろん、これらの記憶は個人の記憶構造をおおざっぱに捉えてはいるが、ブランドが購買シーンでどの程度想起されるかについては、あまりよく分からない。このような測定は、硬貨を1回投げたときに表の出る確率を推定することと何も変わらない。

ブランド・セイリエンスは、ブランドが人々の心の中をどのように占めているか、すなわち、記憶とブランドとの間に構築されるネットワークの量と質に大きく依存している。この場合の量とは、ブランドの購買客が構築しているブランド連想の大きさを意味している。質には2つの側面がある。連想の強さと属性の関連性だ。まず、記憶の連想は強弱があり、活性化しやすい。たとえば、「エルビス・プレスリー」という言葉にフライドピーナッツバターサンドイッチを必ず思い出す人もいるだろう。またその逆のパターンもあり得る[13]。このような人たちにとってはこの連想は非常に強力かもしれない。しかし人によってはこの連想がそれほど頻繁に起きないこともある。次に、記憶のネットワークが購買シーンと深く関わっていることもある。人がピーナッツ・バターを購入するときに、エルビス・プレスリーという言葉がそのきっかけになる可能性は低い。しかし、この連想がまったく重要ではない、というわけではない。エルビスの楽曲を聞いて、人がピーナッツ・バターを思い出す可能性が高まり、その結果、購買シーンでの購入のきっかけとしての連想が拡大するからだ。

ブランドが従来の認知度の測定方法で高いスコアを獲得しているのに売り上げが伸びないとき、共通して見られる原因はそのブランドに人気がないことだ。しかし問題が、ブランドは認知されている（しかも好感を持たれている）のにいざ買うときに想起されない、ということもあり得る。

人がブランドを購入するときは、さまざまなきっかけが作用している。たとえば、朝食の選択には、低脂肪で健康的で手早く調理できるものというきっかけが作用している可能性がある。またパッケージの色や形や大きさなどのもっとシンプルなきっかけを頼りにブランドを識別している可能性もある。どのようなきっかけが作用しているか、まったく自覚がないこともあり得る。

記憶のネットワークと属性とのリンクを構築することで、マーケターは次の2つを増加させることが可能だ。

a．ブランドを想起してくれる人の数
b．ブランドが購入の選択肢の1つとして検討される回数

ブランドの属性が連想されるということは、そのブランドには購入される可能性があるということだ。ブランドがまったく想起されない場合と比較すると、その可能性は極めて高い。

しかし、1つの属性にいつまでもこだわる消費者はいない。これはセグメンテーション調査を行うときに陥りがちなミスだ。実際、常に同じ製品カテゴリーの健康製品を買っている消費者はいない。健康を意識して買い物をすることもあれば、簡便性を意識することもある。そしてその翌日にはお菓子を買うこともある。それが通常の消費者だ。人はそれぞれの購買機会に別々の属性を考えているのである。その内容が重要だ。たとえばアイスクリームは、海辺や休暇中においては食品またはお菓子として想起されることが多い。また人は、1回の購買機会に複数の属性を考慮することもある（例：簡便性、お菓子）。購買の状況に関連するものなら、どのようなものでも属性になり得るので、マーケターは、消費者がブランドを選択する前の思考プロセスを、幅広い視野を持って理解することが必要である。しかし消費者にヒアリングすることだけが調

査ではない。この想起のメカニズムは無意識のうちに起きているからだ。

ヒントは競合他社製品にある

さまざまなきっかけが存在するということは、人は商品を買うとき、さまざまな競合製品を常に思い起こしているということだ。といってもいつも同じ製品カテゴリーの競合製品とは限らない。たとえば、「目を覚ましたい」という欲求は、コーヒー、コカ・コーラ、ペプシ、散歩、水泳などの連想につながる。マーケターとしてはつい競合製品の機能的な類似点に着目しがちであるが、むしろ競合製品が与えてくれるこれらのきっかけに着目すべきである。購買の対象として選ばれる競合製品は、すべてこのようなきっかけにリンクしている。

独自のブランド資産を持つことの重要性

ブランドを連想させる記憶は、時間経過とともに構築されていく。そのほとんどが色、パッケージの形状、フォント、色調などのシンプルな連想だ。これらの連想は、消費者がブランドやその広告を認識する上で非常に重要だ。このような連想が、ブランド・セイリエンスを新鮮に保ち、新しい記憶構造を構築するブランドコミュニケーションを可能にするといっても良い。独特なブランド資産がなければ、消費者がブランドのコミュニケーションを理解することは難しいだろう。これらの独特な要素をブランドコミュニケーションに生かすことができなければ、顧客は、興味のないブランドと同様に、そのブランドのコミュニケーションを無視するであろう。

ブランド・セイリエンスを維持するためには、ブランディングと広告の質が高くなければならない。秀逸で一貫性のあるブランド・アイコンとブランドイメージにより記憶の連想が構築され、購買シーンにおけるブランドの想起が促進されることになる。ブランド管理上この流れが非常に重要であるにもかかわらず、軽視されていることが多い。マーケターは独自のブランド資産を活用することを怠っていることが多く、それは実質的にブランド資産の崩壊につながる。

フィジカル・アベイラビリティ

フィジカル・アベイラビリティとは、ブランドの存在感が高まって買いやすくなり、多くの消費者に幅広い購買機会が提供されている状態を意味する。そうすることで小売業者への配荷量だけでなく店頭での存在感が強化され、またブランドと接している時間が長くなり、購入が後押しされる。存在感を高めて買いやすくすることは重要だ。なぜなら、ロイヤルティが高くても好意を抱かれていないブランドもあるからだ。そのような場合、人はいくつかの候補のなかから別のブランドを買うことだってあり得る（実際、頻繁に起きている）。

私は、ずいぶん多くの消費財やサービスのマーケターがいとも簡単に、「自社のブランドのアベイラビリティは１００％完璧だ」と口にすることに驚いている。彼らは、自分たちブランドが主要なスーパーマーケットやその全国ネットの支店の店頭に並んでおり、ウェブサイトでも24時間注文することが可能であると主張する。だが、それだけではアベイラビリティが１００％に達することはない。どうも問題は、「アベイラビリティ」という言葉にあるようだ。製品を買いたいという消費者の気持ちが単に高まっていることが「アベイラビリティ」ではない。今すぐに製品を買える状態をアベイラビリティという。よく引用される、コカ・コーラが「いつもすぐ手の届くところにある」状態に近い。これらを基準に考えると、すべてのマーケターがブランドのフィジカル・アベイラビリティを高める可能性を持っていることは容易に推察できる。

売り上げ競争に勝つ

結局ブランドは、メンタル・アベイラビリティとフィジカル・アベイラビリティを競っているといえる。製品のイノベーションは、主にブランド・セイリエンスを強化して流通をさらに拡大することで前進する。ブランド・セイリエンスを構築するためには、独自性のあるブランドと明確なブランディングが必要だ。しかしブランドが意味のある差別を競い合うことは滅多にない。従って、マーケティングの力で独自性のあるブランド資産を構築し、人々が製品を買いやすい環境を創造しなければならない。

長期的利益の確保

確立されたブランドをさらに輝かせるひとつの方法は、メンタル・アベイラビリティとフィジカル・アベイラビリティの構築と維持に時間をかけることである。その安定に資金を投じる価値はある。市場を基盤にしたメンタル・アベイラビリティとフィジカル・アベイラビリティの資産を維持することができれば、大きなブランドでも小さなブランドでも長期間の生存競争を勝ち抜くことが可能だ。ブランドが成長するためには、これらの資産を拡張できるかどうかが鍵である。たとえ製品やサービスの改善といった一時的な進歩であっても、持続可能な資産拡張を行うことが可能だ。これらの資産を拡張できないベネフィットに長期的な価値はない。たとえば、価格販促を行っても、リーチできる範囲は限られているので、売り上げを伸ばすことはあるかもしれないが、メンタル・アベイラビリティとフィジカル・アベイラビリティの構築には何の影響も及ぼさない。価格販促は限られた消費者にしかリーチできないし、また特に新しい消費者の獲得という点において非常に劣るので、終了すればすべてが元の状態に戻ってしまう[14]。

メンタル・アベイラビリティとフィジカル・アベイラビリティ：市場基盤型ブランド資産

この20年間で企業の財務上の価値を決定する無形資産を評価する動きが大きくなってきている（Sharp, 1995; Srivastava, Shervani, Fahey, 1998）。これらの資産は売却が可能であり、一般的には、企業の有形資産よりもはるかにその価値は大きい。メンタル・アベイラビリティとフィジカル・アベイラビリティおよびそのブランド独特のアイコン（第8章を参照）などの資産が売却可能である。これらをブランドエクイティという。

ブランドエクイティは、取引活動を通じて生じるという点において市場を基盤とする資産であり、マーケティング活動の産物でもある。またその構築に投資が必要であるという点においても資産であり、予算と時間を投じてリスクを負ってまで自社のブランドエクイティを構築するよりも、他社のブランドを買いたいと思っている企業は少なくないだろう。将来の利益がある程度約束されているので、その価値は高い。

市場を基盤にしているこれらの資産がもたらす生産性は高い。広告は、視聴者の頭の中に記憶構造が存在していれば、広告がこれらの記憶構造に働きかけて機能する限り、効果的である。またブランドのフィジカル・アベイラビリティの機会が多くなると、広告も効果的に機能する。しかし、ブランドのセールスポイントが響かない消費者に広告が届いても何の効果もない。

翌年の売り上げが今年の売り上げと大きく変わることはないことを考えると、市場を基盤にしているこれらの資産があれば、マーケターとしては安泰である。マーケティング施策を評価するときに問題が生じるが、その価値は非常に高い。どのマーケティング施策もこれらのブランド資産の影響を受けるので、市場の反応は遅くなる。それが価格弾力性に反映される。つまり、大きなブランドほど価格弾力性が低い（第10章を参照）。これは広告などの他のマーケティング戦術においても同様で、断続的な戦術の実行に効果を実感することは難しい。

マーケティング戦略の効果を予測または統計学的手法を用いてモデル化するためには、メンタル・アベイラビリティとフィジカル・アベイラビリティをほとんど持たない小規模のブランドを参考にするとよい。小規模なブランドは流通の拡大に対して堅実な変化——ほぼ完璧な相関性——を示すからだ。ブランドの流通も売り上げも倍増するだろう。確立されたブランドほどマーケティング戦略の効果の測定は難しい[15]。

市場を基盤にした資産を多く持つブランドが長期間にわたってマーケティングサポートを実践していないとき、マーケティングミックス——特に消費者や小売業者の心の中に構築するブランド・セイリエンス——を刷新することで大きな利益を得ることが可能だ。これは資産を増やす1つの方法だ。かつてはメンタル・アベイラビリティもフィジカル・アベイラビリティも確立していたが、やがて忘れ去られてマーケットシェアを失った有名ブランドは、製品の品質を改善し、価格を下げ、広告を再開するとよい。必要であれば、流通の量と質を取り戻すことに努力することだ。

マクドナルドがその良い例だ。21世紀に入って、不健康という理由で度々批判されていたマクドナルドの先進国での成長が鈍り始めた。サブウェイやスターバックスなどが世界中で店舗を展開する中で、マクドナルドのマーケターはまるで居眠り運転をしているかのようだった。今になって考えてみると、米国で始まり世界中の先進国へと広がった、本物のコーヒーを飲みたいという人々の嗜好の変化を見逃したのは大失敗だった。マクドナルドはやっと重い腰を上げて目を外に向け、人々の飲食習慣が前より少し改善していることを知った。その後マクドナルドは、サラダ、サンドイッチ、ソフトチェア、マックカフェなどにレギュラーコーヒーをつけた新商品を導入した。記録的な売り上げを達成し、マクドナルドは再生した。特に革新的なことを実行したわけではない。マーケティングの教科書の常識からは外れた完全に右へ倣え的な戦術である。オーストラリアのマクドナルドが実施したイノベーションで私が評価するのは、トーストチーズとトマトのサンドイッチを導入したことだ。これらは国内のどのデリカやカフェにも負けてはいない。マクドナルドは過激な手法を取ったのではない。競合力を取り戻しただけである。メンタル・アベイラビリティとフィジカル・アベイラビリティのおかげでコーヒーもトーストサンドイッチもよく売れた。

マクドナルドの用いた手法は、市場に基盤を置く資産を弱体化させている〝買わない理由〟を取り除くことであった。通常、マーケティングという闘いは、極めてささいなことに思考を巡らすことであることを忘れてはならない。たとえば、プランをいつ実行すべきか、マーケターが実行したくないプランはどれか、最も否定されたくない理由は何か（たとえばトランス脂肪酸を含んでいる、高過ぎる、食塩を含み過ぎ、店が遠すぎる、サラが好まない）などである。

一度失われた市場基盤型資産を再開発して利益を得たある典型的な例が、１９９０年代に私のオフィスの近くで起きた。それは、スペルトという大きなワイン会社に買収された、バロッサ・バレーにあるクイーン・アデレイドという社名の、廃業寸前の古い小規模なワイン製造会社だった。クイーン・アデレイドは1858年に操業を開始し、一時そのワインは人気を博したが、今では特売品売り場でしか見られなくなっていた。スペルトはこのブランドを買収し、自社の現代的で高品質なワイン（高価でもないが、爽やかなフルーツ風味）をクイーン・アデレイドにブレンドした。一夜にしてクイーン・アデレイドはオーストラリアで最も売れるシャルドネとなった。昔のクイーン・アデレイドがかつてこのようなシャルドネを所有したことはなかっただろう。シャルドネは人気のワインとなり、クイーン・アデレイドは非常に有名なブランドに成長した。マーケティングミックスを上手に行い、すでに市場に基盤を確立している資産を活用したことで、短期間でヒットブランドを生むことが可能となった。その後スペルトは、廃業寸前の古いワイン会社買収に費やした投資を回収した。

アレンバーグ・バス研究所が近年のオーストラリア広告効果賞（米国のエフィ賞に相当）の応募作品を分析した[16]。このような広告賞に多くの新製品のキャンペーンが参加することはよく知られている。というのも、売り上げゼロの状態からビジネスを開始して、そのときの広告キャンペーンが新製品の成功に貢献したとして功績を認められれば、その広告効果を証明することは簡単だからだ。また我々は、すでに確立されたブランドからの申し込みの半分以上が長い休止期間を経た後に再開した広告であることも知った。

確立されたブランドのマーケターたちが実施すべきことは、市場基盤型ブランド資産を活用することだけだ。彼らの仕事は現在の売り上げを伸ばすことというよりも、市場基盤型ブランド資産を維持・構築することである。マーケターは短期間のキャンペーンで売り上げが急下落することをあまり心配しなくてもよい。むしろメンタル・アベイラビリティとフィジカル・アベイラビリティを構築することに注力すべきである。

マウンテン・ビュー・ラーニング社のCEOのトーマス・ベインは、マーケティングの効果を評価するためにマーケターはバランスシートのような表を用いるべきだと言う。バランスシートが、メンタル・アベイラビリティとフィジカル・アベイラビリティの最も強化・構築すべき点としなくてもよい点を教えてくれる。**表12-4**はその例だ。実際に使ってみていただきたい。どのようなマーケティング活動であろうとも、顧客基盤（特にロイヤルティの高い顧客）の一部に偏りが生じていれば、メンタル・アベイラビリティもフィジカル・アベイラビリティも構築することは難しい。

7つのシンプルなマーケティングの法則

科学の目的は、私たちの住む極めて複雑な世界を簡素化し、そこから規則性を発見し、将来を予測する力を獲得し、そして真実を見極めることだ。

マーケティングの世界は極めて複雑だ。そしてマーケティングの教科書は、この複雑さを克服することはできないと言って我々を欺いている。しかしこれまで考察してきたように、購買行動と販売実績を支配する規則性は現実に存在している。従って、売り上げを伸ばすブランディング構築のための競争（持続可能な売り上げ基盤構築の競争）を支えるシンプルな法則を発見することは可能だ。この競争は、ほとんど例外なく、売り上げをメンタル・アベイラビリティとフィジカル・アベイラビリティに支えられているブランド間で起きている[17]。

以下はその戦略的ガイドラインだ。

1. ブランドのサービス／製品カテゴリー内のすべての購買客に、配荷およびマーケティングコミュニケ

表12-4：マーケティングのバランスシート

メンタル／フィジカル・アベイラビリティを強化／構築する可能性が非常に高い。	メンタル／フィジカル・アベイラビリティを強化／構築する可能性が低い。	メンタル／フィジカル・アベイラビリティを強化／構築する可能性は不明、またはリスクが高い。
物流を拡充する	クーポンや価格販促を行う	新しい情報を広告する
新しい物流経路の獲得	パッケージの変更	競合
ブランド独自の資産を継続的に使用する	ロイヤルティプログラムの実施	短期的な製品バリエーション（限定製品）
一貫性のある広告		比較広告の実施
広範囲にリーチできるメディアを利用する		ブランド名を隠したサスペンス広告
店内の別の場所にも棚スペースを確保する		
製品バリエーションおよび容器の型とサイズが豊富		

ーションの両面から継続的にリーチする。
2. ブランドの買い求めやすさを確保する。
3. 目立つ。その過程を誤るとブランドコミュニケーションに費やす費用が無駄になる。
4. ブランドが目立ち、買いやすくなるためにも、ブランド記憶の構造を構築／刷新する。
5. 独自のコミュニケーション資産を創造する。
6. 一貫性を保ちながら、新鮮さと興味を失わない。
7. 競合力を維持しつつ、多くの人に受け入れられる。ブランドを買わない理由を与えてはならない。

ルール① できるだけ多くの人にリーチする

ブランドのサービス／製品カテゴリー内のすべての消費者に、配荷およびマーケティングコミュニケーションの両面からリーチしなければならない。すべての人がブランドの潜在顧客になる可能性を持っているからだ。できるだけ多くの顧客にメッセージが届く費用対効果を考えたマーケティングの選択肢を考えなければならない。ブランドを買わない人や購入頻度の少ない人に届かない戦略は避けること。売り上げの多くがこのような消費者から得られる可能性があるからだ。広告を中止しなければならない事態は避けること。ブランドのターゲット市場の定義が狭くなって、実際にブランドを購入している消費者を正しく把握できない事態も避けること。誰が、いつ、どこでブランドを買い、生活の中でどのように利用しているのかを正しく理解する必要がある。消費者はさまざまであり、平均的な消費者像を語っても意味はない。

ルール② 買い求めやすいこと

フィジカル・アベイラビリティとメンタル・アベイラビリティがあれば、多くの人が時間や場所に関係なくさまざまな状況でブランドを買い求めやすくなり、マーケットシェアが上がる。市場調査を行って、そのときの消費者のブランド購買行動と使用行動を確認すること。また、探していていたタイプ、サイズの商品がない、あるいは価格が高すぎるなどの「買わない理由」が生じている場合、それも確認することを忘れてはならない。

大きいマーケットシェアを持つブランドの存在理由を「買い求めやすいから」と説明するのは軽率であり、説得力に欠ける説明だ。調査を十分に行って、その製品カテゴリーにどのような優れた利便性があるのかを解明しなければならない。たとえばウォルマートが1980年代初めに郊外に大型店舗を展開したとき、最初は物笑いの種であった。一部に非常に不便だという声もあったが、それは当時のアメリカの車で買い物に出かける傾向と一店舗でたくさんの買い物ができる利便性を無視している。ローラとアル・ライズは、アップルのiPhoneはアーリーアダプターとエリートに大成功した直後に早々の終焉を迎えるだろうと予測した。彼らは、一体型端末の利便性が過大に評価されているとして、失敗するだろうと考えていた[18]。2007年アップルは、発売後74日間で100万台のiPhoneを販売して世界をあっと言わせた。1年後の第2世代のiPhoneは、発売された週末の2日間で100万台が売れた。

マーケティングの権威も、消費者にとって何が便利であり何が不便か、何が重要であり何が重要でないかの判断を誤ることがあるようだ。私は、実証的市場調査を行ってブランドを買い求めやすくする要因を理解することを推奨する。

ルール③　目立つこと

広告や実際の販促活動で消費者にリーチすることができたとしても、ブランドが認知されなければその効果は非常に低い。棚の商品が目に入らなければ（例：下を向いて通りを歩いていた、車を運転しながら店頭を通り過ぎた）、その商品が買われることはない。記憶に残らない広告は人の記憶構造に影響を与えることはできない。

人は意図的に広告を避けようとすることがある。そのような新しい技術も開発されている。これまでもTVCMが流れている間にテレビから離れたり、全面広告のページを読み飛ばしたりすることはあった。重要なことは、消費者が広告に触れてもあまり注意を払わなくなったことだ。

広告に注意を払わないといっても、その広告を理解していないということではない。意識して見ているもの以上のことを広告に気づくことが多い。そうでなければ、これまでにこれほど多くのものに興味を引き寄せられなかったはずだ。いわゆる〈注意監視システム〉（du Plesis, 2005）が作動して注意の対象となるべきものを決定する。私たちの脳は、この目的のために注意の対象から多くの情報を処理しようとしている。

ロバート・ヒースはその著書の中で、広告はたとえそれがわずかな刺激であっても人の記憶構造に影響を与えることがあると説いている（2001年）。たしかにそうかもしれないが、刺激は大きい方がよい。ヒースは、データは少ないながらも、感情に訴える広告は特に傾注していなくても効果的であると主張している。ヒースはこれを、広告効果が芳しくないときは広告想起に原因があるという持論を展開するときの根拠にしている。

しかしエリック・デュ・プレシスは、感情に訴える広告の主たる目的は注意喚起であると指摘している（2005年）。エリックは、多くの経験に基づくエビデンスを引用して、広告の好感度と認知度の関係を示した。エリックと会う数年前に、私はレイチェル・ケネディ博士と同じ議論を交わしていた。つまり、たとえわずかであっても、好感度から生じる感情的反応が広告に作用すると、消費者は広告に少しずつ注意を向けるようになり、販売効果が増大する。レイチェルは博士論文の中で、一般的には好感度の高い広告を実行すれば正しくブランディングされる可能性が高いことを示した。彼女はエリックのCOMMAPモデルをまねて、広告の好感度を説明している（**図12-1**）。

ブランドの使用体験が広告の好感度と認知度に大きく影響を及ぼすことは周知のとおりである。心理学的には認知的不協和という心の動きが作用している。また、すでに構築されている記憶構造にメッセージを届けることによってブランド・セ

図 12-1：広告好感度モデル

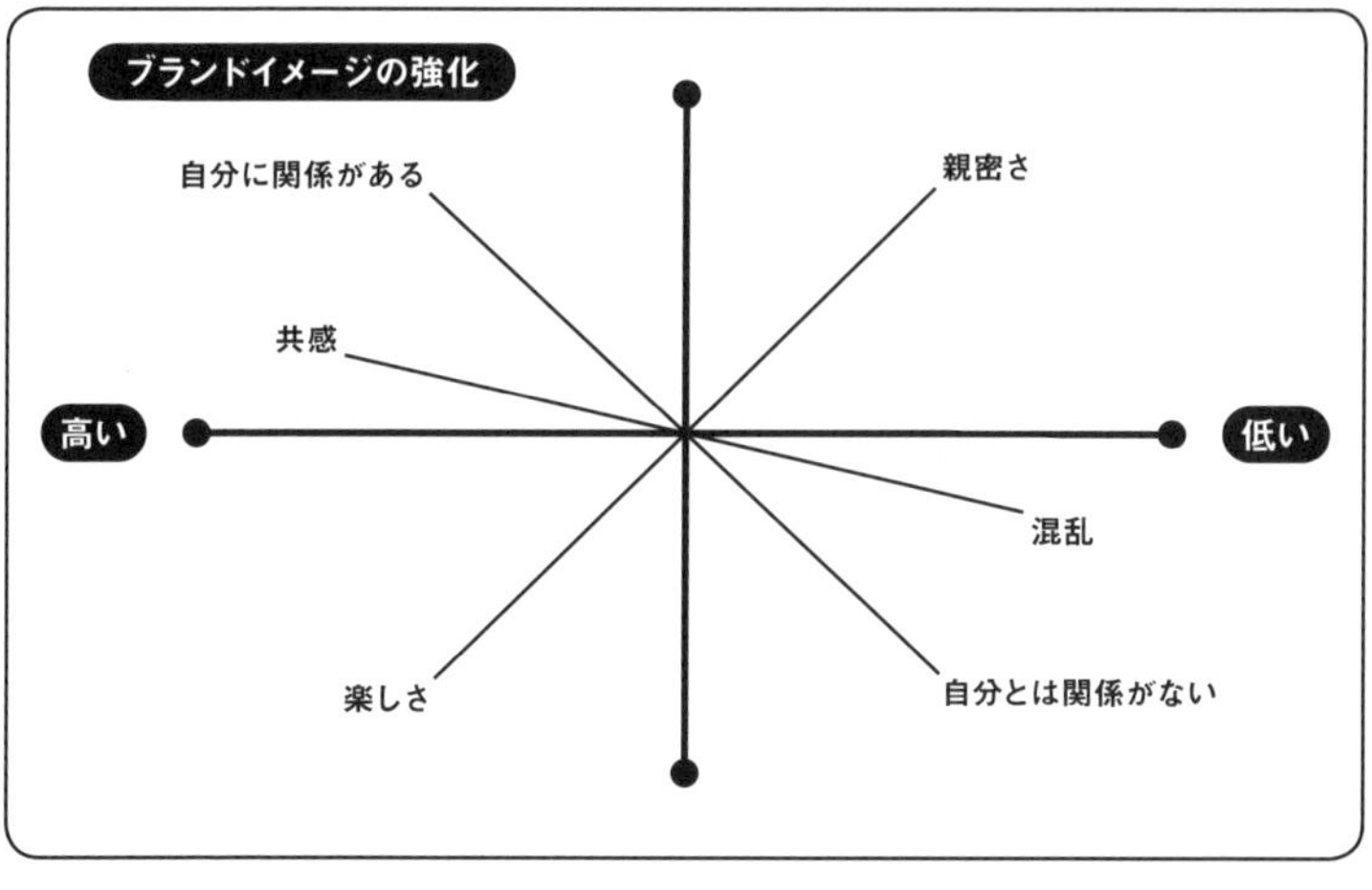

イリエンスが高まり、簡単に影響を及ぼすことが可能になる（ルール④を参照）。これは記憶には潜在記憶と顕在記憶があるという大規模な調査を裏付けている。顕在記憶とは意識の中に引き寄せることのできる記憶であり、たとえば、〈昨日海に行った〉ことを思い出したりすることだ。潜在記憶はこのように明確には思い出すことはできないが、試験成績のように潜在的に存在していることがわかっている。たとえば、ある文章を見たことのある人は、その文章を見たことのない人と比較して、その内容の正誤を正しく評価できる可能性が高い。もう1つの例は、人はハロウィーン（ハロウィーン期間中は店頭がオレンジ色のカボチャで装飾される）の前日はオレンジ色を想起しやすい、というものだ。これはプライミング効果といわれ、潜在記憶の存在を実証している（Berger & Fitzsimons, 2008）。プライミング効果により、人は気づかないうちに慣れ親しんでいるものを好きになり、その記憶がその人の行動に影響を与える。スーパーマーケットの棚に整然と陳列されている商品を見るときも、人は同じように記憶の影響を受ける。つまり、どのブランドに目が留まるかも記憶が影響している。人はその商品またはその広告を見る回数が増えるほど、たとえそれを見た記憶がまったくなくても、商品に気づき、好感を覚えるものだ。

消費者が自分はこれまでにどの程度そのブランドに接してきたか（つまり、そのブランドの広告または実際の商品をこれまでにどの程度の頻度で見たことがあるか）を知っていることは、心理学的にも立証されている現象だ。まるで体内に埋め込み式のカウンターを持っているかのようである（Hasher & Zacks, 1984）。人は進化するに従い、親近感を覚えるものとそうでないものに区別するために、また危険を示唆する微妙な差を感じ取るために、このメカニズムが大いに役に立ったと思われる。

以上からわかるように、広告を目立たせるためには知的で好感度の高いクリエイティブが必要だ。しかしそれが唯一の方法ではない。人はこれまでに見たことがあり記憶の中に定着したものを見ている。従って次のルールが重要になってくる。

ルール④ 記憶構造を刷新／再構築する

ブランドの広告は、たとえそれが認識されても記憶構造を刷新または再構築することができなければ、機能しているとはいえない。そのためには、消費者の思考を理解して、それに反することなくそれに沿ったマーケティング活動を行う必要がある。この目的のためにブランドイメージ調査を行う。そして消費者の頭の中に存在する記憶構造を理解し、それを反映したブランドコミュニケーションを構築しなければならない。

質の高いクリエイティブな広告を作っても、効果を発揮できなければ意味がない。そしてそのようなことが、広告がうまく記憶構造を強化したり構築したりすることができなかった場合、頻繁に起きている。たとえば、ミラー・ライトの「法律家」という秀逸なTVCMシリーズがその好例だ。このCMはそれほど著名でないが個性的な俳優（バート・レイノルズなど）を幾人も起用し、ディベートを行わせ、裁定を下すというものだ。出演した俳優たちが、「ハイタッチを行い過ぎか？」「もしあなたの親友が付き合っていた女性と別れて、あなたがその女性をデートに誘いたい場合、あなたはどのくらい待ってから誘うか？」「ワイヤレスのヘッドホンは便利か？　それとも技術的には失敗作か？」などといった問題を裁定した。この広告キャンペーンは人々の注目を集めた。ネット上での議論を呼び、CMはＹｏｕＴｕｂｅにアップロードされ、ラジオ局はこの広告キャンペーンをまねて独自のディベート番組を制作した。しかし、広告からミラー・ライトらしさは失われ（ユーモアは競合ブランドのバドワイザーのユーモアそのものだった）、またビールについてもミラーについてもほとんど語られていなかった。一体どのような記憶構造を構築または刷新したというのだろうか？「法律家」というコンセプトは伝わった。ＹｏｕＴｕｂｅにアップされたほとんどすべての投稿に、「法律家」はミラー・ライトのコマーシャルらしくないというコメントが残されていた。数カ月間連続で売り上げが落ちた後に、ミラーはこのキャンペーンを打ち切った。アドエイジ誌がこう皮肉った。ミラーはマーケットシェアを失った上に法律家の裁定に違反した、と（Mulluman, 2007）。

新しいブランドにとって、消費者がそのブランドを買いたくなる記憶の構築は重要課題だ。たとえば、どのようなベネフィットを提供してくれるのか、どのような形状か、何というブランド名か、どこで買えるのか、どう使うのかなどだ。これらの基本的要素は非常に重要で、消費者にコミュニケーションすることを怠ることはマーケティング上の罪といえる。これらの課題がいかに困難で時間を要するものであるかを過小評価してはならない。これらを肝に銘じた上でのシンプルさが肝要だ。アップル社のｉＰｏｄはその好例だ。このＭＰ３プレーヤーは、技術的に秀逸な特徴を備えた製品がすでに多数存在する市場に投入された。デジタル処理された音楽は新しい、やや複雑なテクノロジーだ。アップル社が発売したモデルは、独自性に富み魅力的なデザインの白いヘッドホンが特徴的な一機種のみであった。このヘッドホンとプレイボタンが際立っていた。既存の記憶構造に語りかけ、製品の機能を説明した。ｉＰｏｄというブランド名はシンプルで力強かった。新しいテクノロジーであることを、親近感を持ってわかりやすく伝えることができた。また「数千曲がポケットに」というナレーションによる説明で、すべてのコミュニケーションが強化された。アップル社が「ＭＰ３プレーヤー」という言葉を使用しなかったことに注目していただきたい。広告はこの新しいテクノロジーについて一切触れなかった。ｉＰｏｄの広告は常にあらゆるメディアで高い一貫性を維持していた。カラフルな背景にｉＰｏｄで音楽を聞きながら楽しく踊る同じシルエットを常に用いており、白いヘッドホンがいつも際立っていた。技術的な説明は販売スタッフに任せ、必要であればウェブ上で行った[19]。

すでに確立された多くのブランドにとって、記憶構造を刷新することは極めて重要な課題である。コカ・コーラでさえ、特に暑い季節は、マーケターはコカ・コーラが清涼飲料水であることを消費者に再認識させる必要がある。既存ブランドの記憶構造を新しく構築し直すことは長い時間を要するプロジェクトである。毎年のマーケティングプランは、新しい記憶構造を構築するために新しい目的を掲げる必要はない。広告キャンペーンはそれぞれ概ね同じメッセージを発信すべきである。新しい情報を提供するときも（例：ブルーカラー新発売）、同じ広告ストーリーがブランドのためには効果的だ。

ルール⑤　そのブランドならではの資産を構築する

ブランディングは極めて重要だ。ビジネスの成功は、そのカテゴリーにブランドを確立することで達成される。サブウェイは、サンドイッチは世界中でこれほど人気があるのにブランドとして確立されたサンドイッチ店がないことに気づいた。チャンスはごく身近なところに存在している。今では外を歩けばサブウェイブランドが目につくようになった。その結果、サブウェイは、優れた商品を提供しているのに存在感の薄かったノーブランドのサンドイッチ店との競争に勝った。

なぜ独特のブランド資産を持つことが重要か、大きく3つの理由が考えられる。まず、ブランディングを行うことで消費者がそのブランドにロイヤルティを感じ、経験則に基づいて「自分のブランド」あるいは「自分で選んだブランド」を買うようになる。ブランディングを行わなければ、このような本来自然なロイヤルティが、価格、棚の中の位置、特売の商品などの他の要素に向いてしまう。

次に、ブランディングを行うことで消費者の広告の理解が進み、記憶構造が刷新されてブランドの正しい理解が促進される。ブランディングを行わなければ、広告が消費者の記憶構造を刷新することは不可能だ（つまり広告が機能しない）。ブランディングの力は大きく、そのブランドを知っている消費者ほどそのブランドの広告を認知しやすい。

ブランディングとはブランド独自の資産を構築することだ。消費者の頭の中でブランドの連想が整理されていく。そしてブランドの連想が他の記憶や連想に働きかけてひとつの形を形成する。たとえばｉＰｏｄの白いヘッドホン（イヤホン）は、すべてのｉＰｏｄの広告の中で非常に際立っており、ブランドの資産となった。ジョリー・グリーン・ジャイアント、Ｍ＆Ｍのキャラクター、ＰＧチップスのチンパンジー、メルセデスベンツの星マーク、ナイキのスウォッシュマーク、マスターカードの「プライスレス」、ロレアルの「あなたにはその価値があるから」、プーマのロゴなどがすべてその好例だ。

ブランド資産を映像化、音声化、言語化してポートフォリオにした企業もある。その中にはあらゆるメディアに使える自由度を有しているブランド資産もある。

これらの資産があってはじめてブランドのコミュニケーションが可能になる。ブランドがいくら印象的な映像資産を有していても、その意味が深く理解されるとは限らない。消費者がわざわざ立ち止まってそのブランドのロゴや製品名に注意を払うことはないからだ。広告代理店の思うようにはいかない。いくつか実例を示そう。アメリカのハンバーガーチェーン店のマクドナルドがなぜスコットランド由来の社名を有しているか、誰も考えたことはないに違いない。オーストラリアには、サニタリウムという成功したブランドが存在する。フランスでは、Ｐ＆Ｇはヘッド＆ショルダーズをフランス語の“Tete et Epaules”には翻訳せずに英語のブランド名を使っている。ウォーカーズのチップスは英国のポテト菓子市場の大半を占め、同じくウォーカーズのビスケットがおそらくスコットランドでは最も有名なビスケットブランドだろう。しかし誰も同じメーカーであることを知らない。またコダックの意味や、ＢＭＷが何の略語か、あるいはファニー・メイが金融サービスとどのような関係を持つのかを尋ねる人は誰もいない。

そのブランドならではの独自の情報を人は非常に素早く処理している。まず認知し、理解を深め、脳がその情報にアクセスし整理することを助けている。独自のブランド資産がこのプロセスで機能を発揮する。これがブランディングだ。

3番目に、独特なブランド資産が極めて重要である。これを記憶に定着するように表現することでブランドがいっそう際立つ。ブランドを認識できるのは印象的なブランドの提示があるからだ。たとえ買い物が目的で小売店に入っても気づかない商品が多いことを考えると、独特のブランド資産を有することでブランドのセイリエンスが増す。

ルール⑥　一貫性を維持しながらも新しさを失わない

ブランドは非常に長く存続する可能性を秘めている。企業の寿命や人の職業寿命と比較すると、ブランドにはまるで寿命というものが存在しないかのようだ。何十年間も市場で優位性を維持してきたブランドは、ポジショニングを変更して成功したのではなく一貫性を維持して成功したのだ。

一貫性の維持は往々にして忘れられがちだ。新しいことを提示したいという気持ちが勝ってしまうからだ。実際、多くの広告が差別化のためのメッセージを伝達することに躍起になっている。消費者は新しい情報には抵抗を感じるが、すでに納得していることを思い出すことに対しては、高いエンターテインメント性を持って提示されるほど抵抗は低い。

多くの広告が新しさやエンターテインメント性を維持しながら、何年にもわたって同じメッセージを発信している（例：「ヒーローが勝ち、悪者が負ける」の広告）。

第4章で解説した購買における負の二項分布のパターンは、ブランドのメッセージに一貫性が必要であるという厳然たる事実を提示している。この歪曲分布は、メディア投資額と広告視聴の関係と一致する。ブランドの広告を覚えている消費者は少なく、大部分の消費者が見てもいない。見たことがあるとしたら、その広告が随分長い間使用されているときだ。一貫性を少し欠いても混乱を招くことがある。消費者は広告そのものに混乱を感じるのではない。一貫性のない広告に関心がないのだ。混乱を来している広告は、上滑りするだけで消費者の心まで捉えることはできない。

パッケージの変更はブランド購入頻度の低い消費者にとっては特に混乱を招く。パッケージ変更を行って急に売り上げが落ちた企業が多いのはこ

表12-5：独自のブランド資産の例

マクドナルド	金色のアーチ（赤色に黄色） ゴマパン ドナルド・マクドナルド
コカ・コーラ	ボトルの形状 赤色 渦巻模様
ディズニー	城 ミッキーマウスの耳 ティンカーベル ピクサー映画のランプ君

のためだ。

ルール⑦ 競合力を維持する——買わない理由を与えない

評価すること自体が過大評価されている。ブランドは、メンタル・アベイラビリティとフィジカル・アベイラビリティを競い合っているといえる。だからといって製品特徴や消費者評価を軽視してもよいというわけではない。ただこの闘いに勝たなければ、消費者の心をつかむことはできない。

人がブランドを買うとき、その選択のプロセスの大部分が、選択肢に気づかないまたは選択肢を無視するという行為である（自分でも気づいていないこともあれば、購入の判断をしたという自覚がないこともある）。評価を行って購入に至るブランドの数はごく限られている。それは、その存在に気づき再想起できたブランドであり、1つに絞られることも珍しくはない。従って、肯定的な特徴と印象を持たなければ消費者に選択してもらえない。実際、人がブランドを選ぶのはこのような要素を有している場合に限られる。製品特徴の優位性がやがてセイリエンスを構築し、時間経過とともにメンタル・アベイラビリティとフィジカル・アベイラビリティを獲得していく。製品特徴が有意性を有していることは重要であるが、業界紙が書きたてているほどではない。これは市場に卓越した基盤を確立させたブランドにおいては特に言えることだ。

別の言い方をすると、多くの人にとって買いやすいブランドほどよく売れるとも言える。そこで思い出すのが、売り上げには買う理由よりも買わない理由が重要であるということだ。一般的に、マーケターは「買わない理由」、あるいは少なくとも世間の悪評には非常に敏感だ。それでもマーケターが消費者に「買う理由」（価値提案、独自の強み、差別化の要因など）を伝達することにあまりにも注力し、消費者を振り向かせるための製品特徴に関してはまったくの無関心であることは珍しくない。たとえば、多くの加工食品が不必要なトランス脂肪酸を含んでおり、国によってはこのことを警告として小さく掲示する義務があるが（たとえば「硬化植物油含有」）、マーケターにとって注意や関心を喚起することはこの程度で十分なのかもしれない。

価格が高いことも買わないことのもう1つの理由だ。多くのブランドに高すぎる値段がつけられ、その上、過剰な値引きが行われている。これではまるでマーケター自身が高価格であることを認識しており、罪悪感から定期的に値引きを行っているようなものだ[20]。ブランドには競合力のある価格をつけるべきだ。これは安い価格をつけるという意味ではない。また特売日に廉価で販売するという意味でもない。競合力のある価格とは消費者を引き付けて離さない価格だ。過剰なプレミアムは消費者にブランドを買わない理由、つまりそのブランドを使わない、考えない、拒否する理由を与えてしまう[21]。また高すぎる価格は、小売業者に自社ブランドの競合製品の発売を促すことになる。どれもたまに値引きを行ったくらいでは修正できるものではない。

消費者にブランドを認知させることは非常に難しい。もしマーケターがこれに成功すれば、消費者は習慣的に（あるいは惰性で）ある程度のブランドロイヤルティを感じるようになる。しかしそれも、消費者が「買わない理由」に気づいてしまうと同時に、そこで途絶えてしまう。マーケターは常にこのようなバリアに対して警戒を怠ってはならない。これが差別化には注意を要する1つの理由だ。ブランドが、ある一部の消費者群にとって差別化されていて魅力的であっても、消費者が離れていくことは有り得るからだ。

ブランドが育つために

ブランド育成のための重要な戦略は数えるほどしかない。利益を犠牲にして価格を下げてもよいが、そもそもブランドは成長して売り上げを伸ばさなければならない運命にあるので、それでは墓穴を掘っているようなものだ。価格は変えずに製品やサービスの質を向上させることも可能だ。しかしこれも同様に利益に悪影響を及ぼす。この2つの戦略は本質的には同じであり、あまり良い方策ではない。ブランドマネージャーは、競合力を維持するために費用削減と品質改善に日々余念がない。通常はこの戦略である程度目標に近い結果が得られる。

ブランド育成の2つ目の方法は、市場基盤型の資産に投資してブランドのメンタル・アベイラビリティとフィジカル・アベイラビリティを改善することだ。しかし、単に広告に投資するだけでは前述の戦略と同じ結果を招くだろう。利益が損なわれ、そのほとんどを損失することも考えられる。ブランドの資産を構築するための将来的に回収可能な投資が必要だ。この目的を達成するためには、ブランド独自の記憶構造を構築しなければならない。そうすることで将来的にすべての広告の効果が増大する。既存の記憶を刷新することが容易なので、すでに消費者の心の中に独自性を確立しているブランドは、たとえあいまいさがあったとしても被害は少ない。配荷先を新しく構築することも同じ効果がある。ここでも、もしブランドが幅広く配荷されていれば、広告などのマーケティング活動が効果的だ。

ブランドの成長を刺激する3つ目の方法は、ブランド特性を刷新または改良してから市場に再投入することだ。しかしこのような優位な状況は長続きしないので、チャンスを逸しないためにも、優位性を生かしてできるだけ早期に配荷を獲得し、ブランドの市場での資産を拡大することが重要だ。刷新または改良されたブランド特性は話題になる。注目を集め多くの人の知るところとなる。しかし残念なことに、イノベーションといわれるその多くがそれほど刺激的でも、また注目に値するものでもない。このリスクは大きい。

ブランドの成長に何か魔法の鍵があるわけではない。想定される利益は大きいので競合各社も（あなたのブランドの費用を利用して）同様に成長の機会をうかがっており、容易ではない。主たる目的は市場基盤型の資産を構築することであると理解できたときに成功の確率は高くなる。ブランドは多くの人にとって多くのシーンで買い求めやすくないといけない。市場浸透率はこれらの資産の良き代替尺度であり、主要指標としてモニターする価値がある。総売り上げよりも優れた指標だ。というのも、ヘビーユーザーや既存顧客をターゲットにした価格販促などの戦術は、売り上げを歪曲してしまうことがあるからだ。

ブランドが成長することは可能だ。本書で考察したすべての原則がそれを証明している。新しいブランドである必要はない。優れた広告、優れたブランディング、優れたメディア戦略、優れた店内ディスプレイ、そして前述の7つのルールに従うこと、これらすべてが成長への道だ。

第13章

最後に

Chapter 13

A

Final Word

本書で考察したいくつかの法則の中から、「すべてが同時に異なる」という1つの法則が見えてくる。マーケットシェアを獲得しつつある成長過程のブランドが持つ指標は、縮小傾向にあるブランドの指標とは逆の方向を向いている。大きいブランドほど市場浸透率とロイヤルティ（態度的ロイヤルティも行動的ロイヤルティも含めて）指数が高い。このパターンは、市場の機能について説いた従来の多くの理論と相反する。しかしこれが現実である。そしてそこから、マーケットシェアを含めてすべてのマーケティング指標がある1つのことを反映していることが示唆される。それはブランドの人気度（popularity）だ。ブランドによって人気度には差があるが、この人気度こそすべての原点だ。お互いに競合関係にあり同等の人気度を持つブランドはその指標も類似している。

このパターンは非常に安定しており、ある数理モデルを使って、本書で紹介した法則の多くを予測できる。そのモデルはＮＢＤ（負の二項分布）ディリクレモデルと呼ばれるもので（通常はディリクレと略される）、これでブランドの選択率と購買率を予測する（Ehrenberg, Uncles & Goodhardt, 2004;Goodhardt, Ehrenberg & Chatfield, 1984）。これは消費者と購買客に関するモデルであり、購買行動は人それぞれでありかつ蓋然的であることを前提としている。言い換えると、人は誰でも自分なりの好みを持ち自分好みの特定のブランドを買う傾向があるということだ。ディリクレは25年前に開発されて以来、数々の試験に使用されてきた。マーケティング科学の最大の功績の1つである。詳しい情報は〈www.MarketingScience.info〉を参照されたい。

COLUMN

本書で紹介した法則

●ダブルジョパディの法則：マーケットシェアが低いブランドは購買客数も非常に少ない。またこれらの購買客は行動的ロイヤルティも態度的ロイヤルティもやや低い。第2章を参照。

●リテンションダブルジョパディの法則：顧客を失わないブランドはない。その損失はマーケットシェアと比例する。大きいブランドほど多くの顧客を失うが、その損失は顧客基盤全体と比較すると小さい。第3章を参照。

●パレートの法則（60／20）：ブランドの売り上げの半分強がそのブランドの上位20％の顧客によってもたらされ、残りの売り上げが下位80％の顧客によってもたらされる（通常のパレートの法則の80／20にはならない）。第4章を参照。

●購買行動適正化の法則：ある一定期間中にヘビーバイヤーだった消費者の購買量は、その後減少する。またライトバイヤーの購買量は増え、ノンバイヤーがバイヤーになることもある。この平均への回帰現象は、購買客の行動が実際に変化しなくても生じる。第4章を参照。

●自然独占の法則：マーケットシェアが大きいブランドほど、そのカテゴリー内の多くのライトバイヤーを引きつける。第7章を参照。

●顧客基盤が類似する：競合ブランドの顧客基盤と自社ブランドの顧客基盤は非常に類似している。第5章を参照。

●ブランドに対する態度と思いが行動的ロイヤルティに反映される：消費者は、自分が使用しているブランドほど知識が豊富で多くを語るが、使用しないブランドについては考えることも語ることも非常に少ない。従って、ブランドに対する態度を評価する調査を実施すると、大きいブランドはロイヤルティの高いユーザーを多く含むので常にスコアが高い。

- ブランド使用体験が消費者の態度に影響を与える（私もママが好きあなたもママが好き現象）：ブランドは異なっても、それぞれの購買客がブランドに対して示す態度と認識は非常に類似している。第5章を参照。
- プロトタイプの法則：製品カテゴリーを的確に説明するイメージ属性は、そうでない属性と比較して、評価が高い（ブランドとの関連性が高い）。第8章を参照。
- 購買重複の法則：ブランドの顧客基盤は、マーケットシェアに応じて競合ブランドの顧客基盤と重複する（大規模ブランドとの顧客共有率は高く、小規模ブランドとの顧客共有率は低い）。もし、一定期間内にあるブランドの購買客の30％がブランドAも購入するとすれば、どの競合ブランドもその購買客の30％がブランドAを購入する。第6章を参照。
- NBDディリクレ：カテゴリー内の購買客の購買頻度や購入ブランドについて、その傾向にどのような差異が生じているかを明らかにする数理モデル。このモデルが前述の法則の多くを正しく解説し説明してくれる。ディリクレはマーケティングの数少ない本物の科学的理論の1つだ。この数理モデルおよび関連するソフトウェアについての詳しい情報は、アレンバーグ・バス研究所のウェブサイト<www.MarketigScience.info>に掲載している。

序章

[1] 予測不可能であることを偶然性に関連づけることはありがちなミスだ。カジノの経営者なら誰でも偶然性を利用して将来を見通すことができることを知っている。カジノで誰が勝つかを予測することは不可能だが、勝ち数と負け数を正確に予測し、カジノの利益を算出することは可能だ。

第1章

[1] シカゴのシングルソースパネルから得た実際のデータ。Spaeth & Hess提供（1989年）。

[2] 15年前に同様の結果をデュプレシスが報告している（1994年）。16%という数字はブランド名が重要な役割を果たす広告想起においては普通の数字だ。

[3] 広告実験を実施するときは、他の都市で実施されるプロモーションの売り上げに影響が出ないように、実験実施都市から情報が外に流出しないように配慮すべきであるとも述べている。

[4] アスピリンは有効性を実証された初期の薬剤の1つであるが、マスマーケティングの恩恵を受けた最初の薬剤でもある。当時の英国では全ての医師が新薬の情報は郵便で受け取っていたが、瞬く間に広く採用されるようになり、患者に大いなる安心をもたらした。

[5] レミングという動物は集団自殺すると言い伝えられている。

[6] 統計学的に有意であることで一般化可能性を知ることができると考えることは、経験を積んだ学者でも間違う、よくありがちなミスだ。それは事実とは異なるし、またそれを目的としていない。サンプリングを無作為に行ったのが原因でそのような結果に至った可能性があることが少しわかる程度だ。つまり、母集団全体を見ずにごく一部のサンプルを抽出したのが原因だ。統計学的な有意性を検証しても、得られた結果がどの母集団から導き出されたものか、また状況に応じてどの程度変化するのかまではわからない。

[7] 本書で紹介したすべての表が、アンドリュー・アレンバーグのデータ整理の原則に従うように作成されている（アレンバーグ研究所、1998年、1999年、2000年）。

第2章

[1] この調査はアンドリュー・アレンバーグとジェラルド・グッドハートらが中心になって1960年代以降に実施された。クラフトやP&G、ユニリーバなどのマーケティングを得意とする大企業や、TNSやニールセンなどの大手調査会社のアナリストたちによっても証明されている。また最近、この法則について事前に何の知識も持たない中立的立場の研究者が米国内の1万のブランドを分析しても（Hall & Stamp, 2004）、リサーチインターナショナル社が成長中のブランドを分析しても同じ結果が得られた（2003年ARF (Advertising Research Foundation) Week of workshopでのJim Findlayの発表）。

[2] 興味深い質問は、小規模でロイヤルティの高い顧客基盤を持つブランドと顧客基盤は大規模でも購買頻度が低いブランドの、どちらのブランドをあなたは管理／所有したいですか、というものだ。現在では前者が選ばれる傾向にあるが、小規模の顧客基盤をターゲットにした方が経費を抑えられるのではないかという議論もある。とはいえ、大規模な顧客基盤を持つブランドも同様に戦略的かつ経済的価値を持つ可能性はある。しかしすべて学術的調査であり、心配は無

用だ。現実（ダブルジョパディの法則）的にはこの質問には意味がない。

[3] 社会科学の世界に絶対の正解はあり得ないのが常識だが、同じマーケットシェアを持つ2つの競合ブランドがまったく逆の市場浸透率とロイヤルティ指数を持つことはあり得ない。

[4] 市場浸透率とは特定の期間に何人がそのブランドを少なくとも1回買ったかを記録する指数だ。従ってどのブランドの市場浸透率も時間経過とともに上昇する。しかし期間を2倍にしても市場浸透率は2倍にはならない。売り上げの多くが再び来店した顧客のリピート買いによるものだからだ。多くのカテゴリーにおいて、期間をたとえば数年間に伸ばしたとしても、市場浸透率が100％近くまで伸びることはない。それは単純に多くの購買客がそのブランドを買い物リストの中に入れていないからだ。

[5] この用語は「小さい」の代わりに開発されたと言う皮肉屋もいる。ほとんどのブランドマネージャーの担当するブランドが小さいからだ。パーティーで会った人に、「私は何々ブランドのブランドマネージャーをしています」と言って、相手が「聞いたことがないブランドですね」と返事をしたら、あなたなら何と答えるだろうか？「小さいブランドなので買う人も少なく、買うにしても頻度は低いです」か、それとも「ニッチなブランドなので顧客基盤が特別なんです」だろうか？

[6] 理論的には、ニッチブランドにブランドの大きさは関係ない。マーケットシェアが小さいブランドである可能性は高いが、マーケットシェアが大きいブランドも理論的には可能だ。現実的にはニッチブランドの存在はまれであり、全ての規模のブランドにその可能性がある。しかし通常は非常に小さいブランドだ。

第3章

[1] Harvard Business Review誌に掲載された。ReichheldとSasserの表現には誤解を招く恐れがあるものの、この結論に至った経緯は詳しく説明されている。

[2] ISISリサーチ社（現在はSynovate社の傘下）から、英国の医師が10年間に処方した抗鬱剤に関する製薬会社のパネルデータを提供していただいた。長期間にわたり多くの購買を調査したすばらしいデータセットで、売り上げの成長と衰退を研究するには最適である。

[3] アデレード銀行は過去も現在も収益性の高い企業である。ReichheldとSasserの予測に反し、顧客離反率が高くても利益が損なわれることはなかった。

[4] Reichheldはロイヤルティ構築のコンサルティングサービスを行うコンサルタントだ。Reichheld自らそう言っている。批判的な視点を持たずにReichheldの研究を引用している学者たちに弁解の余地はない（彼の著書に誤りがあることは読んでみると一目瞭然である）。残念ながら主要なマーケティングの教科書が深く考察せずにロイヤルティ構築を望んでいる。例「多くの企業が、顧客の維持が重要であることと、マーケットシェアの維持と構築の鍵はロイヤルティの高い顧客との関係構築であることに気づきつつある」(Belch & Belch, 2008)

第4章

[1] カテゴリー購買率もまた傾斜分布を示す。平均的な購買客なら同じカテゴリーから年に10回の買い物をする可能性はあるが、典型的なカ

テゴリー購買客がそのカテゴリーで買い物をするのは年に数回だ。

[2] カフェインを含むソフトドリンクは反復購買率がやや高い（つまりロイヤルティが高い）かもしれない。

[3] このような、いわゆるヘビーハーフ（heavy half）のパターンからGerald Goodhard教授の20：30：50の法則が導き出された。20％のヘビーバイヤーが購買の50％を占め、30％のミドルバイヤーが購買の30％を占め、50％のライトバイヤーが購買の20％を占める。つまり、20：30：50の割合の購買客が50：30：20の割合で購買を行っている。

[4] 本書で紹介している法則や知見についてはリスト（8ページ）を参照。

[5] すべての人の購買頻度が変化するわけではないが、多くの場合変化が見られる。つまりどの消費者群にもある程度の変化が生じている。特定の消費者群だけをターゲットにして影響を与えることは現実世界の事実に逆行する。

[6] 20世紀の最も成功した新製品の1つであり最も効果的だった最初の薬剤がバイエル社のアスピリンであることに間違いはない。英国では医師に最初に販売された薬剤だ（医師には郵便で送られた）。これを高度に選択的なダイレクトマーケティングプログラムと理解するのは間違っている。マスマーケティングの1つの進化だ。今日の成功したダイレクトマーケティングの多くがマスマーケティングだ。

第5章

[1] 1959年はマーケティング科学にとってすばらしい一年だった。この年、購買率の負の二項分布（NBD）が発見された。86ページと171ページのNBD発見に関する考察を参照。

[2] データはDee McGrath, Molson Breweies Canadaの厚意によるものである（地域と年は未公開）。

[3] 独占ブランドのプロファイルはカテゴリープロファイルと一致する。

[4] ヨーキー・チョコレートバーの広告ビジュアルは<http://en.wikipedia.org/wiki/Yorkie>で確認できる。

[5] ヨーキーのTV広告は<www.youtube.com/watch?v=ctpOxfA2gDY>で確認できる。

[6] Gerald Goodhard教授はヨーキーがRowntree社（後にNestleに買収）から発売されたときのことを覚えている。当時のチョコレートは非常に高価だったが、Cadbury社などの大企業がバーを薄型にして値段を下げた。チョコレートの形が味覚や食体験にまで影響を与える。ヨーキーは小型バーとして発売され、その形が現在のチョコレートの形として受け継がれている。

[7] <www.youtube.com/watch?v=ol l5xzshtFQ>と<www.youtube.com/watch?v=cDnQA583zow>を参照。

[8] 多くの調査会社が消費者にブランドを使用してもらい、彼らの態度と購買理由を学び、その行動の変化を予測している。調査会社はそれを証明するために、ロイヤルティやマーケットシェアなどの行動的尺度との相関関係を報告している。このような方法で因果関係を予測しても無意味だ。得られた因果関係から分かることは、人は自分が買うブランドに対して様々な態度を示すこと、また多くの知識を有していることだけだ。

[9] データソース：TNS社。データ分析：Giang Trinh（Ehrenberg-Bass Institute）

[10] マーケターにとって幸いなことは、メディアのターゲティングが予測より大きく外れているため、多くのターゲッティングが失敗していることだ。将来、より精度の高いメディア戦略が生まれることだろう。しかしその時のリスクは、教科書が推薦するターゲティングを実施

すると自分の担当ブランドが損害を被る可能性があることだ。

[11] しかしグッチの顧客基盤は大きく、売り上げも店舗数も多い（第12章を参照）。

[12] この結果が非常に意外であったことは、アレンバーグ・バス研究所に新しく採用された研究員やスポンサー企業側上級マーケティング担当者たちにより定期的に報告されている。またこの点に関するKennedyとEhrenbergの発表が2つの賞を受賞している。

第6章

[1] もちろん、コカ・コーラと共有する実際の顧客数はブランドの規模や顧客基盤に左右される。

[2] お互いに補完し合うブランド（例：タコスシェルとリフライドビーンズ）は共有度が高い。しかし補完し合うブランドは顧客共有分析を行う前に簡単に特定することができる。同じ製品／サービスカテゴリーのブランドはほとんどの場合競合の関係にあり、補完し合ってはいない。お互いに代替ブランドとして競合し合っているからこそ顧客を共有できるのだ。

[3] 「ブランドスイッチング表」ともいうが、スイッチングという言葉は現在のブランドを離れて新しいブランドに移行することを意味するのでふさわしくないし、また誇張表現だ。「通常はコークを買うのだが今回ファンタを買った」だけでは、コカ・コーラの購買行動の何かが変わったことにはならない。「私はときにはファンタを買うこともある」と何ら変わりはない。購買重複の表は人々のブランドに対するいわば一夫多妻的ロイヤルティを表している。

[4] ある特定の使用状況に特化して顧客獲得に成功しているブランドもあるだろう。映画館で売られるアイスクリームなどがその好例だ。それでも顧客基盤の人口統計学的差や、購買重複の法則からの逸脱が生じるかもしれない。

[5] 消費者がブランドのマーケティングプランとは逆の行動をとることがある。

[6] 第5章でブランドの姉妹品（SKU）は類似した顧客層に売れることを考察した。

第7章

[1] スポーツウェアがストリートウェアに進化し、これらすべてのブランドがスポーツウェアカテゴリーの成長の恩恵を受けた。

[2] この実験はペプシの実験をベースにして実施されたと言われている。例の有名なペプシ実験は内容表示のない2つのコップを用いて実施された。1つのコップにはペプシが、もう1つのコップにはコークが入っていた。この点がMcClureらの研究とは異なる。McClureらのコップにはいずれも同じコーラが入っており、その差を識別するのは明らかに困難だった。おそらく容易に内容表示に影響されたことだろう。

[3] 子供たちの親によると、2人の子供がマクドナルドは食べたことがない、また約3分の1がマクドナルドを1週間に1回以上食べていた。

[4] 「好きな（favorite）」という言葉は、消費者の態度に現れる強い好みを意味するので注意を要する。往々にして事実と異なることがある。私がこの言葉を使った理由は、人には好きなブランドがあり、反復購買はこれらのブランドに偏向しやすいからだ。

[5] ブランドのシェアが100%であれば、そのブランドを購入した人のロイヤルティは100%となる。このロイヤルティ指数（100%のロイヤルティを持つ顧客の割合）はその他のロイヤルティ指数同

様にマーケットシェアと共に上昇する。

［6］<www.snacks.co.uk>を参照。

［7］これは極端な例だ。Heinzのマーケットシェアはあまりにも大きく、従って指数も他ブランドとの間に大きな差がある。通常の自然独占の法則のパターンは、特に上位10ブランドの場合、緩やかだ。テレビ番組などのようにマーケットシェアに信じ難いほどの大きな差が生じるカテゴリーもある。この場合、自然独占の法則のパターンは極めて顕著だ。人気番組と比較するとほとんど視聴されていないようなテレビ番組もある。そのような番組の視聴者の大部分はいわゆるテレビ漬けの視聴者だ。

［8］情熱的なロイヤルティの例も珍しいとはいえ少なくはない。しかし単に購買客を観察しても、また反復購買者を大勢観察してもわからない。バイアスのかかった小規模の顧客サンプルを調査するとこのような神話が発見される。

［9］本当のロイヤルティとは何か、マーケティング評論家の間で長い議論が続いている。これは、抽象的な理論的概念の本質を定義しようとする20世紀の最も有名な哲学者カール・ポパーの本質主義の典型例だ（Esslemont & Wright, 1994）。いわゆる永遠のテーマだ（たとえば、「愛とは何か?」や「マーケティングとは何か?」など）。しかし、これらの質問は定義を問うためのものであり、論理的な解決策を提供するものではない。ブランドロイヤルティの本当の意味を理解できる方法もできない方法もあると提言することは、もはや科学とも学問とも言い難い。一般的通念とは違って、科学の目的は、物事の本質の定義を語ることではなく、人が物事についてどのような行動をとるか、物事とどのように関わるかを語ることだ。物理学者は引力や質量などの特性や行動について多くを語ることが可能だが、その本質にお決まりの定義があるわけではない。従って本書では、現実世界のロイヤルティ的行動、すなわち、言語行動（言語態度）と顕在行動（購買態度）を考察している。言葉とその意味に関する問題をあまり真剣に考えてはならない。真剣に考えるべきは、事実に基づいた疑問であり、事実に関する表明である。それは理論であったり、仮説であったり、解決すべき問題であったり、また消費者が提示する問題である（Popper, 1976）。

［10］Saatchi & SaatchiのKevin RobertsにLovemarksのアイデアが浮かんだのは、ある日の深夜、赤ワインを数本飲んだ後のことだったという。Robertsはそのアイデアを検証する調査を行ったと主張している。

［11］広告を見るときや購買の判断を行うときに感情の果たす役割が重要ではないという意味ではない。現在では、感情が購買判断と情報処理に果たす重要な役割は解明されている。しかし消費者がブランドに愛着を感じているはずだと解釈するのはあまりにも非現実的な論理の飛躍だ。多くの感情がそれほど激しく熱いわけではない。神経科学者によると多くの感情反応が気づかないくらい非常に微妙だという。愛はこの上もなくすばらしいものであるが、ブランド購買においては重要な役割は担っていない。

［12］この規則正しいパターンは、欧米、アジア、オーストラリアの多くの製品カテゴリーおよびその他の学術科学研究の文献で何度も報告され引用されている。たとえば、Castleberryら（１９９４年）、Dall'Olmo Rileyら（１９９７年）、Dolnicar & Rossiter（２００８年）、Rungieら（２００５年）、Sharpら（２００２年）、Sharp & Winchester（２００２年）など。

［13］Anne Sharpは大学生が回答者の場合は反復率が予想よりもやや高い

ことを示した（おそらく人為的実験のためであろう）（2002年）。DolnicarとRossiterはこのような低い反復率が検出されたことに驚き、人工的な実験方法のせいで生じた現象だとして否定した（2008年）。彼らは実験方法を様々に変化させて大学生を対象に調査を実施し、期待以上に安定した回答が得られることは極めてまれであることを報告した。

[14] 驚くべきは、多くの反証があるにもかかわらず、消費者行動に関する多くの教科書が消費者の態度（肯定的または否定的な評価をすること）は永続的かつ状況依存的であると今でも説いていることだ。もしこのような態度を良しとするなら、現実的には消費者の態度を理解することはできない。

[15] 我々大人は、「私の娘には好きなものがたくさんある。好きな玩具がたくさんあり、好きなお菓子がたくさんあり、仲のよい友達がたくさんいる」というような幼稚な作文はしない。しかしこれが娘の無邪気な言葉だとすれば、とても信頼できる。

[16] 映画「スーパーサイズ・ミー」の監督モーガン・スパーロックによれば、ドン・ゴースクはビッグマックの容器を屋根裏部屋に保存しているという。ウィキペディアにもドンがマクドナルトの駐車場で妻にプロポーズしたという記述がある<http://en.wikipedia.org/wiki/Don_Gorske>参照。

[17] もし買ったばかりのフォード車が盗まれ、それを聞きつけたある億万長者からクライスラーの新車が送られてきたら、あなたならどうするだろうか？　いろんな人がいるだろうが、フォードがほしかったと思う人もいるかもしれない。しかし多くはないと思う。

[18] <http://edition.cnn.com/2008/TECH/biztech/08/29/apple.loyal.ap/index.html>を参照。

[19] 平均的な朝食用シリアル購買客と比較すれば、ハーレーダビッドソンのユーザーの方がタトゥーを入れる可能性は高い（統計学上の選択効果）。またそれは初めてバイクを買った時であることが多い。しかし人が初めてコーンフレークを食べるときの年齢は、たとえタトゥーを入れたいと思ったとしてもそれを母親に許してもらえる年齢ではない。

[20] 彼らは、「私はハーレーが世界最高のバイクだと思う」という問いに「そう思う」と回答し、「私は品質の良いバイクであればメーカーは問わない」「私は宇宙船のような格好のバイクが好きだ」「私は日本製のバイクがあらゆる点で優れていると思う」などの問いに「そうは思わない」と回答した（Swinyard, 1995）。

第8章

[1] これら2つの問いに対する答えは、(1)が「多くの場合不可能。それは広告の主効果ではない」、(2)が「その必要はない」である。

[2] これらの感覚的なヒントのお互いの関連性をどのように解釈すべきか、事前の検討は行われていない。たとえば、もしあるブランドの「優れたビジネスパートナー」という項目が高得点でも「消費者のニーズを理解している」の項目の得点が低ければ、どう解釈すべきだろうか？　結果的に、わずかなブランドイメージの変化に検証不可能な事後説明を加えることに多くの労力が費やされた。

[3] 通常、イメージスコアはプロトタイプの法則を反映している。製品カテゴリーを的確に説明する属性（例：銀行に〝お金を預ける〟）のスコアはプロトタイプ性の低い属性のスコアよりも高くなる（Romaiuk & Sharp, 2000）。ここでいう属性は抽象的でありパターンを認識することは難しい。「信頼」などの抽象的な属性は過去の使用体験を反

映することが示されている（参照：Romaniuk & Bogomolova, 2005)。

[4] 我々は英国では自分が使っている調味料ブランドを「魅力的」と評価する人が非常に少ない（約3％）ことを知って安心した。

[5] 第7章のタッカーの実験の結果を参照。

[6] ディリクレモデルは、価格の変更を実験的に調査した研究でも、大きいブランドと小さいブランドの競合の微妙な差異を正しく予測した(Kamakura & Russell, 1989; Scriven & Ehrenberg, 2004)。その結果、この現象は、識別された差異によるものではなく単なる統計学上の選択効果であることがわかった。小規模ブランドは大規模ブランドの行動に大きく影響されるが、その逆が起きることは少ない。たとえば、大規模ブランドを置いている店舗には必ず小規模ブランドも置かれているが、その逆が起きるとは限らない。ということは、もし大規模ブランドが販促を実施すれば、全ての小規模ブランドに影響が及ぶということだ。一方、小規模ブランドが販促を実施しても、それが大規模ブランドに及ぼす影響は、双方の販売エリアが重複するところだけに限定される。

[7] これらの高価／ぜいたくのサブカテゴリー内の競合ブランドは、まるで差別化がほとんど存在しないかのように競い合っていることに留意しなければならない。

[8] 評価尺度やランキングや選択法のいずれを用いた知覚調査でも同様の結果が得られることが分かっている（Barnard & Ehrenberg, 1990; Driesener & Romaniuk, 2006)。

[9] この調査が実施されたとき、アップルのコンピューターはＭａｃＯS9を採用しており、Ｗｉｎｄｏｗｓを作動させることはできなかった。他のコンピューターブランドは概ねＷｉｎｄｏｗｓ 95を採用していた。またアップルのｉＭａｃは鮮やかな色で、他のコンピューターはベージュか、まれにブラックで販売していた。

[10] アップルの伝説的ロイヤルティも誇張のようだ。第7章を参照。

[11] 興味深いことに、ピザ、バーガー、チキンの中ではチキンの人気が高い。それでもマクドナルドが最も大きい企業であり、売り上げはピザハットとKFCの売り上げを合わせてもその2倍に達する。ほとんどの市場においてマクドナルドのメンタル・アベイラビリティとフィジカル・アベイラビリティは他の競合2社に大いに優っている（第12章を参照)。

第9章

[1] 広告には売り上げ効果がほとんどないと考えられがちだが、それはこの調査から生まれた誤解だ。広告に売り上げが速やかな反応は示さないことを、洞察力に富むマーケターは何十年も前から気づいていた。広告比重のシフト（Hu, 2009; Lodish, 1995）と広告弾力性(Tellis, 2009）について論じている学術論文も散見される。

[2] 同様に、広告の出稿を止めても売上高が急に下落することはない。マーケターが広告費の削減を防ぐことが難しい理由の半分がここにある。

[3] 新近効果が非常に強く発揮される広告は、住宅ローン、保険、家具、コンピューター・車など、積極的に商品を探し始めるまでは誰も興味をほとんど示さない製品カテゴリーに存在する。これらのカテゴリーの消費者は製品を購入するまでは多くの広告を排除している。しかし購入直前になると広告に非常に敏感になる。従ってこれらのカテゴリーの広告には即効性がある。長期効果が短い（買う用意ができていない購買客にはほとんど影響しない）と表現するともっと

わかりやすいかもしれない。しかし、これらのカテゴリーでも、時折この常識を破り、まだ買う用意ができていない購買客にリーチする広告があるので、単純にその週の売り上げの増加額だけで広告の売り上げ効果を判断するのは良くない。そのような広告は将来にわたって効果を発揮し、広告を見た人がそのカテゴリーの製品を買うきっかけになる。このような広告は特に大きな売り上げ効果を発揮するが、1週間という期間内の売り上げに及ぼされる影響が平均を上回ることはないだろう。買う用意がまだできていない消費者の注目を集めるための面白広告のようなものだ。たとえば、アップルの〝I'm a Mac, I'm a PC〟広告やHSBCの〝Different Perspective〟広告などがそうである。

[4] もちろん、競合ブランドの広告やその他のインフルエンサーに触れる人もいる。この広告がいかに強力でも全体の売り上げの伸びがはっきりと確認できるわけではない。

[5] この効果は確認しやすい。消費者一人あたりに費やす広告費は大きいので、消費者の購買傾向の変化も非常に大きくなるからだ。一方、消費者一人あたりに費やす広告費が小さい場合は、その効果も緩やかだ。

[6] 実際、広告によって構築された記憶は永続する。セイリエンスは色褪せるかもしれないが、その存在が消失するわけではなく、いつでも記憶を刷新することが可能だ。金色のアーチがマクドナルドのシンボルであることやグーグルが検索エンジンであることを忘れる人はいない。

[7] 特に米国には説得が売り上げ効果と同意語だと考えている評論家がいる。これが混乱を招き、説得力のある広告のみが売り上げを伸ばすと、繰り返し唱えられるようになった。

第10章

[1] 貢献利益とは売上高から固定費を引いて残った利益のこと。

第11章

[1] ReichheldやSasser（1990年）らはロイヤルティを少し改善するだけで必ず莫大な利益が得られるとその著作の中で述べている（第3章で考察）。

[2] 個々の消費者の購買行動は一定していないので、そのロイヤルティのレベルを正しく分類するためには長期間のデータが必要だ。購買行動適正化の法則（第4章を参照）とは、ロイヤルティプログラムの参加者のロイヤルティが実際以下に過小評価されることだ。時間経過とともに次第にロイヤルティは高くなるように見える。この〝平均への回帰〟効果がロイヤルティプログラムによるものだと誤解されている。ある小規模なコンビニエンスストアを対象にして分析が行われ、ロイヤルティプログラムが機能していないことがわかった（Liu, 2007）。

[3] フライバイズとは、その名前のとおり、航空券と交換できるポイントを購買客に与えるプログラム。

[4] 市場浸透率が高くロイヤルティが非常に低いブランドのマーケットシェアも、特殊なマーケットシェアのもう1つの例だ。通常は特別な機会にしか買わないようなブランドによく見られる（例：イースターのチョコレートエッグ）。

[5] 第4章で購買率の傾斜パターンを示した（負の二項分布）。カテゴリー購買率も平均以下のライトユーザーを基準にした傾斜パターンを示した（ガンマ分布に従っていた）。

［6］購買行動適正化の法則に従ってヘビーバイヤーに育つ消費者もいる。ロイヤルティプログラムが消費者の行動を変えるのではない。

［7］**表11-3**のデータはオーストラリアで実施した我々独自のロイヤルティプログラムとニュージーランドで実施された再現実験のパネルデータから引用した。この分析結果はまだ発表されていない。

［8］DunnhumbyはTescoとKrogerのロイヤルティプログラムのメンバーシップを研究し、有益なデータベースを構築することに成功した。

第12章

［1］コトラーはこのような投資を推奨するコンサルタントの一人だ。コトラーは従来のマーケティングが顧客獲得に多くの労力を費やし、顧客維持の改善が疎かにされていたと指摘した（コトラー、1992年）。

［2］中世の瀉血治療を受けた患者の中には一矢を報いて健康を取り戻した者もいた。

［3］ウェブサイト<www.google.com/jobs/britney.html>でグーグルが開発したスペル修正システムによる“Britney Spears”のスペルミスの実例を見ることができる。

［4］典型的なテレビ視聴者のテレビ視聴時間は平均視聴時間を下回る（ほとんどの人のテレビ視聴時間が平均以下である）。これはテレビ視聴時間にはブランド購買と同様に偏りが生じているからだ。つまり、視聴時間の短い人が多く、視聴時間の長い人が少ない。

［5］ニールセンが実施した最初のGPS調査では、平均的アメリカ人は1日に40以上の屋外広告にさらされていると推定された（Media Week, 7 December 2005）。ここでもデータの偏りが生じているはずだ。典型的消費者の目に触れる広告は1日に40以下だろう。

［6］”Satisfaction”と”suffice”から成る混成語。ノーベル賞受賞経済学者Herbert A Simonが造語した（1957年）。

［7］人工頭脳の分野では”satisfice”は判断に至るまでのすべての過程を要因として取り込むコンピューターの意思決定プログラムを意味する。1997年、チェス王者のGarry KasparovはIBM社の“Deep Blue”に負けた後、「必要最小限を求める戦略を取った後のコンピューターはまるで人間のようにプレイしていた」とコメントした。Kasparovは、コンピューターに勝つ方法は最も合理的な手筋を探すことだと言っていたが、いったんコンピューターが必要最小限を求める戦略を取るとその手筋もコンピューターには勝てなかった。

［8］また人は混んだ部屋の反対側にいる人から自分の名前を呼ばれて聞き取ることができる。これは驚くべき能力だ。不要なものを遮断する行為には、このように刺激を無意識に処理する行為も含まれる。これを知ることが遮断のメカニズムを解明する手がかりになる。

［9］私の知人に、オーストラリアのアデレード市に行くとアイスコーヒーを買って飲むことが多くなるという人が何人かいる。彼らは自国ではアイスコーヒーを買って飲む機会はそれほど多くないという。アデレードに着くと自分がアイスコーヒーを好きであることを思い出し、帰国すると忘れてしまう。これはアデレードのアイスコーヒーが特においしいからでも、アデレードの日差しが強いからでもない。アデレードではアイスコーヒーが非常に人気の目立ったドリンクだからだ。どこのストアにも広告の露出量の多いブランドを置いており、売り上げはコカ・コーラを上回る。またどのカフェもオリジナルのアイスコーヒーを置いている。これと同様に、私は米国に行くとバーガーを食べることが多くなる。

［10］そして、同じカテゴリー内に複数の競合ブランドがいることにうんざりしているはずだ。

[11] この「メンタル・アベイラビリティ」のセクションは、アレンバーグ・バス研究所の報告を基にしている（Romaniuk & Sharp, 2004a）。

[12] これらの調査方法には市場調査の現実という問題がある。ブランド認知がブランド名と同義に扱われることの1つの理由は、この20〜30年の調査が電話による聞き取り調査に依存していたからだ。電話でブランドやそのブランド独自の資産を提示することは困難だ。

[13] フライドピーナッツバターサンドイッチは、エルビス・プレスリーの好物の1つだった。

[14] 第10章で、価格販促は記憶構造の構築にも刷新にも貢献しないので長期間の効果を維持することは不可能ではないかというJohn Scrivenの考えを示した。これは斬新な考えだ（購買と消費は記憶構造を助けると考えられている）。しかし広告と価格販促の違いを指摘するエビデンスが次々に発表されている。広告については第9章で詳しく考察している。

[15] この現象は、マーケティングミックスの要素の相対的効果を時間経過とともにモデル化しようとしたBerk Ataman, Mela教授、van Heerde教授らの研究にも示されている。2人とも新発売された非常に小規模な食料品ブランドを調査した。統計学的モデリングの結果、スーパーマーケットでは配荷率増加の効果が大きかった。しかし既存ブランドを分析したところ、広告出稿量の方が重要であることが分かった。この結果はマーケティングミックスモデリングが異なるブランド間で直面する困難をよく物語っている。それぞれのブランドがそれぞれの市場を基盤としたブランド資産を有しており、そのブランド資産がマーケティングミックスの売り上げ効果を適度に調節している。新しいブランドはというと、既存ブランドとはまったく異なる市場基盤型資産を有している。

[16] <www.effie.org>を参照。任天堂の米国で発売されたWiiの広告が2008年のエフィー賞を受賞した。

[17] 一部の例外を除き全ての大企業がブランドに支えられていることはGuenther Mueller-Heumann教授にご指摘していただいた。

[18] <http://ries.typepad.com/ries_blog/2007/03/convergence_fin.html>を参照。

[19] iPodの成功は、単にハードウェアとソフトウェアの統合のすばらしさだけではなく、それ以上にマーケティングの力によるものだ。iPodが高い競合力を有する手頃な価格の製品であることに間違いはない。しかし発売当初のiPodは、マッキントッシュコンピューターだけで操作可能な、またファイヤーワイヤーポート搭載の新型モデルとだけ接続可能な高級MP3プレーヤーであり、それは売り上げが伸びない原因でもあった。アップルは製品の魅力を拡大することを積極的に推し進め（iTunesをウィンドウズ対応可能にした）、高度に洗練されたマスマーケティングを実施し成功を収めた。

[20] 2つの価格帯でブランドを2つの価格セグメントに分けられるという神話が正当化されていることもう1つの過ちだ。

[21] その結果、どのような記憶構造が構築されるだろうか（例：「私はこのブランドは買わない」）。

アレンバーグ・バス研究所、南オーストラリア大学、ロンドンサウスバンク大学アレンバーグセンターの才能豊かな同僚たちの惜しみない協力には特に感謝の念に堪えない。またマウンテンビューのトーマス・ベイン博士にも特別の感謝の意を表したい。ベイン博士は私とともに科学に基づく知見でマーケティング戦略に革命的変化をもたらすことができることを世界中のマーケティング責任者に示して下さった。

- SA Department for Environment and Heritage
- DDB Worldwide Communications Group
- Diageo
- Distell
- Dulux
- dunnhumby
- Elders
- ESPN
- FirstRand
- Fonterra Brands
- Foster's Wine Estates
- General Mills
- General Motors
- Goodman Fielder
- Hamilton Laboratories
- Hills Industries
- Insurance Australia Group
- IPC Magazines
- ITV
- J Walter Thompson
- Kellogg's
- Kraft
- Leo Burnett
- ABC
- ANZ National Financial Group
- AOL (UK)
- Australian Central Credit Union
- Australian Research Council
- Bank of New Zealand
- BankSA
- BASES
- Bayer Consumer Care
- Boots Healthcare
- Boral
- BP
- Bristol-Myers Squibb
- British Airways
- BT
- Cadbury
- Caxton Publishers & Printers
- CBS
- Channel 4
- Clemenger BBDO
- Coca-Cola
- Colgate-Palmolive
- Commonwealth Bank of Australia
- ConAgra Foods
- Dairy Farmers

- Selleys
- Simplot Australia
- South Australian R&D Institute
- South Australian Tourism Commission
- Standard Life
- TD Canada Trust
- The Edrington Group
- The Queen Elizabeth Hospital Research Foundation
- The Nielsen Company
- The Walt Disney Company
- TNS
- Tourism Australia
- Tourism New Zealand
- Turner Broadcasting
- TVNZ
- Unilever
- University of South Australia
- Wm. Wrigley Jr. Company
- Wyeth Consumer Healthcare
- Young & Rubicam
- London South Bank University
- Marks & Spencer
- Mars Inc
- Meat & Livestock Australia
- Mediaedge:cia
- Media Trust
- Millward Brown
- Molson
- Mountainview Learning
- MTV
- National Pharmacies
- Network Ten
- News International
- Ogilvy & Mather
- Origin Energy
- PepsiCo
- Pfizer Consumer Healthcare
- Procter & Gamble
- PZ Cussons
- Reckitt Benckiser
- Research International
- Roy Morgan Research
- SABMiller
- St.George Bank
- S.C. Johnson

本書で紹介した法則は、世界中の多くの企業からの長年にわたる財政支援がなければ発見に至っていなかった。これらの企業に長年にわたり支援していただいたことに、この場を借りて心から感謝の意を表したい。

Aaker, D 2001, Strategic *Market Management*, John Wiley & Sons, New York.

Aaker, J 1997, 'Dimensions of brand personality', *Journal of Marketing Research*, vol. 34, 347–56.

Alpert, M 1971, 'Identification of determinant attributes: a comparison of methods', *Journal of Marketing Research*, vol. 8, pp. 184–91.

Anschuetz, N 2002, 'Why a brand's most valuable customer is the next one it adds', *Journal of Advertising Research*, vol. 42, pp. 15–21.

Armstrong, J & Collopy, F 1996, 'Competitor orientation: effects of objectives and information on managerial decisions and profitability', *Journal of Marketing Research*, vol. 33 (May), pp. 188–99.

Armstrong, J & Schultz, R 1992, 'Principles involving marketing policies: an empirical assessment', *Marketing Letters*, vol. 4, no. 3, pp. 253–65.

Baldinger, A, Blair, E & Echambadi, R 2002, 'Why brands grow', *Journal of Advertising Research*, pp. 7–14.

Barnard, N & Ehrenberg, A 1990, 'Robust measures of consumer brand beliefs', *Journal of Marketing Research*, vol. 27, pp. 477–84.

Bass, F 1993, 'The future of research in marketing: marketing science', *Journal of Marketing Research*, 30th anniversary guest editorial, vol. 30, pp. 1–6.

Belch, G & Belch, M 2008, *Advertising and Promotion*, McGraw Hill, Melbourne.

Bellizzi, J, Crowley, A & Hasty, R 1983, 'The effects of color in store design', *Journal of Retailing*, vol. 59 (Spring), pp. 21–45.

Bennett, D 2005, 'What car will they buy next?', report 19 for corporate members, Ehrenberg-Bass Institute for Marketing Science, Adelaide.

Berger, J & Fitzsimons, G 2008, 'Dogs on the street, pumas on your feet: how cues in the environment influence product evaluation and choice,' *Journal of Marketing Research*, vol. 45 (February), pp. 1–14.

Bijmolt, T, van Heerde, H & Pieters, R 2005, 'New empirical generalization on the determinants of price elasticity', *Journal of Marketing Research*, vol. XLII (May), pp. 141–56.

Binet, L & Field, P 2007, *Marketing in the Era of Accountability*, World Advertising Research Centre, available from <www.warc.com>.

Bogomolova, S & Romaniuk, D 2005, 'Why do they leave? An examination of the reasons for customer defection in the business banking industry', Australia and New Zealand Marketing Academy Conference, Perth.

Broadbent, S 1989, *The Advertising Budget: The Advertiser's Guide to Budget Determination*, NTC Publications Ltd for Institute of Practitioners in Advertising, Henley-on-Thames, Oxon, United Kingdom.

Brodie, R, Bonfrer, A & Cutler, J 1996, 'Do managers overreact to each others' promotional activity? Further empirical evidence', *International Journal of Research in Marketing*, vol. 13, no. 4 (October), pp. 379–87.

Bullmore, J 1999, 'Advertising and its audience: a game of two halves', *International Journal of Advertising*, vol. 18, pp. 275–90.

Carpenter, G, Glazer, R & Nakamoto, K 1994, 'Meaningful brands from meaningless differentiation: the dependence on irrelevant attributes', *Journal of Marketing Research*, vol. 31, pp. 339–50.

Castleberry, S, Barnard, N, Barwise, T, Ehrenberg, A & Dall'Olmo Riley, F 1994, 'Individual attitude variations over time', *Journal of Marketing Management*, vol. 10, pp. 153–62.

Collins, M 2002, 'Analyzing brand image data', *Marketing Research*, vol. 14, pp. 33–6.

Colombo, R, Ehrenberg, A & Sabavala, D 2000, 'Diversity in analyzing brand-switching tables: the car challenge', *Canadian Journal of Marketing Research*, vol. 19, pp. 23–36.

Dall'Olmo Riley, F, Ehrenberg, A, Castleberry, S, Barwise, T & Barnard, N 1997, 'The variability of attitudinal repeat-rates', *International Journal of Research in Marketing*, vol. 14, pp. 437–50.

Danaher, P, Bonfrer, A & Dhar, S 2008, 'The effect of competitive advertising interference on sales of packaged goods', *Journal of Marketing Research*, vol. 45, pp. 211–25.

Danaher, P & Brodie, R 2000, 'Understanding the characteristics of price elasticities for frequently purchased packaged goods', *Journal of Marketing Management*, vol. 16, pp. 917–36.

Davidson, J 1976, 'Why most new consumer brands fail', *Harvard Business Review*, March/April, pp. 117–22.

Dickson, P & Sawyer, A 1990, 'The price knowledge and search of supermarket shoppers', *Journal of Marketing*, vol. 54 (July), pp. 42–53.

Dolnicar, S & Rossiter, J 2008, 'The low stability of brand-attitude associations is partly due to market research methodology', *International Journal of Research in Marketing*, vol. 21, pp. 104–8.

Drexler, K 1987, *Engines of Creation: The Coming Era of Nanotechnology*, Bantam, New York.

Driesener, C & Romaniuk, J 2006, 'Comparing methods of brand image measurement', *International Journal of Market Research*, vol. 48, pp. 681–98.

du Plessis, E 1994, 'Recognition versus recall', *Journal of Advertising Research*, vol. 34, no. 3, May/June, pp. 75–91.

du Plessis, E 2005, *The Advertised Mind: Ground-breaking Insights into How Our Brains Respond to Advertising*, Milward Brown and Kogan Page Limited, London.

East, R & Hammond, K 2005, 'Good news about bad news: talking about word of mouth', report 34 for corporate members, Ehrenberg-Bass Institute for Marketing Science, Adelaide.

Ehrenberg, A 1959, 'The pattern of consumer purchases', *Applied Statistics*, vol. 8, no. 1, pp. 26–41.

Ehrenberg, A 1993, 'Even the social sciences have laws', *Nature*, vol. 365, p. 385.

Ehrenberg, A 1998, 'Making data user-friendly', report 21 for corporate members, Ehrenberg-Bass Institute for Marketing Science, Adelaide.

Ehrenberg, A 1999, 'What we can and cannot get from graphs, and why', *Journal of Targeting, Measurement & Analysis for Marketing*, vol. 8, no. 2, pp. 113–34.

Ehrenberg, A 2000, 'Data reduction: analysing and interpreting statistical data', *Journal of Empirical Generalisations in Marketing Science*, vol. 5, available at <www.EmpGens.com>.

Ehrenberg, A 2004, 'My research in marketing: how it happened', *Marketing Research*, vol. 16, pp. 36–41.

Ehrenberg, A, Barnard, N & Scriven, J 1997, 'Differentiation or salience', *Journal of Advertising Research*, vol. 37, pp. 7–14.

Ehrenberg, A & Bound, J 1999, 'Customer retention and switching in the car market', report 6 for corporate members, Ehrenberg-Bass Institute for Marketing Science, Adelaide.

Ehrenberg, A, Hammond, K & Goodhardt, G 1994, 'The after-effects of price-related consumer promotions', *Journal of Advertising Research*, vol. 34, pp. 11–21.

Ehrenberg, A, Uncles, M & Goodhardt, G 2004, 'Understanding brand performance measures: using Dirichlet benchmarks', *Journal of Business Research*, vol. 57, pp. 1307–25.

Esslemont, D & Wright, M 1994, 'Essentialism: an unrecognised problem for marketers', *NZ Marketing Educators' Conference*, pp. 240–2.

Evans, F 1959, 'Psychological and objective factors in the prediction of brand choice Ford versus Chevrolet', *The Journal of Business*, vol. 32, pp. 340–69.

Fishbein, M & Ajzen, I 1975, *Belief, Attitude, Intention and Behaviour: An Introduction to Theory and Research*, Addison-Wesley Publishing Company, Reading, MA.

Flaherty, B 2007, 'Project Apollo and ad impact: improving returns from media expenditures', in ESOMAR, Dublin, pp. 444–53.

Fournier, S & Yao, J 1997, 'Reviving brand loyalty: a reconceptualization within the framework of consumer-brand relationships', *International Journal of Research in Marketing*, vol. 14, no. 5, pp. 451–72.

Gaillard, E & Romaniuk, J 2007, 'The uniqueness of brands', report 40 for corporate members, Ehrenberg-Bass Institute for Marketing Science, Adelaide.

Gaillard, E, Romaniuk, J & Sharp, A 2005, 'Exploring consumer perceptions of visual distinctiveness', in Australia and New Zealand Marketing Academy Conference, 5–7 December 2005, University of Western Australia, Fremantle.

Goodhardt, G, Ehrenberg, A & Chatfield, C 1984, 'The Dirichlet: a comprehensive model of buying behaviour', *Journal of the Royal Statistical Society*, vol. 147, no. 5, pp. 621–55.

Green, P, Goldberg, S & Montemayor, M 1981, 'A hybrid utility estimation model for conjoint analysis', *Journal of Marketing*, vol. 45, pp. 33–41.

Grimes, A & Doole, I 1998, 'Exploring the relationship between colour and international branding: a cross cultural comparison of the UK and Taiwan', *Journal of Marketing Management*, vol. 14, pp. 799–817.

Hall, D & Stamp, J 2004, *Meaningful Marketing: 100 Data-proven Truths and 402 Practical Ideas for Selling More with Less Effort*, Brain Brew Books, Ohio.

Hamilton, W, East, R & Kalafatis, S 1997, 'The measurement and utility of brand price elasticities', *Journal of Marketing Management*, vol. 13, no. 4, pp. 285–98.

Hammond, K, Ehrenberg, A & Goodhardt, G 1996, 'Market segmentation for competitive brands', *European Journal of Marketing*, vol. 30, pp. 39–49.

Hardie, B, Johnson, E & Fader, P 1993, 'Modeling loss aversion and reference dependence effects on brand choice', *Marketing Science*, vol. 12, no. 4 (Fall), pp. 378–94.

Hasher, L & Zacks, R 1984, 'Automatic processing of fundamental information: the case of frequency of occurrence', *American Psychologist*, vol. 39, pp. 1372–88.

Heath, R 2001, 'The hidden power of advertising: how low involvement processing influences the way we choose brands', *Admap*.

Heil, O & Helsen, K 2001, 'Toward an understanding of price wars: their nature and how they erupt', *International Journal of Research in Marketing*, vol. 18, pp. 83–98.

Hu, Y, Lodish, L, Krieger, A & Hayati, B 2009, 'An analysis of real world TV advertising tests: a recent update', *Journal of Advertising Research*, vol. 49, pp. 201–6.

Hunt, S & Morgan, R 1995, 'The comparative advantage theory of competition', *Journal of Marketing*, vol. 59, pp. 1–15.

Johnson, E 1997, 'The meaning of color in trademarks', The Annual Conference of the International Literacy Association, Wyoming.

Jones, J 1995a, 'Single-source research begins to fulfill its promise', *Journal of Advertising Research*, vol. 35, pp. 9–16.

Jones, J 1995b, *When Ads Work: New Proof that Advertising Triggers Sales*, Lexington Books, New York.

Jones, J 1997, 'Is advertising still salesmanship?', *Journal of Advertising Research*, pp. 9–15.

Juster, F 1960, 'Prediction and consumer buying intentions', *American Economic Review*, vol. 50, pp. 604–22.

Kahneman, D & Tversky, A 1979, 'Prospect theory: an analysis of decision under risk', *Econometrica*, vol. 47, no. 2, pp. 263–91.

Kahney, L 2004, *The Cult of Mac*, No Starch Press, San Fransisco.

Kamakura, W & Russell, G 1989, 'A probabilistic choice model for market segmentation and elasticity structure', *Journal of Marketing Research*, vol. 26, pp. 379–90.

Kay, J 1993, *Foundations of Corporate Success: How Business Strategies Add Value*, Oxford University Press, Oxford.

Kennedy, R & Ehrenberg, A 2000, 'Brand user profiles seldom differ', report 7 for corporate members, Ehrenberg-Bass Institute for Marketing Science, Adelaide.

Kennedy, R & Ehrenberg, A 2001a, 'Competing retailers generally have the same sorts of shoppers', *Journal of Marketing Communications*, vol. 7, pp. 1–8.

Kennedy, R & Ehrenberg, A 2001b, 'There is no brand segmentation', *Marketing Insights, Marketing Research*, vol. 13, no. 1, pp. 4–7.

Kennedy, R, Ehrenberg, A & Long, S 2000, 'Competitive brands' user-profiles hardly differ', Market Research Society Conference, Brighton, UK.

Kennedy, R, McDonald, C & Sharp, B 2008, 'Pure single source data and take off time for Project Apollo', *Admap*, pp. 32–5.

Klotz, I 1996, 'Bending perception: a book review', *Nature*, vol. 379, no. 1, p. 412.

Koch, R 1999, *The 80/20 Principle: The Secret to Success by Achieving More with Less*, Doubleday, New York.

Kotler, P 1992, 'Marketing's new paradigm: what's really happening out there', *Planning Review*, special issue, no. 20 (September/October), pp. 50–2.

Kotler, P 1994, *Marketing Management: Analysis, Planning, Implementation, and Control*, Prentice Hall, Englewood Cliffs, New Jersey.

Kotler, P, Armstrong, G, Brown, L & Adam, S 1998, *Marketing*, Prentice Hall, Sydney.

Lambert-Pandraud, R, Laurent, G & Lapersonne, E 2005, 'Repeat purchasing of new automobiles by older consumers: empirical evidence and interpretations', *Journal of Marketing*, vol. 69, pp. 97–113.

Lapersonne, E, Laurent, G & Le Goff, J 1995, 'Consideration sets of size one: an empirical investigation of automobile purchases', *International Journal of Research in Marketing*, vol. 12, pp. 55–66.

Lattin, J & Bucklin, R 1989, 'Reference effects of price and promotion on brand choice behavior', *Journal of Marketing Research*, vol. 26 (August), pp. 299–310.

Leenheer, J, Van Heerde, H, Bijmolt, T & Smidts, A 2007, 'Do loyalty programs really enhance behavioral loyalty? An emperical analysis accounting for self-selecting members', *International Journal of Research in Marketing*, vol. 24, pp. 31–47.

Lees, G, Garland, R & Wright, M 2007, 'Switching banks: old bank gone but not forgotten', *Journal of Financial Services Marketing*, vol. 12, pp. 146–56.

Liu, Y 2007, 'The long-term impact of loyalty programs on consumer purchase behavior and loyalty', *Journal of Marketing*, vol. 71, pp. 19–35.

Lodish, L, Abraham, M, Kalmenson, S, Livelsberger, J, Lubetkin, B, Richardson, B & Stevens, M 1995, 'How TV advertising works: a meta-analysis of 389 real world split cable TV advertising experiments', *Journal of Marketing Research*, vol. 32, pp. 125–39.

McClure, S, Li, J, Tomlin, D, Cypert, K, Montague, L & Montague, P 2004, 'Neural correlates of behavioral preference for culturally familiar drinks', *Neuron*, vol. 44, pp. 379–87.

McDonald, C 1969, 'Relationships between advertising exposure and purchasing behaviour', Market Research Society Conference.

McDonald, C & Ehrenberg, A 2003, 'What happens when brands gain or lose share? Customer acquisition or increased loyalty?', report 31 for corporate members, Ehrenberg-Bass Institute for Marketing Science, Adelaide.

McDonald, C & Sharp, B 2005, 'Individual-level advertising effects', report 36 for corporate members, Ehrenberg-Bass Institute for Marketing Science, Adelaide.

Mace, S & Neslin, S 2004, 'The determinants of pre- and post-promotion dips in sales of frequently purchased goods', *Journal of Marketing Research*, vol. 31 (August), pp. 339–50.

Mela, C, Gupta, S & Lehmann, D 1997, 'The long-term impact of promotion and advertising on consumer brand choice', *Journal of Marketing Research*, vol. 34 (May), pp. 248–61.

Mela, C, Jedidi, K & Bowman, D 1998, 'The long-term impact of promotions on consumer stockpiling behavior', *Journal of Marketing Research*, vol. 35 (May), pp. 250–62.

Meyer-Waarden, L & Benavent, C 2006, 'The impact of loyalty programmes on repeat purchase behaviour', *Journal of Marketing Management*, vol. 22, pp. 61–88.

Mills, K 2000, 'The form that TV ads take', report 10 for corporate members, Ehrenberg-Bass Institute for Marketing Science, Adelaide.

Morgan, R, Appiah-Adu, K & Ling, C 1995, 'Consumers' emotional response patterns to advertising stimuli', Journal of Marketing Communications, vol. 1, pp. 37–53.

Mullman, J 2007, 'Miller repeals "man law" ', *Advertising Age*, 22 January.

Mundt, K, Dawes, J & Sharp, B 2006, 'Can a brand outperform competitors on cross-category loyalty? An examination of cross-selling metrics in two financial services markets', *Journal of Consumer Marketing*, vol. 23, pp. 465–569.

Narasimhan, C, Neslin, S & Sen, S 1996, 'Promotional elasticities and category characteristics', *Journal of Marketing*, vol. 60 (April), pp. 17–30.

Nelson, P 1974, 'Advertising as information', *Journal of Political Economy*, vol. 82, pp. 729–54.

Parker, K & Stuart, T 1997, 'The West Ham syndrome', *International Journal of Market Research*, vol. 39, pp. 509–17.

Pauwels, K, Hanssens, D & Siddarth, S 2002, 'The long-term effects of price promotions on category incidence, brand choice, and purchase quantity', *Journal of Marketing Research*, vol. 39 (November), pp. 421–39.

Pauwels, K, Silva-Risso, J, Srinivasan, S & Hanssens, D 2004, 'New products, sales promotions, and firm value: the case of the automobile industry', *Journal of Marketing*, vol. 68 (October), pp. 142–56.

Popper, K 1976, *Unended Quest: An Intellectual Autobiography*, Fontana, London.

Redfern, C 2002, 'Not for girls? The yorkie and echo adverts', <www. thefword. org.uk>, accessed 2007.

Reeves, R 1961, *Reality in Advertising*, Knopf, New York.

Reichheld, F & Sasser, W 1990, 'Zero defections: quality comes to services', *Harvard Business Review*, vol. 68, pp. 105–11.

Riebe, E 2003, 'Normal rates of defection and acquisition and their relationship to market share change', PhD, University of South Australia, Adelaide.

Roberts, A 1994, 'Measuring advertising effects through panel data', European Advertising Effectiveness Symposium, June 9–10, Brussels.

Roberts, A 1996, 'What do we know about advertising's short-term effects?', *Admap*, pp. 42–5.

Roberts, A 1998, 'Measuring the short-term sales effects of TV advertising', *Admap*, pp. 50–6.

Roberts, K 2004, *Lovemarks: The Future beyond Brands*, Murdoch Books, Sydney.

Robinson, T, Borzekowski, D, Matheson, D & Kraemer, H 2007, 'Effects of fast food branding on young children's taste preferences', *Pediatrics and Adolescent Medicine*, vol. 161, pp. 792–7.

Romaniuk, J & Bogomolova, S 2005, 'Variation in brand trust scores', *Journal of Targeting, Measurement and Analysis for Marketing*, vol. 13, pp. 363–73.

Romaniuk, J & Sharp, B 2000, 'Using known patterns in image data to determine brand positioning', *International Journal of Market Research*, vol. 42, pp. 219–30.

Romaniuk, J & Sharp, B 2004a, 'Brand salience: what is it and why it matters', report 16 for corporate members, Ehrenberg-Bass Institute for Marketing Science, Adelaide.

Romaniuk, J & Sharp, B 2004b, 'Conceptualizing and measuring brand salience', *Marketing Theory*, vol. 4, no. 4, pp. 327–42.

Romaniuk, J, Sharp, B & Ehrenberg, A 2007, 'Evidence concerning the importance of perceived brand differentiation', *Australasian Marketing Journal*, vol. 15, pp. 42–54.

Rungie, C, Laurent, G, Dall'Olmo Riley, F, Morrison, D & Roy, T 2005, 'Measuring and modeling the (limited) reliability of free choice attitude questions', *International Journal of Research in Marketing*, vol. 22, pp. 309–18.

Schmittlein, D, Cooper, L & Morrison, D 1993, 'Truth in concentration in the land of (80/20) laws', *Marketing Science*, vol. 12, pp. 167–83.

Scriven, J & Ehrenberg, A 2004, 'Consistent consumer responses to price changes', *Australasian Marketing Journal*, vol. 12, no. 3, pp. 21–39.

Sharp, A 2002, 'Searching for boundary conditions for an empirical generalisation concerning the temporal stability of individual's perceptual responses', Doctor of Philosophy thesis, University of South Australia, Adelaide.

Sharp, A & Romaniuk, J 2002, 'Brand to attribute or attribute to brand: which is the path to stability?', European Marketing Academy 31st annual conference, 28–31 May, University of Minho, Portugal.

Sharp, A, Sharp, B & Redford, N 2003, 'Positioning and partitioning: A replication and extension', Australia and New Zealand Marketing Academy Conference, Adelaide.

Sharp, A & Winchester, M 2002, 'The temporal stability of negative brand image attributes', Australia and New Zealand Marketing Academy Conference, Melbourne.

Sharp, B 1995, 'Brand equity and market-based assets of professional service firms', *Journal of Professional Services Marketing*, vol. 13, pp. 3–13.

Sharp, B, Riebe, E, Dawes, J & Danenberg, N 2002, 'A marketing economy of scale: big brands lose less of their customer base than small brands', *Marketing Bulletin*, vol. 13, pp. 1–7.

Sharp, B & Romaniuk, J 2007, 'There is a Pareto Law but not as you know it', *Ehrenberg-Bass Institute Report for Corporate Sponsors*, No. 42.

Sharp, B & Sharp, A 1997a, 'Loyalty programs and their impact on repeat-purchase loyalty patterns', *International Journal of Research in Marketing*, vol. 14, pp. 473–86.

Sharp, B & Sharp, A 1997b, 'Positioning and partitioning', 26th European Marketing Academy Conference, 20–23 May, Warwick Business School, the University of Warwick, UK.

Sharp, B, Tolo, M & Giannopoulos, A 2001, 'A differentiatied brand should appeal to a special segment of the market ... but it doesn't!', Australian and New Zealand Marketing Academy Conference: Bridging Marketing Theory & Practice, Massey University, Albany, New Zealand.

Simon, HA 1957, *Models of Man: Social and Rational*, Wiley, New York.

Singh, J, Ehrenberg, A & Goodhardt, G 2008, 'Measuring consumer loyalty to product variants', *International Journal of Market Research*, vol. 50, pp. 513–32.

Singh, J, Goodhardt, G & Ehrenberg, A 2001, 'Loyalty to product attributes', report 11 for corporate members, Ehrenberg-Bass Institute for Marketing Science, Adelaide.

Spaeth, J & Hess, M 1989, 'Single-source data ... the missing pieces', published in the Proceedings of ARF Single-Source Data Workshop, 22 June.

Srivastava, R, Shervani, T & Fahey, L 1998, 'Market-based assets and shareholder value: a framework for analysis', *Journal of Marketing*, vol. 62, pp. 2–18.

Starr, D 1998, *Blood: An Epic History of Medicine and Commerce*, HarperCollins, New York.

Steenkamp, J, Nijs, V, Hanssens, D & Dekimpe, M 2005, 'Competitive reactions to advertising and promotion attacks', *Marketing Science*, vol. 24, no. 1, pp. 35–54.

Stern, P & Ehrenberg, A 2003, 'Expectations vs reality', *Marketing Insights, Marketing Research*, spring, pp. 40–3.

Swinyard, W 1995, 'The hard core and zen riders of Harley Davidson: a market-driven segmentation analysis', *Journal of Targeting, Measurement and Analysis for Marketing*, vol. 4, pp. 337–62.

Tellis, G 1988, 'The price elasticity of selective demand: a meta analysis of econometric models of sales', *Journal of Marketing Research*, vol. 25 (November), pp. 331–41.

Tellis, G 2009, 'Generalizations about advertising effectiveness in markets', *Journal of Advertising Research*, vol. 49, pp. 240–5.

Telser, L 1964, 'Advertising and competition', *Journal of Political Economy*, vol. 72, pp. 537–62.

Totten, J & Block, M 1994, *Analyzing Sales Promotions*, Dartnell Corporation, Chicago.

Trout, J & Rivkin, S 2000, *Differentiate or Die: Survival in Our Era of Killer Competition*, John Wiley & Sons, New York.

van Heerde, H, Leeflang, P & Wittink, D 2000, 'The estimation of pre- and post-promotion dips with store-level scanner data', *Journal of Marketing Research*, vol. 37 (August), pp. 383–95.

Vanhuele, M & Drèze, X 2002, 'Measuring the price knowledge shoppers bring to the store', *Journal of Marketing*, vol. 68 (October), pp. 72–85.

Verhoef, P 2003, 'Understanding the effect of customer relationship management efforts on customer retention and customer share development', *Journal of Marketing*, vol. 67, pp. 30–45.

Whitlark, D & Smith, S 2001, 'Using correspondence analysis to map relationships', *Marketing Research*, vol. 13, pp. 22–7.

Woodside, A & Waddle, G 1975, 'Sales effects of in-store advertising', *Journal of Advertising Research*, vol. 15, no. 3, pp. 29–33.

著＝ バイロン・シャープ

南オーストラリア大学の教授であり、同大学のアレンバーグ・バス研究所のマーケティングサイエンスディレクターでもある。アレンバーグ・バス研究所は、コカ・コーラ、クラフト、ケロッグ、英国航空、プロクター・アンド・ギャンブル、ニールセン、TNS、ターナー・ブロードキャスティング、ネットワーク・テン、シンプロット・アンド・マーズなどの世界中の多くの研究機関に利用され、またその資金援助を受けている。シャープ教授はこれまでに100本を超える学術論文を発表し、ジャーナル5誌の編集委員も務めている。近年は広告の法則をテーマにしてジェリー・ウインド教授とウォートンビジネススクールで会議を共同開催し、またJournal of Advertising Research誌の2009年度特別号を編集している。詳しくは<www.byronshart.com>を参照。

訳＝ 前平謙二（まえひら・けんじ）

1994年広告代理店を経てP&Gへ。P&Gマーケティング局に勤務。多くのブランディング広告の製作に携わり、数々のブランド誕生のドラマに立ち会い、その成長をサポートする。2010年翻訳家として独立。主な訳書に『ブランディングの科学』（朝日新聞出版）、『P&Gウェイ』（東洋経済新報社）他。

監訳＝ 加藤 巧（かとう・たくみ）

1992年P&G入社。ブランドマーケティング、市場消費者調査を担当。2011年より江崎グリコ株式会社CR部（コンシューマーリサーチ）部長に就任。2017年より中国にて上海江崎格力高食品有限公司の総経理（社長）に就任。2018年4月から江崎グリコ株式会社執行役員を兼務。

ブランディングの科学
誰も知らないマーケティングの法則11

2018年7月30日　第１刷発行
2025年3月30日　第10刷発行

著　者　バイロン・シャープ、アレンバーグ・バス研究所
訳　者　前平謙二
監　訳　加藤 巧
発行者　宇都宮健太朗

装丁　天池 聖（drnco.）

発行所　朝日新聞出版
〒104-8011　東京都中央区築地5-3-2
電話　03-5541-8832（編集）
03-5540-7793（販売）
印刷所　大日本印刷株式会社

Published in Japan by Asahi Shimbun Publications Inc.
ISBN 978-4-02-331649-2